鬼谷子

精要新解

中国历代兵书精要新解丛书

兰彦岭 著

新时代出版社

图书在版编目（CIP）数据

鬼谷子精要新解 / 兰彦岭著. -- 北京 : 新时代出
版社, 2025. 6. -- ISBN 978-7-5042-2663-1

Ⅰ. B228.05

中国国家版本馆CIP数据核字第20256A5U57号

※

新时代出版社 出版发行

（北京市海淀区紫竹院南路 23 号　邮政编码 100048）

雅迪云印（天津）科技有限公司印刷

新华书店经售

*

开本 710×1000　1/16　　**印张** 23½　　　**字数** 270 千字

2025 年 6 月第 1 版第 1 次印刷　　**定价** 78.00 元

————————————————————————————

（本书如有印装错误，我社负责调换）

国防书店：（010）88540777　　书店传真：（010）88540776

发行业务：（010）88540717　　发行传真：（010）88540762

总　序

　　中国古代兵书卷帙浩繁、汗牛充栋，据统计，从先秦到清末共有 3380 部，23503 卷，其中存世兵书 2308 部，18567 卷。如此众多的兵书，既是中华优秀传统文化的重要组成部分，又是一座神秘又耀眼的文化宝库。这座宝库历经数千年的沉淀，是由无数兵家战将的鲜血凝成的兵家圣殿，是经过无数思想巨匠之手建筑起来的智慧殿堂。在这座宝库里，珍藏着不可胜数的制胜秘笈，也陈列着不计其数的泣血篇章。由于长期被尘封在石室金匮之中，使其更添一份神秘色彩，一般人难以窥视其貌。随着文明的进步和社会的发展，这座宝库的大门逐渐敞开，人们惊奇地发现，那些朽蚀的简牍、发黄的卷帙上的文字仍然鲜活，仍然充满生命力。如果按照现代军事科学的分类加以解读，其内容涵盖了战争性质及其基本规律、指导战争的战略谋略及战法、国防建设和军队建设、保障和辅助战争行动等各种专门知识的理论。如此广博的思想内容，经过千百年的战争实践检验，以及一代又一代兵家战将的不断补充，日臻完善。这些兵书为中国传统军事文化奠定了坚实的根基，注入了鲜活的灵魂。

　　在 2023 年 6 月 2 日召开的文化传承发展座谈会上，习近平总书记发表了重要讲话，他强调："中华文明的连续性，从根本上决定了中华民族必然走自己的路。"当今世界，随着军事技术的飞速发展，战争理论、作战方式、建军思想、国防观念、后勤保障都在发生巨大的变化。同时，东西方军事文化日益交融、渗透，互相影响，互相借鉴，大有趋同之势。在此过程中，如果我们掉以轻心，盲目地模仿或照搬西方的模式，必然失去自我，失去中国军事文化的根基和灵魂。如果剑不如人，剑法也不如人，势必每战必殆。毛泽东军事思想充分吸收了中国传统军事文化的养料，其活的灵魂就是"你打你的，我打我的"，绝不按对手的思路打仗，绝不随对手的节奏起舞。在险象环生、强敌如林的当代世界战略格局中，要想在军事上形成有效的威慑力，在战场上稳操胜券，在平时确保国家安全，我们必须做到"两手都要硬"。一手是加速发展先进军事技术和武器装备，提升国家军事硬实力；另一手则是继承中国传统优秀军事文化的根与魂，结合马克思主义军事理论，以习近平强军思想为指导，创新和发展具有中国特色的军事理论，加强军事软实力。思想是行动的先导和指南，吸收前人智慧、创新军事理论十分重要和必要，正是基于这一紧迫的时代要求，我们编写了《中国历代兵书精要新解》丛书，以期为推动军事理论的创新和发展作出贡献。

《中国历代兵书精要新解》丛书，共计14本，300余万字。所谓"历代"，是指所选兵书上至先秦，下至民国，纵跨历朝历代。所谓"精要"，是指对精选的每本兵书择其思想精髓和要点加以评述。所谓"新解"，至少包含三"新"：一是作者队伍以新时代培养出来的具有军事博士学位的教研骨干为主体，思想新、观念新、文笔新；二是写作方法有所创新，突破原文加注释的传统模式，按照兵书逻辑思路，层层提炼要点，再加以理论评述，点、线、面有机结合；三是材料新，基于兵书原典，参照前人学术成果，大量吸收古今战例，甚至社会竞争、企业经营、体育竞赛的案例，以新的视角诠释兵家思想观点。

整套丛书有总有分，纵向排序。第一部《中国历代兵书精要通览》作为总览，总体上介绍了中国古代兵法的发展概况、基本特点和现实价值，并从浩如烟海的兵书宝库中精选约 40 部有代表性的兵书，提炼其精华，评说其要义。第二部至第十四部则是对各部兵书的细致解析，依次是《孙子兵法精要新解》《吴子精要新解》《司马法精要新解》《孙膑兵法精要新解》《尉缭子精要新解》《鬼谷子精要新解》《六韬精要新解》《三略精要新解》《将苑精要新解》《唐李问对精要新解》《纪效新书精要新解》《三十六计精要新解》《曾胡治兵语录精要新解》。这些兵书基本上涵盖了中国古代军事思想的精髓，各有千秋，颇具代表性。每位作者在深入研究、吃透精髓的基础上，以深入浅出的文笔展现其思想精华，并将古代军事智慧与现实军事斗争、社会竞争相结合，深入剖析其现实价值和借鉴意义。

任何事物都是时代的产物，不可避免地带有时代的印记。古代统治阶级不断把封建迷信、腐败落后的东西强加到社会生活的意识形态领域中，限制着人们的思想进步，阻碍着科学的发展。形成于中国古代社会的兵书，自然会留下一些时代烙印。虽然这套丛书的所有书目都是从中国古代兵书宝库中精心挑选出来的，堪称精品中的精品，作者也尽力展现其思想精要，但某些篇章或段落中难免隐含一些糟粕的内容。因此，我们建议军事领域的广大读者在品读本套丛书时，既要注重取其精华，又要注重去其糟粕，这是我们对包括古代兵书在内的一切传统文化的根本态度。唯有如此，方能从古老悠久的兵书宝库中获得创新中国特色军事理论的启示，方能继承和发展中华民族优秀军事思想的根与魂，为推进当代中国军事文化向前发展作出积极的贡献。对于非军事领域的广大读者而言，也不妨秉持这一根本态度，方可从战争之道领悟竞争之妙，从制胜秘诀寻觅智赢神方，从统军之法发现管理奇招，为追求卓越、实现人生理想提供智慧的启示和方法的指引。

经国防大学出版社原总编刘会民老师举荐，本套丛书由我们团队倾心打造，集结了众多专家和学者的智慧与心血。在选题立项过程中，我们得到了新时代出版社领导的大力支持，他们基于全面弘扬中国传统优秀军事文化的初心，紧扣时代的要求，果断立项，并与我们共同策划选题。在写作过程中，我们得到了新时代出版社诸位编辑的大力协助，他们严谨的工作态度和卓越的专业素养，为本书从构思走向现实提供了坚实的保障。同时，各位社领导和编辑也提出了许多宝贵和中肯的意见，为本书的完善提供了关键的指导。在此，我谨代表整个编写团队，向他们表达最衷心的感谢。

这套丛书的出版，是我们共同努力的成果，也是我们共同智慧的结晶。它不仅代表着我个人的努力，更凝聚了整个团队的心血和付出。我深信，这套丛书将会为读者带来新的思考和启示，为繁荣中国特色军事文化增光添彩。

薛国安

2023 年冬至

目　录

前　言

　　鬼谷子是中国春秋战国时期著名的思想家、谋略家、兵家、教育家，是纵横家的鼻祖，是中国历史上一位极具神秘色彩的人物，被誉为千古奇人。他长于持身养性，精于心理揣摩，深明刚柔之势，通晓纵横捭阖之术，独具通天之智！他创作的《鬼谷子》一书，对情报学、心理学、说服谈判学、权谋学、决策学和预测学等方面进行论述，成为纵横家的"胜经"。

　　最早提到鬼谷先生的文献是西汉司马迁的《史记》：《苏秦列传》说，苏秦"东事师于齐，而习之于鬼谷先生"。《张仪列传》又说，张仪"尝与苏秦俱事鬼谷先生，苏秦自以不及张仪"。

　　在先秦时期的诸子百家中，鬼谷子与老子、孙子、孔子等齐名。先秦时代是我国历史上一个百花齐放、百家争鸣的时代，各种学派、学术都获得了自由发展的空间。鬼谷子的纵横学在此时不但获得了充分发展的土壤，更是得到了极广泛的运用，其适用性经受了当时复杂政治环境的考验，这主要体现在其弟子的事迹上。在诸侯并起、战乱连年的战国时期，鬼谷子的四大弟子均在这个动荡不安的大环境中扮演着极为重要的角色：

　　孙膑是齐国军师，军事才能卓越，曾创造"围魏救赵""增兵减灶"等经典案例。其所著《孙膑兵法》是一部中国古代军事著作。毛泽东主席在读史时赞誉孙膑："攻魏救赵，因败魏军，千古高手。"

庞涓为魏国大将军，精于实战，多次发兵征讨，战无不胜，使魏国一时称雄于天下。

苏秦利用合纵之策，身佩六国相印，合纵六国，共抗强秦，使秦国不敢出兵达十五年之久。《战国策》评价其："当此之时，天下之大，万民之众，王侯之威，谋臣之权，皆欲决苏秦之策。不费斗粮，未烦一兵，未战一士，未绝一弦，未折一矢，诸侯相亲，贤于兄弟。夫贤人在而天下服，一人用而天下从。"

张仪为秦国相邦，他采用连横之策瓦解了六国合纵，使秦国逐步消灭六国，最终统一全国。景春曾对话孟子："公孙衍、张仪岂不诚大丈夫哉？一怒而诸侯惧，安居而天下熄。"

魏晋时代，道教把鬼谷子的著作《鬼谷子》列为经典。《隋书·经籍志》在"纵横家"类著录了《鬼谷子》三卷，注释说："鬼谷子，楚人也，周世隐于鬼谷。"《史记》和《隋书》认为鬼谷子是隐居在鬼谷的一位研究游说之术的隐士。这说明鬼谷子是一位真实的历史人物。

南宋大学问者、编纂家高似孙论及纵横家的理论著作《鬼谷子》时，更是极尽溢美之辞："鬼谷子书，其智谋，其数术，其变谲，其辞谈，盖出于战国诸人之表。夫一捭一阖，《易》之神也；一翕一张，老氏之几也。鬼谷之术，往往有得于阖捭张翕之外，神而明之，益至于自放溃裂而不可御。予尝观诸《阴符》矣，穷天之用，贼人之私，而阴谋诡秘，有金匮韬略之所不可该者，而鬼谷尽得而泄之，其亦一代之雄乎！"

明朝冯梦龙所著的《东周列国志》第87回至90回，讲了鬼谷子收苏秦、张仪、孙膑、庞涓为徒弟的故事。冯梦龙在《东周列国志》中评价鬼谷子：其人通天彻地，人不能及。有几家学问：一曰数学，日星象纬，在其掌中，占往查来，言无不验；二曰兵学，六韬三略，变化无穷，布阵行兵，鬼神莫测；三曰游学，广记多闻，明理审势，出辞吐辩，万口莫当；四曰出世学，修真养性，服食引导，祛病延年，冲举可俟。

基辛格的老师、德国著名历史哲学家斯宾格勒这样评价鬼谷子："鬼谷子的察人之明，对历史可能性的洞察以及对当时外交技巧的掌握，必然使他成为当时最有影响力的人物之一。"

《鬼谷子》一书着重于"伐谋"和"伐交"，所以被后人称为"文兵法"。此书是先秦纵横家的理论著作，也是对春秋以来行人游说、谏说的经验技巧和此类文章写作经验与技巧的总结。其内容博大精深，充满着权谋策略的智慧，包含着言谈辩论的技巧，是中国古代划时代思想的荟萃。从古至今，《鬼谷子》一直是中国军事家、政治家、外交家的必读之书，不仅在我国论说文发展史上占有重要的地位，而且在我国古代心理学、人际关系、组织管理与策划等学科的研究上也具有重要的意义。

鬼谷子的纵横学等思想令历代有志之士不断悉心研读。他们利用纵横学派的理论方法，最终都获得了极大的成功。

《鬼谷子》分上、中、下三卷，既论文韬武略，也论修真明道，还论趋吉保身，乃成就大事、建功立业的不传秘诀。

鬼谷子的核心思想：战胜于不争不费

《鬼谷子》是纵横家唯一的子书，是纵横策士们的"成事宝典"。鬼谷子在书中言："捭阖者，天地之道""变化无穷，各有所归"是"谋之本，说之法"，即谋略之根本、游说之大法。其把握住了天地人三才的运行发展规律，因此招招直指人心，教人把握时、势、局，洞察他人心理，占据博弈制高点。就像做游戏，精通规则者，便可步步抢先，游刃有余。

《鬼谷子》提出了"纵横捭阖""反应""内揵""抵巇""飞箝""忤合""揣摩""权谋""决"等游说和谋略的原则和技巧，《鬼谷子》对纵横家构建了完整的理论学说，是其对先秦学术的贡献。这一点主要体现在以下方面：

一、弭兵

鬼谷子的理想是"弭兵"，即天下没有战争。

鬼谷子曰："主兵日胜者，常战于不争不费，而民不知所以服，不知所以畏，而天下比之神明。"就是说，指挥战争的人每每获胜于不战而屈人之兵，而且不需耗费资用，老百姓不知道敌人为何顺服与敬畏他，所以天下的人都把他比作神明。《鬼谷子》被人称作"文兵法"，由此看来是很有道理的。在这里，其明确提出"不争不费"的战争艺术，这与孙武所说的"不战而屈人之兵"从本质上说是一回事。关于战争的境界，孙武曾这样论述："上兵伐谋，其次伐交，其次伐兵，其下攻城；攻城之法，为不得已。"鬼谷子推崇的是最高境界，即"伐谋"和"伐交"，即通过谋略和外交手段取胜。

二、中正之道

鬼谷子曰："非独忠信仁义也，中正而已矣。"意思是纵横策士处事之道，不独忠、信、仁、义，而是寻求到合乎事理的中正之道。

中华民族崇尚阴阳融合的智慧，从伏羲画八卦到周文王演《周易》，逐渐渗透到每个中国人的骨髓深处。战略决策必先给事物定性：是阴是阳，而后应对之以捭阖之道。谋略的最高境界不在于阳谋或阴谋，而在于中正调和。真正的圣人和智者，大多遵从"知其白，守其黑"的行为准则。白代表忠、信、仁、义等阳之道，黑代表隐秘藏匿等阴之道。欲建功立业者，一方面要知晓履行阳光道义，另一方面要守住密谋之机，将两者完美结合，达到"中正圆融"之境界，这样距成功就不远了。

邪人用正招，正招亦邪；正人用邪招，邪招也正。关键在于其发心是否纯正，是否走的是正道。一个人只有正诡结合，方能立足于世、建功立业。

三、学以致用

苏秦、张仪、庞涓、孙膑等鬼谷弟子，有胆有识，智勇双全。个个积极进取，勤奋努力。苏秦头悬梁锥刺股，研读《阴符经》，揣摩简练有得，终佩六国相印。张仪一次又一次去楚国当卧底，每次都冒着被杀头的危险！庞涓冲锋陷阵，孙膑身残志坚，他们的智谋和努力堪称励志典范。关于学以致用，鬼谷子的弟子从不纸上谈兵，几乎都把鬼谷子书中的原理发挥到淋漓尽致。

四、学问不迂阔、不虚伪

鬼谷子判断可用人才的标准很简单，就是"可知不可知"，也就是对其是否了解。对于知心知底的人，即便其有缺点，只要在自己掌控之内，也是可以任用的。相反，对于不够了解之人，即使其能力很强，智慧之人也是不会重用他的。这是因为对其不够了解，就难免有视觉上的盲点，会导致其缺点给工作带来损失。所以，任用干部，特别是在时间短、任务重以及了解不多的情况下，应该任用信息对称的熟悉之人。鬼谷子认同唯才是举，但其德行如何？性格上有缺陷吗？这些问题也是非常关键的，信息风险是使用干部之首要风险。鬼谷子推崇任人唯知！因为这样的人优点可用，缺点可控！

鬼谷子曰："故无目者不可示以五色，无耳者不可告以五音。"君可以选择臣，臣当然也可以选择君。合作本就是双方面都心甘情愿的事。苏秦下山首先到秦国，不被重用后，就转而为东方六国效力；张仪下山后先来到楚国谋差事，发现楚王愚蠢，而且还受到楚相昭阳的羞辱，然后，改投秦国而功成名就！

五、尚阴用柔

鬼谷子曰："圣人谋之于阴，故曰神；成之于阳，故曰明。"即圣人谋事在于隐秘，所以称之为"神奇"；而其成功都显现于光天化日之下，所以称之为"高明"。还说"圣人之道阴，愚人之道阳""奇不知其所拥，始于古之所从"。奇妙的谋略顺从天道事理，运用起来就没有什么壅塞的。这是始于古代的启示。

"计谋之用，公不如私，私不如结，结而无隙者也。"即计谋之运用，公开商讨不如私下筹谋；私下密谋，又不如结成死党；结成了死党，生命利益与共，别人便无可乘之机了。

"故说人主者，必与之言奇；说人臣者，必与之言私。"即游说君主时，一定要与其讲奇策；游说大臣时，一定要与其讲切身利害。

六、合纵连横

人是一种天生复杂的物种。二人为从，三人为众。两个人相处就有可能会产生矛盾，甲骨文的"众"上部为"日"，即一轮悬空的烈日，其下部为三个人，三个"人"即为众人。简化的"众"也挺有意思，你看这个字的架构，三个人在一起就有了人上人和人下人，于是联合和对抗的概念就开始出现了。这就产生了政治，政治就是为治理和解决众人的利益分配而存在的。为此，鬼谷子提出了合纵连横的办法。在一个残酷竞争的世界里，人们渐渐认识到——个人的力量是微不足道的，单打独斗是最苦最累最没效率的，明智之人都会选择与志同道合的人联合，让自己融入一个集体，这样既能获得实际的助力，又能获得精神上的温暖和安慰。

鬼谷子认为，天下若想结束纷争，走向太平，只能经由两种方式，一是列国共治，二是天下一统，即合纵连横之策。何为合纵连横之策？韩非子这样解释：合纵即联合众小攻一大，联合众弱攻一强；连横即事一强而攻众弱。苏秦提倡合纵之策，即列国共治；张仪倡议连横之策，即天下一统。纵横即制衡、择交法则，是古往今来政治外交中十分常见的手段，而这两种手段均起源于中国战国时代的纵横家，并被他们运用到极致。

纵横就是找朋友，对付敌人。这种策术，大可用于国际邦交，中可用于团队较量，小可用于人际交往，都无外乎"合纵连横"四字。在个人发展中，己弱，则交朋友以对付敌手，己强，则用连横之术破坏对手之合纵。

不管是欧盟、北约、曾经的华约还是七国集团（G7），都是如此。欧盟的"欧陆利益共同体"像极了中国战国时代的六国合纵，美国鼓励英国脱欧，不就像当年的"秦齐"连横？

联合和对抗，就是争取利益，离不开沟通、说服、谈判。上至国与国之间，中至组织及企业之间，下至人与人之间，凡有利益分配，都要靠谈判来平衡；凡有矛盾冲突，都要靠谈判来化解；凡有纠纷，其花费最小、最有效的解决办法即谈判。会谈判，可化干戈为玉帛，使关系融洽，皆大欢喜；不会谈判，则操戈于同室，关系交恶，甚至反目成仇。对敌，攻心为上，谈笑用兵，恩威并施，逼其就范；对友，真诚以待，情理动人，通过真诚交流，找到彼此利益和心理的平衡，达成合作，使关系牢不可破！

所以，《鬼谷子》是谈判宝典。谈不妥怎么办？打仗！打到最后还要回到谈判桌上，做利益划分。《鬼谷子》这本书主要论述的就是如何剖析人性、揣摩人心、洞察形势；国家间以军事实力为后盾，通过外交手段来解决利益纠纷。书中讲了很多的处理国际邦交、沟通、说服、谈判的策略，以及识人用人、领导统御、运筹策划、科学决策的理论。

在当今波诡云谲、复杂多变的国际局势下，在内外双循环的经济形势下，鬼谷子的纵横捭阖的思想仍然具有非常重要的指导意义！

七、因人制宜

鬼谷子不仅擅长总结理论，还擅长提供实战策略。对于如何说服天下各种各样的人，其从根本性的规律入手，归纳梳理出九种游说之法。

鬼谷子："故与智者言，依于博；与博者言，依于辨；与辨者言，依于要；与贵者言，依于势；与富者言，依于高；与贫者言，依于利；与贱者言，依于谦；与勇者言，依于敢；与过者言，依于锐。"

意思是，与聪慧的人说话，要凭借渊博的知识；与知识渊博的人说话，要清楚明晰；与思路清晰的人说话，要简明扼要；与尊贵的人说话，要以强大的气势为依托；与富有的人说话，要凭借雅致高洁；与贫穷的人说话，要讲实际利益；与地位低的人说话，要注意谦和；与内心有勇气的人说话，言行上要果断；与有过错的人说话，要敏锐谨慎。

人心之不同，各如其面。如果你能让一个人的心归顺你，就能驱使他的身体为你所用。说服不是征服，以力服人者，非心服也。以理服人者，也非心服。说理不该是征服，应该是感化、感动，是理，而理中要有情。人受感动的时候，没理也要干，如果没理有情，尚能动人，如果情理兼备，对方必然口服心服。

八、能谋善断

用兵之道贵在"运筹于帷幄之中，决胜于千里之外"。谋略之运用离不开人，一方面谋略需要人去实施，另一方面谋略实施的对象也是人，不同的人需要运用不同的谋略来对付。

每个人都渴望拥有读人识人的本领，这样就能让自己拨云见日，洞若观火。所谓读人识人，《鬼谷子》的《揣》《摩》两篇有精到论述。对于单纯的人，揣测其内心轻而易举，可以精准到"内"和"符"契合一致。如果遇到城府较深的人，就会发现通过外在揣测而来的信息与其内在实情不符。"摩"术就是专业对付这种人的"葵花宝典"，通过主动地刺激和试探让对方作出系列反应，从而进一步揣测其内心之真实意图。

九、保全自己

鬼谷子曰："夫几者不晚，成而不居，久而化成。"即能发现事物之细微征兆和趋势而果断行动之人，不会坐失良机，功成名就后也不居功自傲。久而久之，就可以达到出神入化的境界。每个人都渴望功成名就，这是人生倍感荣耀之事。然而，如果恃功自傲就危险了，诸如李牧、韩信、周亚夫、年羹尧等名将的结局就是例证。如果不懂功成不居，则仍免不了折戟沉沙。这不仅是鬼谷子的忠告，更是中华文化深藏的传统智慧！

《鬼谷子》具有一个极完整的智谋策略学体系，着重于辩证的实际实践的方法。方法论应该是《鬼谷子》的特长。所以，鬼谷子可被称为智谋策略学的鼻祖。当代优秀的领导者，特别是军事外交的主政者，对鬼谷子智慧不可不知！

学以修身，学以致用，学以助人，学以成事，学以安人，学以传承！让我们学习、践行、传承鬼谷子思想，于身、于家、于军、于国、于天下，善莫大焉！

上卷

纵横

　　天地万物阴阳造化，世事如棋开合（捭阖）应之。纵横之法以捭阖为本，圆方为形，开闭为术，以阴阳之道驾驭事理，谋战兵战信息战可捭可阖；以捭阖之道运筹帷幄，政治外交军争可攻可守。合纵则以一成百，连横则相得益彰。鬼谷子中卷六篇详论谋事制人之道，谓之《纵横》。

第一篇

《捭阖》篇逻辑思路
及经典谋略

　　纵横大才，审时度势多谋善断。其初深隐内敛，冷眼旁观，运筹帷幄。待时已到，纵横捭阖，建功立德。其谋略奇伟，外表儒雅温润；其高瞻远瞩，低调谦和；其功业卓著，却淡泊名利；其进可建功退能保身，乃真名士风采！

【篇题解析】

　　《捭阖》是《鬼谷子》理论体系之总论。捭，古义为两手横击，引申义为分开、掰开。阖：本义为门扇，引申义为关闭。捭阖：拨动与闭藏，开与合。《鬼谷子》认为一开一合是"道之大化，说之变也"，是事物发展变化的普遍规律，是纵横家游说权变之依规，也是"谋之本，说之法"。"为万事之先""圆方之门户"。

　　本篇内容由三部分组成。

　　第一部分，由"粤若稽古"至"自古及今，其道一也"。讲圣人之定义：圣人"为众生之先"，即先知先觉者。

　　先秦典籍中，有以超凡为圣人，有以万事皆通为圣人，有以化天下万物为圣人。孟子的看法最有代表性：圣人的基本特点是教化天下，虽不在帝王之位，但能以其思想、道德、主张左右政权，教化万民，影响社会，推动历史发展。

　　鬼谷子所指的圣人，特指能纵横捭阖的人。他们是先知先觉者，比"众生"看得深、看得远，能够深入领会阴阳之理、捭阖之道，掌握自然界和社会的本质及规律，并善于利用矛盾，从事社会活动。

　　第二部分，言捭阖之原理，又可分为三层：捭阖的定义、运用原理和功用。

第一层，由"变化无穷"至"无为以牧之"，点明"捭阖"的定义。

"一阴一阳之谓道"，鬼谷子认为，天地万物皆分阴或阳两种属性，人也分为"阴""阳"两类：或贤或不肖，或智或愚，或勇或怯，或仁义，或不仁不义。此皆与"阴阳"之理暗合，道法自然。因此，纵横策士行事也须遵从阴阳之道而区别对待之，"乃可捭，乃可阖，乃可进，乃可退，乃可贱，乃可贵"即"无为以牧之"。鬼谷子把这种行为之道命名为"捭阖"。

"捭阖"，原意即开合。陶弘景题注说："捭，拨动也；阖，闭藏也。"又说："凡与人言之道，或拨动之令有言，示其同也；或闭藏之令自言，示其异也。""捭"是打开的意思；"阖"是闭合的意思。从游说的角度看，"捭"就是公开说出自己的意见，并引发对方说出意见；"阖"就是保持沉默，让对方先说出他的意见。推而广之，就是可以采用不同的手段去进行游说，诱导对方，求同存异；亦指用手段分化或拉拢；也指采用不同的手段去了解人才、使用人才。

第二层，由"审定有无"至"而与道相追"，讲游说者对"捭阖"的运用原理。

阐述"捭阖"在遵从"无为以牧之"的原则上进行。前提是判断对方的阴阳属性；方法是"审定有无，与其实虚，随其嗜欲，以见其志意"，即根据其嗜好喜欲来判断；手段是"开而示之者，同其情也；阖而闭之者，异其诚也"。务必要记住："离合有守，先从其志"，即不管意见是否异同，都先要跟从对方的志意；秘诀是"贵周""贵密"。

第三层，由"捭之者，料其情也"至"必由此矣"，主要是解释捭阖的功用。

捭是"料其情也",阖是"结其诚也",捭阖是"天地之道",是"道之大化",是"说之变也",捭阖的众多方法,如纵横、反出、反复、反忤等,都经由此道而出。捭阖的运用是否得当决定了吉凶祸福——"吉凶大命系焉"。

纵横之法归根结底是"捭阖"。"捭阖"固然是纵横家的游说技巧,但文中不止一次地说"捭阖"是"谋之本而说之法"。这就是说,捭阖也是谋略的根本大法。而谋略,是领兵打仗和建功立业成事的先决条件。

第三部分,即余下的所有内容旨在陈述"捭阖"的运用方法。

此部分也可分为两个层次:

第一层,由"捭阖者,道之大化"至"可以说天下",讲游说的方法原则,即"说人之法"。

捭阖既是天地变化之道,也是游说中该遵循的变化之道,主要讲述如何使用捭阖之道管住"口"。遇"阳"而捭,遇"阴"而阖。鬼谷子先给出了"阴阳"的定义,然后针对或阴或阳不同的人给出不同的说服方法,即"诸言法阳之类者,皆曰'始',言善以始其事","诸言法阴之类者,皆曰'终',言恶以终其谋"。捭阖之道的前提是"以阴阳试之"。

第二层,由"为小无内"至篇尾,从上面的说人之法扩大至整个游说活动,总结出捭阖之道的总原则是以阴阳之道驾驭捭阖之法。

在最后,鬼谷子给出阴与阳的特性是阳动、阴静、阴极反阳。"以阳求阴,苞以德也","以阴求阳,施以力也",游说者必须因应变通,施展捭阖之法。这是天地阴阳之道,说人之大法,成就万事之先决条件。

后面的《反应》《内揵》《抵巇》《飞箝》《忤合》等五篇的立论即是以此篇为基础的。

捭阖

【原文】

粤若稽古①，圣人之在天地间也，为众生之先②。观阴阳之开阖以名命物③，知存亡之门户④。筹策万类之终始⑤，达人心之理，见变化之朕焉，而守司其门户⑥。故圣人之在天下也⑦，自古及今，其道一也⑧。

【注释】

①粤若：发语词，无义。稽，稽考，稽查。陶弘景注："若，顺；稽，考也。圣人在天地之间观人设教。必顺考古道而为之。首出万物，以前人用先知觉后知，先觉觉后觉，故为众生先。"

②圣人：圣，繁体为"聖"，上左有"耳"以表闻道，通达天地之正理；上右为"口"表以宣扬道理，教化民众；下边的"王"，董仲舒曰："古之造文者。三画而连其中谓之王。三者，天、地、人也。而参通之者，王也。"《说文解字》曰："圣者，通也。"所谓"圣人"指品德最高尚、智慧最高超的人。众生：一般民众。先：先知先觉者，引导者。

③阴阳：古代中国哲学概念。阴，《说文解字》曰："暗也，水之南、山之北也"；阳，"高明也，阴之反也"。战国时代的阴阳学说认为，自然界的任何事物都包含阴和阳两个相互对立的方面，而对立的双方又是相互统一的。阴阳的对立统一运动，是自然界一切事物发生、发展、变化及消亡的根本原因。如《素问阴阳应象大论》所述：阴阳者，天地之道也，万物之

纲纪，变化之父母，生杀之本始。命物：命，本义是指发布命令、指派，借指判断物理，规范、役使万物。陶弘景注："阳开以生物，阴阖以成物。生成既著，须立名以命之也。"

④门户：房屋的出入口。比喻出入必经的要地，借喻关键、途径。陶弘景注："不忘亡者，存；有其存者，亡。能知吉凶之先见者，其唯知几者乎？故曰：知存亡之门户也。"因此纵横家要有洞悉吉凶祸福的能力。

⑤筹策：竹码子，古时计算用具，这里引申为谋算、筹划、推演。万类：万物。达：通达知晓。

⑥朕：本义是舟的裂缝；引申为预兆、迹象。守司：掌握，运用。陶弘景注："万类之终始，人心之理，变化之朕，莫不朗然玄悟，而无幽不测，故能筹策达见焉。司，主守也。门户，即上'存亡门户'也。圣人既达物理终始，知存亡之门户，故能守而司之，令其背亡而趣存也。"

⑦之：表示方式、方法或原因。相当于"以"。《晏子春秋》："然吾失此，何之有也？"

⑧道：规律，方法。其道，圣人之道。

【译文】

考究历史可知，之所以圣人在天地之间能被称为圣人，是因为他比芸芸众生先知先觉。他观察阴阳捭阖的变化来为判断万物之理，从而明白万物生死存亡的规律和关键。圣人筹划推演自然万物的终始，能通达人心民意，发现变化的隐微征兆，并能掌握生死存亡的关键。所以，圣人在普天之下，从古到今，都遵守同一的大道。

【原文】

变化无穷，各有所归^①。或阴或阳，或柔或刚，或开或闭，或弛或张^②。是故圣人一守司其门户^③，审察其所先后，度权量能^④，校其伎巧短长^⑤。

夫贤、不肖^⑥，智、愚，勇、怯，仁、义，有差^⑦。乃可捭，乃可阖，乃可进，乃可退，乃可贱，乃可贵；无为以牧之^⑧。

【注释】

①所归：归类，归属。陶弘景注："其道虽一，所行不同，故曰变化无穷。然有条而不紊，故曰各有所归。"

②或：有的。弛：松弛，放松。张：拉紧。或阴、阳，或柔、刚，或开、闭，或弛、张，皆属于捭阖之日常表现。陶弘景注："此言象法各异，施教不同。"

③一：专一，自始至终。

④度，本义为伸张两臂的长短，引申指计量长短、揣测等。权，秤锤，秤锤用来衡量重量，故"权"又引申指权衡。量，计算物体容积的器具，衡量大小。能，才能。度权量能：审查、估量对方的权谋与能力。

⑤校：考核，考察。伎巧：技巧。短长：优劣。陶弘景注："政教虽殊，至于守司门户则一，故审察其所宜先行者先行，所宜后者后行之也。权谓权谋，能谓才能，伎巧谓百工之役。言圣人之用人，必量度其谋能之优劣，校考其伎巧之长短，然后因材而任之也"。

⑥贤：繁体为"賢"，从臤（qiān），从贝。"臤"本义为"驾驭臣属"，引申为"牢牢掌握"。"贝"指钱币、财富，即能用手段掌握住屈服者与财物的人。引申为善于管理，善于理财

的人。又引申为德才兼备的人。《说文》："贤，多才也。"不肖：一般称不孝之子为不肖；不相象；不成材，不正派。《礼记·射义》："发而不失正鹄者，其唯贤者乎？若夫不肖之人，则彼将安能以中。"孔颖达疏："不肖，谓小人也。"

⑦俞樾《读书余录》认为，"仁、义"是衍文。差：差别，等级。陶弘景注："言贤不肖、智愚、勇怯，材性不同，各有差品。"

⑧无为：道家的哲学概念，即顺应自然的规律。《老子》："道常无为而无不为，侯王若能守之，万物将自化。"牧：其古字形像手持棍棒驱赶牲畜。《说文》注曰："牧，养也，放也，使也，察也，司也。"本义指放养牲口，牧在古代还有统治、管理、掌控的意思。陶弘景注："贤者可捭而同之，不肖者可阖而异之。智之与勇，可进而贵之；愚之与怯，可退而贱之。贤愚各当其分，股肱尽其力，但恭己无为牧之而已矣。"

【译文】

虽然世间万物有变化无穷的状态，但都有自身的属性和归类。有的阴，有的阳；有的柔，有的刚；有的开放，有的封闭；有的松弛，有的紧张。因此，圣人自始至终都能掌握住阴阳捭阖的关键，周密地考察事物的先后顺序，度量人们的权谋和才能的优劣，考察技艺的短长。贤能和不肖，聪明和愚钝，勇敢和怯弱，仁爱与守义，是有差异的。要根据各自的秉性，或捭之，或阖之，或进之，或退之，或贱之，或贵之。要顺应人性自然之道而区别对待他们。

【原文】

审定有无，与其实虚，随其嗜欲，以见其志意①。微排其所言，而捭反之，以求其实，贵得其指②；阖而捭之，以求其利③。或开而示之，或阖而闭之。开而示之者，同其情也；阖而闭之者，异其诚也④。可与不可，审明其计谋，以原其同异⑤。离合有守，先从其志⑥。即欲捭之，贵周；即欲阖之，贵密⑦。周密之贵微，而与道相追⑧。

【注释】

① 审定：审，详究、考察。仔细考究而推定。有无：指才能的有无。嗜，特别爱好，贪求。欲，欲望。见：表现出来。志意：志向与意愿。陶弘景注："言任贤之道，必审定其材术之有无，性行之虚实。然后，随其嗜欲而任之，以见其志意之真伪也。"

② 微排：排，除去，推开。轻微的试探性的反驳。反：反复阐述，主要指：思想主张、意旨、意图。陶弘景注："凡臣言事者，君则微排抑其所言，拨动以反难之，以求其实情。"

③ 阖：闭口不言；捭：使动用法，促使对方说话。利：利益、好处。陶弘景注："实情既得，又自闭藏而拨动之，（彼）以求其所言之利何如耳。"

④ 同其情：使双方思想相同。异其诚：用不同的办法来试探对方的诚意。异：区别、分开。《礼记·乐记》："乐者为同，礼者为异。"郑玄注："异谓别贵贱。"陶弘景注："开而同之，所以尽其情；阖而异之，所以知其诚也。"

⑤ 可：可行。审明：明察。原：推究，考究，研究。陶弘景注："凡臣所言，有可有不可，必明审其计谋以原其同异。"

⑥离：背离。守，本义是官吏的职责、职守，引申为掌管、遵守。从：本义是一个"人"在前，另一个"人"紧随其后，引申为相随、跟从。从其志：跟从对方的思想。此言先顺从对方的意愿，取得信任后，再实施自己的计划。陶弘景注："谓其计谋，虽离合不同，但能有所执守，则先从其志以尽之，以知成败之归也。"

⑦周：周到，周全。密：从"宓"从"山"。"宓"意为"隐藏处"。"宓"与"山"联合起来表示"山中的隐藏处"。这里是隐秘之义。陶弘景注："言拔动之，贵其周遍；闭藏之，贵其隐密。"

⑧微：精妙深奥。追：追随，相近。陶弘景注："而此二者，皆须微妙，合于道之理，然后为得也。"意在说明隐秘工作要合乎大道，归于无形，这是隐微的最高境界。

【译文】

要认真详尽地考察他有没有才能，为人是真诚还是虚假，根据他的嗜好来发现他的性情、志向和意愿。再试探性地反驳他的言论，采用"捭"的办法，反复试知他的内心，从而探求出对方的真实想法，关键在于了解到他的真实的想法。如果对方闭口不说，要想法打开他的心门，以了解其利益所在。

然后，或者打开心门向对方表明自己的想法，或者关闭心门，以进一步试探对方。打开心门向对方表明自己的想法，是通过彼此推心置腹而达到思想感情的契合；向对方关闭心门闭口不言，是用不同的办法来辨明对方的诚意。

判断对方的方略是否可行，一定要审察清楚他的计谋，推究双方的意见同异的根源。意见乖离或者相和，有一个根本点要守住，即首先抓住对方的真实意图，先顺从他，再适时而动。

这里是说运用捭阖之注意事项。用捭之策，贵在考虑周到全面；用阖之策，贵在隐秘不宣。周详和隐秘贵在巧妙运用，这就接近于道了。

【原文】

捭之者，料其情也。阖之者，结其诚也^①。皆见其权衡轻重，乃为之度数，圣人因而为之虑^②；其不中权衡度数，圣人因而自为之虑^③。故捭者，或捭而出之，或捭而纳之^④。阖者，或阖而取之，或阖而去之^⑤。捭阖者，天地之道^⑥。捭阖者，以变动阴阳，四时开闭，以化万物^⑦。纵横反出、反覆反忤，必由此矣^⑧。

【注释】

① 料，《说文解字》："料，量也。从斗，米在其中。"用斗量米。本义为称量、计量、核计，引申为估量、揣度。料其情：揣度对方的实情。结，本义是用线、绳、草等条状物打结或编织（如"结网"），引申指连接和结交。诚，真实无妄。陶弘景注："料谓简择，结谓系束。情有真伪，故须简择；诚或无终，故须系束也。"

② 皆：都。权衡：测量轻重的工具。度数：秤杆上的刻度，标准。为之虑：为对方考虑。陶弘景注："权衡既陈，轻重自分。然后为之度数。以制其轻重，轻重得所，因而为设谋虑，使之遵行也。"

③ 中：意指竖立"中"这种带旐之旗，来测定风向。引申为得当、符合、射中目标等义。自为之虑：为自己作考虑。俞

楼说："自行者，自为之虑也；为人行者，因而为之虑也。"纵横策士处世灵活，处处想好退路，在阴阳捭阖之间寻找生存之机。陶弘景注："谓轻重不合于斤两，长短不充于度数，便为废物，何所施哉？圣人因是自为谋虑，更求其反也。"

④出，本义是从里面到外面（与"入"相对），这里引申为离开。纳之：结交。陶弘景注："谓中权衡者，出而用之；其不中者，纳而藏之也。"

⑤取：争取。去：离开。陶弘景注："诚者，阖而取之；不诚者，阖而去之。"

⑥天地之道：符合天地阴阳的自然之道。陶弘景注："阖户谓之坤，辟户谓之乾。故谓天地之道。"

⑦变动阴阳：使阴阳发生变化。四时开闭：四季更替。化万物：化育万物。陶弘景注："阴阳变动，四时开闭，皆捭阖之道也。纵横，谓废起也，万物或开以起之，或阖而废之。"陶弘景断句为："以化万物纵横。"

⑧忤：逆也，相背。必由此：必定要遵循此道。陶弘景注："言捭阖之道，或反之令于彼，或反之覆来于此；或反之于彼，忤之于此。皆从捭阖而生，故曰必由此也。"俞樾《读书余录》云："反出、反忤四字，衍文也。此文当读至万物绝句，四时开闭，以化万物，纵横反复，必由此矣。其文甚明。写者衍反出反忤四字，陶氏遂于横字绝句，反出、反复、反忤并列为三义，虽曲为之说，不可通也。"

【译文】

用捭使对方"开"，是为了揣度对方的实情；探测清楚对方的实情之后，用阖，是为了争取对方的真诚合作。

首先，圣人根据对方实际情况的轻重缓急，揣度其所想，然后顺其所想而为之设计筹谋。如果对方的情况不合乎己方标准，就要根据实际情况，为自己另行考虑。

所以说，同样是"捭"，有时用"捭"的方式是为了离开对方，有时用"捭"的方式是为了结交他；而"阖"，有时用"阖"的方式是为了争取他，有时用"阖"的方式是为了离开他。

捭阖是天地万物变化的基本规律，通过开启和闭合，推动阴阳二气发生变化，使四季交替，从而化育万物。

游说中是纵是横，是返是出，是反是覆，是向是背，都一定要遵循捭阖之道。

【原文】

捭阖者，道之大化，说之变也。必豫审其变化，吉凶大命系焉①。口者，心之门户也。心者，神之主也②。志意、喜欲、思虑、智谋，皆由门户出入③。故关之以捭阖，制之以出入④。捭之者，开也，言也，阳也；阖之者，闭也，默也，阴也⑤。阴阳其和，终始其义⑥。故言"长生""安乐""富贵""尊荣""显名""爱好""财利""得意""喜欲"，为"阳"，曰"始"⑦。故言"死亡""忧患""贫贱""苦辱""弃损""亡利""失意""有害""刑戮""诛罚"，为"阴"，曰"终"⑧。

诸言法阳之类者，皆曰"始"，言善以始其事⑨。诸言法阴之类者，皆曰"终"，言恶以终其谋⑩。捭阖之道，以阴阳试之⑪。故与阳言者，依崇高。与阴言者，依卑小⑫。以下求小，以高求大⑬。由此言之，无所不出，无所不入，无所不可⑭。可以说人，可以说家，可以说国，可以说天下⑮。

【注释】

①道之大化：阴阳之道的基本的变化规律。豫：通"预"，预先。说之变：游说中的应变。陶弘景注："言事无开阖，则大道不化，言说无变。故开闭者，所以化大道，变言说。事虽大，莫不成之于变化，故必豫审之，天命，谓圣人禀天命王天下，然此亦因变化而起，故曰吉凶大名系焉。"

②心：本意即心脏。古人认为心是思维的器官，因此把思想、感情都说成"心"。心中所想，通过口说出来，所以，说口是心的门户。人的神藏在心里，所以说心为"神之主"。陶弘景注："心因口宣，故曰'口者心之门户也'；神为心用，故曰'心者神之主也'。"

③志意：志向意愿。喜欲：喜好欲望。思虑：思索考虑。智谋：智慧谋略。陶弘景注："凡此八者，皆往来于口中，故曰'由门户出入'也。"

④关：原意指门闩。制：控制。陶弘景注："言上八者，若无开闭，事或不节。故关之以捭阖者，所以制其出入。"

⑤默：沉默不说。陶弘景注："开言于外，故曰阳也；闭情于内，故曰阴也。"

⑥和：本义指声音相应和、和谐地跟着唱或伴奏，引申为调和、和谐。终始：自始至终。义：宜也。裁制事物，使各宜也。陶弘景注："开闭有节，故阴阳和；先后合宜，故终始义。"

⑦尊荣：尊贵而荣耀。显名：名声显赫。显：高贵、显赫。得意：达到心里预期而欢畅。陶弘景注："凡此皆欲人之生，故曰阳，曰始。"

⑧弃损：被抛弃、受损害。陶弘景注："凡此皆欲人之死，故曰阴，曰终。"

⑨诸言：各种言论。法：用作动词时"法"是效法、仿效之意。善：以"羊"表意，以"二言"（dàn）表音，有人人称道（争说）"羊"的驯良美好的品性之意，所以"善"的本义是"良""好""驯善"，其后又引申出"友好""擅长""赞许"等，有吉祥美好之义，《说文》："善，吉也。此与美同意。"言善，讲吉祥美好的事情，是指从积极方面谈论。始其事：开始行动。

⑩言恶：恶，讨厌，憎恶，与好或善相对。讲不好的或对方不希望出现的事情。是指从消极方面谈论。终其谋：结束谋略，终止想法。陶弘景注："谓言说者，有于阳言之，有于阴言之，听者宜知其然也。"

⑪以阴阳试之：从阴和阳两个方面试探对方。陶弘景注："谓或拨动之，或闭藏之. 以阴阳之言试之. 则其情慕可知。"

⑫阳：指具有积极的人生态度的人。崇高：高远向上。阴：具有消极的人生态度的人。卑小：内容卑微低小。陶弘景注："谓与阳情言者，依崇高以引之；与阴情言者，依卑小以引之。"对品行高尚的人，就要和他说高尚之事；对品行卑下的人，就要与他说卑小之事，这样与之志趣性情契合而较易成功。

⑬以下求小，以高求大：此言要顺应人性之特点去游说。求：应合。下：前文的"卑小"。小：志向低微者。高：前文的"崇高"。大：志向宏远者。陶弘景注："阴言卑小，故曰以下求小；阳言崇高，故曰以高求大。"

⑭无所不可：没有什么不可以的。陶弘景注："阴阳之理尽，小大之情得。故出入皆可，何所不可乎？"

⑮人：普通人。家：大夫拥有的封地为家。国：诸侯拥有的封地为国。天下：当时周王朝统治的全中国，这里指天子。陶弘景注："无所不可，故所说皆可也。"

【译文】

捭阖是万事万物变化的基本规律，也是游说之中必须遵循的道理，所以，一定要预先周详地研究阴阳开合的变化规律。这是因为，吉凶存亡的关键全系于一捭一阖之间，口是心的门户，心是精神的主宰。人们的志向、欲望、思想、智谋等，都通过口这个门户说出来。所以，要用捭阖之道来管住自己的嘴巴，审慎表达。

所谓"捭"，就是打开心门、开口讲话，就是积极向上；所谓"阖"，就是封闭内心、沉默不言、闭藏收敛。捭阖之道讲究阴阳协调，自始至终，开合自然。

所以，长生、安乐、富贵、尊荣、显名、喜好、财货、得意，都属于"阳"的一类事物，称为"始"。而死亡、忧患、贫贱、羞辱、毁弃、损伤、失意、灾害、刑戮、诛罚等，属于"阴"的一类事物，称为"终"。具有"阳性"特征的言辞，都可以称为"始"，就以谈论"善"开始，即从讲这件事的好处和利益来游说他；凡是那些具有"阴性"特征的言辞，都可以称为"终"，就从谈论"恶"的方面入手，即大讲其厌恶的或担心的不好的结果来终止他当下的想法。

捭阖之道要从阴、阳两方面来试探。和具有积极的人生态度的人说话，内容要崇高远大；和消极保守的人说话，内容要微小切近。用低下保守的言论来应对志向卑微的人，以高昂进取的言论来应对志向远大的人。

遵循了这样的法则，就没有什么地方不能出入，没有什么对象不可以说服。用捭阖之道，可以说服普通人，可以说服大夫，可以说服诸侯国君，可以说服天子。

【原文】

为小无内，为大无外①。益损、去就、倍反，皆以阴阳御其事②。阳动而行，阴止而藏；阳动而出，阴隐而入；阳还终阴，阴极反阳③。以阳动者，德相生也；以阴静者，形相成也④。以阳求阴，苞以德也；以阴结阳，施以力也。阴阳相求，由捭阖也⑤。此天地阴阳之道，而说人之法也⑥。为万事之先，是谓圆方之门户⑦。

【注释】

① 无内：不能更小。无外：不能更大。这是道家的一种宇宙观。陶弘景注："尽阴则无内，尽阳则无外。"

② 益损：增多或减少。去就：离开或接近．这里意思是担任或不担任职务。倍：通"背"，背离。反：通"返"，返回。御：控制；约束以为用。陶弘景注："以道相成曰益，以事相贼曰损；义乖曰去，志同曰就；去而遂绝曰倍，去而复来曰反，凡此不出阴阳之情，故曰皆以阴阳御其事也。"

③ 此六句讲阴阳的相辅相生、相互转化。一本作："阳动而行，阴止而藏；阳动而出，阴隐而入；阳还终阴，阴极反阳。"陶弘景注："此言君臣相成．由阴阳相生也。此言君以爵禄养臣，臣以股肱宣力。"

④ 德相生：道德相应地生长。形相成：与形势相辅相成。

⑤ 苞，通"包"，包容。相求：互相追求，相辅相成。陶弘景注："君臣所以能相求者，由开闭而生也。"

⑥ 说：游说。陶弘景注："言既体天地，象阴阳，故其法可以说人也。"

⑦ 为万事之先，是谓圆方之门户：此言捭阖乃天地间处理

万事的根本法则。圆方：天方地圆；圆喻无形，方喻有形；古时常有谋圆行方的说法。陶弘景注："天圆地方，君臣之义也。理尽开闭，然后能生万物，故为万物先。君臣之道，由此出入，故曰圆方之门户。"

【译文】

从小的方面入手，可以小到不能再小；从大的方面着眼，可以大到不能再大。增益或损害，离任或就职，背离或返回，都是由运用阴、阳的规律来驾驭和决定的。

面对阳势（有利的形势），就要积极地行动；面对阴势（不利的形势），就要停止行动、隐藏待时。面对阳势，主动出击；面对阴势，退避潜入。阴阳互换，阳循环运动，转化为阴；阴到了极点就反归为阳。凡是凭阳气而动的人，道德意志随之相生相长；凭阴气而静的人，左右进退与形势相辅相成。

从阳的方面去追求阴，要用德行去包容对方，以德包容；从阴的方面去接近阳，要尽智竭力，以诚感人。阴阳相互追求，相辅相成，必须通过捭阖之道。这便是天地间的阴阳之道，也是游说别人的方法。它是办好万事的先决条件，也是天地之门户，方略圆谋之关键。

【新解】

阴阳捭阖乃谋略之本、游说之法

《捭阖》是《鬼谷子》理论体系的总论。鬼谷子认为，不管是军争还是外交，万事万物都有阴阳之属性，事物为阳，我当应对以捭之策略；事物为阴，我当应对以阖之策略。即形势有利就采取进取之策；形势不利，就采取退守之策。军事或外交的主事者如果掌握了捭阖之术，便能世事洞明，人情练达，万事皆易成功。"捭之者，开也、言也、阳也；阖之者，闭也、默也、阴也。""捭"就是开放、发言、公开，"阖"就是封闭、缄默、隐匿。阴阳两方面相协调，开放与封闭才有节度，才能够善始善终。

所以，一开一合是"道之大化，说之变也"，是事物发展变化的普遍规律，是纵横家游说权变的依规，也是"谋之本，说之法"。

本文开宗明义，给圣人下了个定义：圣人"为众生之先"，即先知先觉者。

鬼谷子所指的圣人，特指能纵横捭阖的人。他们是先知先觉者，比"众生"看得深，能够深入领会阴阳之理、捭阖之道，掌握自然界和社会的本质及规律，并善于利用矛盾，从事军事外交活动。

《捭阖》开篇第一段，便对《鬼谷子》一书的思想做了简要的概括，提出了此书的命题。"粤若稽古"，让我们一起来考察古代的历史。"圣人之在天地间也"即圣人之所以能在天地之间被称为圣人，"为众生之先"，因为他是众生的先知先觉者。因为他看得比别人远，站得比别人高，思想更精深，于是大家才尊他为圣人，尊他为领导。

毛泽东主席在党的七大结论报告中，特别用一大段话论述了领导和预见的关系。他说："什么叫领导？领导和预见有什么关系？预见就是预先看到前途趋向。"没有预见就没有领导，"坐在指挥台上，只看见地平线上已经出现的大量的普遍的东西，那是平平常常的，也不能算领导。只有当着还没有出现大量的明显的东西的时候，当桅杆顶刚刚露出的时候，就能看出这是要发展成为大量的普遍的东西，并能掌握住它，这才叫领导。"

毛主席在《中国革命战争的战略问题》一文中提出："战略指导者当其处在一个战略阶段时，应该计算到往后多数阶段，至少也应计算到下一个阶段。尽管往后变化难测，愈远看愈渺茫，然而大体的计算是可能的，估计前途的远景是必要的。"

纵横策士如何才能先知先觉？鬼谷子给出的答案是"观阴阳之开阖以命物"的思维，而"知存亡之门户"，从而知道了生存发展死亡的关键，而后"筹策万类之终始"，运筹策划，什么时候开始，什么时候终止，既定战略。这里的先知是指那些能洞察宇宙万物运行规律及深谙事物兴亡盛衰之道的人，这样的人总是比别人早一步看清事物的本质和问题的真相，所以，做人做事很少有不成功的。

在这里，鬼谷子给纵横策士提出三项素养：

第一是"观阴阳之开阖"的思维。

阴阳开阖是鬼谷子分析解决问题的思维方式。明朝著名学者朱熹说："阴阳无处无之，横看竖看皆可见。横看则左阳而右阴，竖看则上阳而下阴。仰手为阳，覆手则为阴。白明处则为阳，背面处则为阴……无一物不有阴阳乾坤，至于至微至细，草木禽兽，亦存牝牡阴阳。……天地之间无往而作阴阳，一动一静，一语一默，皆是阴阳之理。"在古人看来，阴阳涵盖了一切事物，只要能掌握阴阳法则，就能主宰万物。阴阳开阖与今天所言的可行性分析模型——SWOT（优势－劣势－机会－威胁）分析法颇有类似之处，阴阳可理解为劣势和优势，捭阖可理解为机会和挑战。当然，阴阳捭阖的内涵和外延更深更广。

"命物"就是命令和掌控万物之意，如果顺利掌握了这种方法，就能预知未来。此方法的应用有三方面：

（1）用之于人，先定阴阳属性，再应对以捭阖。

道变化无穷，却各有归属。鬼谷子曰："或阴或阳，或柔或刚，或开或闭，或弛或张。"然后，纵横策士根据捭阖之道来审察人物的先后顺序，次第缓急，衡量人物的才能学识，校准其技能短长。鬼谷子接下来对游说对象也做了阴阳的划分："夫贤、不肖，智、愚，勇、怯，仁、义，有差。"何以应对呢？"无为以牧之"。无为即顺其阴阳的属性，区别对待之。"乃可捭，乃可阖，乃可进，乃可退；乃可贱，乃可贵。"其贤能，就开诚布公；其不肖，就封闭保守；其智慧，就进言献策；其愚鲁，就后退辞让；其勇敢，推崇使其感到尊贵；其怯弱，轻视使其感到卑贱。牧：古字形为手持棍棒驱赶牛。《说文》注曰："牧，养也。放也。""牧之"，对这头牛或以青草诱之，或用棍棒驱之，或抓住其弱点——牵牛鼻子。

（2）"捭阖"的运用原理：牧人当知其志意、秉性。

"捭阖之道，以阴阳试之。"在使用捭阖时，要判断对方的阴阳属性；方法是"审定有无与其实虚，随其嗜欲以见其志意"，即根据其嗜好喜欲来判断。首先要审定对方的"有无"与"虚实"，顺随对方的嗜欲，获知对方的"志意"所在。怎么获知对方的志意呢？"捭之者，料其情也；阖之者，结其诚也。""捭"是料对方的情，摸清其实际情况；"阖"是结对方的诚。

"捭之者"即问让对方心门打开的问题，从而了解其实情，掌握资料。问封闭型的问题，来锁定其真实意图。还有一个意思是让对方的心为我打开；"阖之者"即为我打开了以后，要让其心对别人关闭，只对我开。然后，鬼谷子告诉我们，让对方开放，是为了侦察其实情；让对方封闭，是为了坚定其对我合作之诚心。所有这一切"皆见其权衡轻重，乃为之度数"。务必要记住，就是"离合有守，先从其志"，即不管意见异同，先要跟从对方的志意；秘诀是"贵周"和"贵密"，即用捭之策，贵在考虑周到全面；用阖之策，贵在隐秘不宣。

  曹操与刘备都是深谙捭阖之道的精英人士，脍炙人口的"煮酒论英雄"的故事，就是双方捭阖交锋的经典之作，曹操挟天子以令诸侯，势力强大。刘备起兵未久，势力尚弱，为防曹操谋害，便隐藏自己的志向，在后院里种菜，以为韬晦之计。一日曹操召见刘备，二人在一个小亭里边煮酒畅饮，其间曹操多次以言语来试探刘备，欲了解刘备的志意。刘备却十分谨慎，始终不敢以真情流露，后来曹操以"天下诸侯，谁是英雄？"再三去问刘备。刘备没办法，就虚与委蛇，说了袁绍、袁术、刘表"二流"人物来搪塞，但均被霸气十足的曹操所否定。曹操最后就指着刘备说："天下英雄只有使君与操二人矣。"刘备以为是曹操看出了自己称霸的野心，吓得把手里的筷子都掉到了地上。刚好这时候雷声大作，刘备就势从容地拿起筷子说："雷声震动，居然把我筷子都吓掉了。"把自己很懦弱的一面给表现了出来，把自己的惊慌巧妙地掩饰过去了。正因为如此，曹操放松了对其戒备之心。后来，他抓住机会，借曹操五千人马，三分天下。刘备的成功正是源自其对捭阖之术的灵活运用。

（3）实施捭阖之道的基本法则：言善或言恶。

纵横策士，游说天下，纵横捭阖，靠的就是谋略和辞说。

谋略用来找到解决问题的办法，辞说通过说服其人而直接达成结果。所以，《鬼谷子》这本书用了大量的篇幅讲述游说方法。为什么鬼谷子这么重视"辞说"？因为其认为纵横策士之所以能获得非凡的成功，端赖"辞说"技巧。如果不能把自己的理念充分与人沟通，必定是寸步难行。鬼谷子给学生的毕业考试，就是要实地考验他们的辞说能力。鬼谷子先给出了"阴阳"的定义，然后，针对或阴或阳不同的人给出不同的说服方法。"诸言法阳之类者，皆曰始，言善以始其事""诸言法阴之类者，皆曰终，言恶以终其谋"。捭阖之道的前提是"以阴阳试之"。

何谓阳？"故言'长生''安乐''富贵''尊荣''显名''爱好''财利''得意''喜欲'，为'阳'，曰'始'。"这都是人们向往的。何为阴？"故言'死亡''忧患''贫贱''苦辱''亡利''失意''有害''刑戮''诛罚'，为'阴'，曰'终'。"这是人们忌讳的。

当你需要说服别人做某件事，就必须让其看到这件事的好处和其可能得到的回报！此即"言善以始其事"。反之，当你需要阻止某件事的发生时，则要将此事的后果放大并用合理的方式传达给他，让其感觉如不及时停止，就会遭致不可估量的损失。此即"言恶以终其谋"。

还要注意一个技巧是"与阳言者，依崇高。与阴言者，依卑小。以下求小，以高求大"。和具有积极的人生态度的人说话，内容要崇高远大；和消极保守的人说话，内容要微小切近。用低下保守的言论来应对志向卑微的人，以高昂进取的言论来应对志向远大的人。

第二是"知存亡之门户"的能力。

了解生存和死亡的关键，掌握了规律，就能趋利避害、逢凶化吉。这个关键就是"人心"和"变化"。这就要求圣人（这里指能纵横捭阖的策士）有揣摩人心和洞察变化的能力。

鬼谷子曰："筹策万类之终始，达人心之理，见变化之朕焉。"筹策原指古代计算用具，这里引申为谋算、筹划。这句话就是说圣人筹划自然万物的始终，能通达人心的规律，发现变化的隐微征兆，并能掌握生死存亡的关键。

鬼谷子认为圣人要具备两项能力：其一是筹划谋算的能力。比如怎么定战略，做一件事每个步骤都策划到位，通过沙盘推演，确保万无一失。其二是通达人心的能力。就是说要洞察人性、了解人心，能够换位思考，琢磨清楚对方内心的真实需求，从而顺应人性规律来统御众人帮助自己完成目标使命。

> 刘邦拜韩信为大将军，问韩信如何战胜项羽。韩信说，项羽待人恭敬慈爱，说话温和，有士兵生病了，他甚至能流着眼泪亲手送饭。然而，其最大的弱点是不会论功行赏，其部下立下赫赫战功，按照承诺应该封官加爵，项羽把大印放在手里摩挲直到棱角磨没了也不舍得送出。韩信认为，项羽对士兵的好是妇人之仁，小恩小惠，不是大恩大德，缺乏大胸怀、大格局。不如刘邦的胸怀与格局。

韩信被誉为"兵仙"，因为其不仅是一位杰出的统帅，还是一个读心高手，其根据项羽的生活细节和做事风格看穿项羽的人性弱点，真可谓"一针见血"。韩信曾在项羽手下任职，对项羽的性格和心理了如指掌，而且其善于揣摩，真正做到了"达人心之理"。所以韩信与项羽开战，能做到"知己知彼，百战百胜"。项羽自刎乌江，刘邦终成帝业，韩信功不可没！

整个宇宙是周行不殆、流动不居的。世间的人、事、物都是动态的，像河水一样，不停地流逝；又像大海一样，不停地变化，波涛递升，汹涌澎湃。鬼谷子说"变化无穷，各有所归"，意思是：虽然宇宙变化无穷无尽，但一切变化还是有规律可循。用阴阳捭阖的逻辑思维，很容易理出条理来，在变易中找到不易。根据这个规律，就能敏锐觉察人心和客观事物变化的征兆，从而灵活变通。

所以，鬼谷子告诉我们"圣人之在天地间，其道一也"。

第三是运用纵横捭阖，建功立业。

上文谈到了解生存和死亡的关键，是"人心"和"变化"。所以，纵横策士要"揣诸侯之情""知隐匿变化之动静"。牢牢地守护掌控这个关键，即"守司其门户"依阴阳的辩证理论、开阖的技巧去管理、处置、整顿、统御、调控一切人事物，从而建功立业。

中国传统智慧中，独有的捭阖之道是春秋战国时期纵横家驰骋天下的法宝之一。鬼谷子的弟子苏秦、张仪都是以纵横术著称。苏秦下山以后，变卖家产，坐着马车，穿着貂皮大衣，以此高姿态到秦国去求职，并说服秦惠文王称霸天下。此时，秦国内部矛盾尖锐，无力图霸天下。所以，其谋略没有被秦惠文王所采纳。当他落魄不堪地回到家时，"负书担橐，形容枯槁，面目犁黑，状有愧色。"家人怎么对待他呢？"妻不下纴，嫂不为炊，父母不与其言。"《战国策》苏秦喟叹曰："妻不以我为夫，嫂不为炊，父母不以我为子，是皆秦之罪也。"他没有抱怨别人，而从自己身上找原因，这是成功者的特质。他突然想起下山之前鬼谷子曾送他一本书，说如果下山求职不成功，就把这本书拿出来好好看，所有谋略都在这本书中。苏秦就翻箱倒柜地找这本书——《阴符经》。

拿到这本书以后，便也精研揣摩捭阖之道，到后来一人身佩六国相印，声名显赫一时。

鬼谷子的另一位弟子张仪下山之初，也不被重用。他曾被人当作小偷，差点被打了个半死。张仪醒来后张开嘴巴问家人："你看，我舌头还在吗？"家人说："你舌头还在。"然后张仪说："只要舌头在，我就有出头之日。"

果不其然，到最后其一举击溃了同门师兄苏秦苦心经营起来的六国联盟，为秦国最终一统天下，奠定了坚实的基础。

人生就是这样，捭阖有度、进退自如是为人处事的要旨。进和退是人生的一种选择，而每次不同的选择，往往会给以后的人生轨迹带来不同的影响。所以，捭阖之道就在于如何利用有利时机，积极做事，建功立业。在时机不成熟的时候，要隐藏自己、保存实力、待机而动。这是设谋成事的大道理。

第二篇

《反应》篇逻辑思路
及经典谋略

用兵如神的前提是知己知彼，游说君主的必要条件是洞悉其心。这里的反应是指有意识地刺激对方，使对方由静态变为动态，从而洞察其真实意图的一种方法。"听其言，观其行"是反应的基本技巧，听出话外之音是为善听；观其行知其心才叫明察。

【篇题解析】

本篇可以说是鬼谷子搜集信息的情报学。陶弘景题注曰："听言之道，或有不合，必反以难之；彼因难以更思，必有以应也。"本篇作为一种游说之术，主要含义是：通过从正面或反面反复观察、了解、辩说，准确地掌握对方的反应，包括心理、语言等方面的反应，以便紧紧抓住对方，并准确地制定自己的基本策略。

所谓"反应"，即反覆，发问回应。反覆的目的就是为了弄清真相。所以，反应术就是一种投石问路、抛砖引玉的游说技巧。它要求游说者在不太了解对方底细的情况下，或没有太大把握使对方接受自己的建议时，刺激或试探对方，以便观察对方的反应。因为只有在彻底了解对方的意图之后，我们才有可能想出游说的办法。

本篇分为以下四层：

第一层，由开篇"古之大化者"至"不可不察"，讲述反应之术的价值和作用。"反应"的方法有三：一是观往验来，二是知古知今，三是知彼知己。这是圣人做事的方法，不可不知。

第二层，由"人言者，动也"至"事皆不疑"。讲如何知彼，要善于利用钓语即像比之法，诱导对方发言，静听、辨析对方的发言，反复推敲，摸清对方的真情实感，以确定自己的谋略。

第三层，由"古善反听者"至"实理同归"。讲反应之术要善于变化，特别是善于从不同的角度设饵置网，从而使得到信息的手段达到鬼神不测的境界。

第四层，由"或因此，或因彼"至篇尾。讲如何知己知彼。有两个方法：一知人始于知己，就是了解别人从了解自己开始；二牧人必先自定，就是自己有了定见，才能正确而灵活地运用各种策略，驾驭别人，进退自如。

本文所说到的"反应术"主要包括"静默""钓语""象比之辞""反听""见微知类""方圆之道"等数种。

"静默"，即人家说话，我一定要静默、冷静，人动我静。冷静，则心无二用，仔细辨别他所说的话，从里面品出其中的意味和玄机。

"钓语"，即以语言诱动，这就像投饵钓鱼一样。钓必有钩，"钩"就是引诱性或启发性的语言，鱼咬钩是"饵"的诱惑，人上钩是利益在牵引。有时可诱发对方言谈的兴趣；有时可以把对方的思维诱导至与其原意相反点上去，诱使对方自相矛盾，不得不因窘迫而改变想法；有时可以把对方思想诱导到自己圈套中来，不得不接受自己的主张。

这就像猎手捕兽一样，善猎的人往往选择野兽经常出没的地段铺设捕兽的网；有时则有意惊动野兽，使之在运动中自投罗网。钓语即隐瞒自己的真实意图，故意说一些启发性或试探性的话语，以诱导对方说出真情。此"钓人之网"。

"象比之辞"。象与比，是鬼谷先生独创的名词。象是一幅图像，就是说话的人，所说的任何事情，都像放映一部影片。

要讲出画面，使听者听到声音，闻到气味，感同身受。比是比拟，比例援引。人在看见了画面之后，就一定有所感触，就把脑子里储存的资料搬出来，一一比照，于是产生一种理解，诠释出来，便是理论。理论再和理论作比较，经过反复验证，就能得出自己想要的结果。

"反听"，就是以心听，不能仅仅听之以耳。要透过语言外壳仔细辨别真假同异，掌握实情。还要从正反两个方面反复倾听。或在对方立场上，反观对方；或回到自己的立场，审察自己，对自己的做法进行反思。

"见微知类"，一旦觉得他所说的话里面有破绽，不合乎逻辑，就要立即反应，以查明实情。

不过，使用反应术当以"知己知彼"为原则。"知彼"是建立在"知己"基础之上，"自知而后知人"，如果不先对自己有准确的认知，就不能了解对方。知人知己，像光之于影，像比目之鱼。相知甚洽，才能敏锐地发觉对方语言中所透露的思想蕴涵，才能深切了解对方外形所掩盖的心境，才能运用恰当的方法，如"舌取燔骨，磁石取针"一样，轻松自如地了解和驾驭对方。"己不先定，牧人不正"。

"方圆之道"，圆与方是两种待人处事的方法。一个人的思想还处在潜在状态时，只能以诱导的方法使之展现隐藏。一件事的来龙去脉尚不清晰，处于盲目状态时，不可贸然行事，而应周密策划、巧妙周旋，以便把握人的内情和事情的内幕。如果一切都已清楚了，则可直率陈言，坦诚对人，对是是非非，方正处之。

反应

【原文】

古之大化者，乃与无形俱生[①]。反以观往，覆以验来；反以知古，覆以知今；反以知彼，覆以知己[②]。动静虚实之理，不合于今，反古而求之[③]。事有反而得覆者，圣人之意也[④]。不可不察[⑤]。

【注释】

①化：化育。大化者：指化育众生的圣人。无形：指"道"，道家哲学概念。陶弘景注："大化者，谓古之圣人以大道化物也。无形者，道也。动必由道，故曰与无形俱生也。"《易·系辞上》："形而上者谓之道，形而下者谓之器。"

②反：反覆。也有"返回""反对""反面的"等义。覆：翻转，反面。"反""覆"二字合在一起，就是翻来覆去之义。陶弘景注："言大化圣人，稽众舍己，举事慎重，反复详验。欲以知来，先以观往；欲以知今，先以考古；欲以知彼，先度于己。故能举无遗策，动必成功。"

③动静：行动与静止。虚实：虚的实的。指世间的一切物质。陶弘景注："动静，由行止也。虚实，由真伪也。其理不合于今，反求诸古者也。"

④覆：审察，查核，覆核。陶弘景注："事有不合，反而求彼，翻得覆会于此。成此在于考彼，契今由于求古，斯圣人之意也。"

⑤察：本义是仔细看，细致深刻地调查研究。陶弘景注："不审则失之于几，故不可不察也。"

【译文】

古代化育众生的圣人，其作为是与大道共同生存的。他返过去观察既往的历史，翻过来察验将来；返过去考察古代，翻过来审视如今；返过去探究别人，翻过来认识自我。

事物动静虚实的道理，如果与今天的现实和将要发生的情况不合，便返回去研究古代的历史，从而寻求出正确答案。事情往往有反求于古代而得到成功验证的，这是圣人的方法，我们不可以不认真仔细地研究学习。

【原文】

人言者，动也；己默者，静也。因其言，听其辞①。言有不合者，反而求之，其应必出②。言有象，事有比；其有象比，以观其次③。象者，象其事；比者，比其辞也。以无形求有声④。其钓语合事，得人实也⑤。其犹张罝网而取兽也，多张其会而司之⑥。道合其事，彼自出之，此钓人之网也⑦。常持其网驱之。其不言无比，乃为之变⑧。以象动之，以报其心，见其情，随而牧之⑨。己反往，彼覆来，言有象比，因而定基⑩。重之、袭之、反之、覆之，万事不失其辞⑪。圣人所诱愚智，事皆不疑⑫。

【注释】

①动：动态。静：静态。因：因的古字形像是一个人躺在席子上，后引申为根据、依靠、沿袭。陶弘景注："以静观动，

则见所审；因言听辞，则所得明。"

②求：求索、求证。应：反应，回应。陶弘景注："谓言者或不合于理，未可即斥，但反而难之，使自求之，则契理之应，怡然自出也。"

③象：形象，象征。用具体的事物表现某种特殊意义。《易·系辞下》："是故易者，象也。象也者，像也。"比：比喻，比方。陶弘景注："应理既出，故能言有象，事有比。前事既有象比，更当观其次，令得自尽。象谓法象，比谓比例。比，谓类比也。"

④有声：指说话，语言。陶弘景注："理在玄微，故无形也。无言则不彰，故以无形求有声。声即言也，此谓比类也。"

⑤钓语：如钓鱼投饵般诱导对方说出实情的启发性话语。陶弘景注："得鱼在于投饵，得语在于发端。发端则语应，投饵则鱼来。故曰钓语。语则事合，故曰'合事'。明试在于敷言，故曰'得人实'也。"

⑥犹：好像。罝：捕捉兔子的网；也泛指捕鸟兽的网。取：捕获。会：聚合、会合。《尔雅·释诂》："会，合也。"《广雅·释诂三》："会，聚也。"司：通"伺"，守候，窥望，探察。《说文》："伺，候望也。"《字林》曰："伺，候也。察也。"

⑦道：此处指说人之法。陶弘景往："张网而司之，彼兽自得；道合其事，彼理自出。言理既彰，圣贤斯辨，虽欲自隐，其道无由，故曰钓人之网也。"

⑧驱之：驱使对方。其不言无比：若遇对方言辞中没有用来作类比推理的信息。陶弘景注："持钓人之网，驱令就职事也。或乖彼，遂不言无比，如此则为之变。变常易网，更有以象之者也。"

⑨以象动之：用寓言或其他形象化的手法来打动其内心。报：应合。牧：参考《捭阖》篇"无为以牧之"注释。俞樾《读书余录》云："此'牧'字，当训'察'。"引申有观察、控制的含义。陶弘景注："此言其变也。报，犹合也。谓更开法象以动之。既合其心，其情可见，因随其情慕而牧养之。"

⑩反往、覆来：指翻来覆去，交流试探。定基：确定基本策略。己反往，彼覆来：我们发出揣测言辞，对方应答，如此多次反复。陶弘景注："己反往以求彼，彼必覆来而就职，则奇策必申。故言有象比，则口无择言，故可以定邦家之基也。"

⑪重：重复。袭：因袭。反、覆：也是反反复复的意思。陶弘景注："谓象比之言，既可以定基，然后，重之、袭之，反之覆之，皆谓再三详审，不容谬妄。故能万事允惬。无复失其辞者也。"

⑫诱：从言从秀。秀：黍稷芳华而呈茂实之象。言、秀叠加。其义为言之如芳华茂实而引人。这里指用高明的话语引诱，诱导对方。陶弘景注："圣人诱愚，则闭藏之，以知其诚；诱智，则拨动之，以尽其情。咸得其实，故事皆不疑也。"

【译文】

别人在讲话，是动；我不言，是静。要根据对方说的话，听出其言辞所透露出来的真实想法。如果对方话语与实情不合，便反向诘问，必能使对方说出实情。

语言可以有其模拟的形象，事物一定有可供类比的先例。有了象征和类比，就可以从中观察对方下一步的言行意图。所谓"象"，便是用形象的手法描述某种事物；所谓"比"，便是借用类比的方式表达自己想说的意思。利用象比手法，可于无形中来得到对方有声的言辞回应。

所使用的启发诱导的话如果符合事理，便可使对方回应，从而了解到他的实际情况。这就好像张开捕兽的网去捕捉野兽，只要在野兽出没频繁的地方多张几张网，汇集在一起，伺察等候着，就一定能捕捉到野兽。

如果用来针对对方的方法符合事理，对方当然会自己说出一切，这就是一张钓人的网。自己经常拿着这张网驱使对方入网。如果发现对方言辞中没有用来作类比推理的信息，便改变方法来再次应对。

用形象的语言打动对方，投合他的内心想法，了解他的真情，从而控制住他。我方发出揣测言辞，对方应答，彼我双方，一来一往，反复交谈。语言多用象征比喻的修辞，又有可供比较参考的先例。如此一来就可以确定对方的行动意图，我方也因此确定应对之谋略。然后，反复几次，周密考究，那么做任何事物就不会因语言失实而导致失败。圣人诱导愚人和智者的方法不同，但都可以顺遂通畅、确定无疑地取得成功。

【原文】

古善反听者，乃变鬼神以得其情①。其变当也，而牧之审也②。牧之不审，得情不明；得情不明，定基不审③。变象比，必有反辞，以还听之④。欲闻其声，反默；欲张，反敛；欲高，反下；欲取，反与⑤。欲开情者，象而比之，以牧其辞。同声相呼，实理同归⑥。

【注释】

①反听：从反向去倾听和了解。道家认为，反听是关闭

耳目，用心感知。变鬼神：指其变化鬼神难测。情：内心情意。陶弘景注："言善反听者，乃坐忘遗鉴，不思玄览，故能变鬼神以得其情，洞幽微而冥会。夫鬼神本密，今则不能。故曰变也。"

②当：合宜，恰当，合理。牧：这里与"察"同义，察看。就是进行调查加以阐明。陶弘景注："言既变而当理，然后牧之之道审也。"

③审：详细，详尽。定基：决定基本的策略。陶弘景注："情明在于审牧，故不审则不明；审基在于情明，故不明则不审。"

④变象比，必有反辞：纵横策士在游说时，根据需要变换所言之形象或事理的类比，对方必定随之有反应之辞，我方则从反馈之信息中获取对方真情。陶弘景注："谓言者于象、比有变，必有反辞以难之，令其有言，我乃还静以听之。"

⑤反：反而。与：给予。陶弘景注："此言反听之道，有以诱致之。故欲闻彼声，我反静默；欲彼开张，我反睑敛；欲彼高大，我反卑下；欲彼收取，我反施与。如此，则物情可致，无能自隐也。"

⑥开情：开诚布公、展现真情。牧：这里是约束、引导之义。陶弘景注："欲开彼情，先设象、比以动之；彼情既动，将欲生辞，徐徐牧养，令其自言。譬犹鹤鸣于阴，声同必应。故能以实理相归也。"

【译文】

古代善于从正反两面反复了解事物的人，往往采用鬼神难测的变化手段来了解真实情况。只要他的应变策略得当，他的观察就会非常详细。

如果观察得不够详细周密，得到的情况便不明确；得到的情况不明确，决定的基本策略便不周详。根据需要变换所言之形象或事理的类比，对方必定随之有诘难之辞，需要我们自己回过头来听下去，以观察其真实情况和意图。

想要听到对方的声音，自己反而要沉默；想要张开，反而先收敛；想要向上，反而先下降；想要取得，反而先给予。想要使对方开诚相见，要先描绘同类事物之形象，或列举历史上同类事例作类比，从而引导对方发言。相同的声音自然会彼此呼应。相同的事物必然证实同样的道理。

【原文】

或因此，或因彼，或以事上，或以牧下①。此听真伪，知同异，得其情诈也②。动作言默，与此出入；喜怒由此以见其式③。皆以先定，为之法则④。以反求覆，观其所托⑤。故用此者，己欲平静，以听其辞，察其事，论万物，别雄雌⑥。虽非其事，见微知类⑦。若探人而居其内，量其能，射其意也，符应不失⑧。如螣蛇之所指，若羿之引矢⑨。

【注释】

① 因：沿袭，顺着。上：上司，君主。下：下属，属民。牧：驾驭，管理。陶弘景注："谓所言之事，或因此发端，或因彼发端，其事有可以事上、可以牧下者也。"

② 此：反听之法。情诈：真诚与欺诈。陶弘景注："谓真伪、同异、情诈，因此上事而知也。"

③ 动作：行为，举动。动的本义是行动，为实现一定意图

而活动。与此出入：通过这种途径。见：呈现。式：指事物依据的规矩、标准。《说文》："法也。"陶弘景注："谓动作言默.莫不由情与之出入。至于或喜或怒，亦由此情以见其式也。"

④先定：预先定下的方法。陶弘景注："谓以上六者，皆以先定于情，然后法则可为。"

⑤托：凭借，寄托。观其所托：观察出对方的情感或理论所寄托之处。陶弘景注："反于彼者，所以求覆于此，因以观彼情之所托，此谓信也。"

⑥雌雄：指高低、强弱。陶弘景注："知人在于见情。故言用此也。谓听言之道，先自平静。既得其辞，然后察其事，或论序万物。或分别雌雄也。"

⑦见微知类：指从微小的事情上就可以推断出其发展趋势并认清同类问题的本质。陶弘景注："谓所言之事，虽非时要，然观此可以知彼，故曰见微知类。"

⑧内：内心。射：本义指开弓放箭，引申为猜测、揣度。符：古代朝廷传达命令或调兵遣将用的凭证，双方各执一半，使用时验证两半是否相合以验真假。符应不失：意思是用这种方法得到的情况，就会像符契一样切合实际。陶弘景注："闻其言，则可知其情，故若探人而居其内，则情原必尽。故量能射意，乃无一失，若合符契。"

⑨螣蛇：民间传说中的一种能飞的蛇，与龙同类的神物，能兴云驾雾，可兆吉凶。《尔雅》郭璞注："龙类，能兴云雾而游其中也。"羿：后羿，"后"是夏代君主尊号，夏代有穷氏部落首领，以善射著称。陶弘景注："螣蛇所指，祸福不差；羿之引矢，命处辄中。听言察情，不异于此，故以相况也。"

【译文】

反听之法或者可以用在此处，或者可以用在彼处，或者宜于侍奉君长，或者适合用来管理臣下。通过反听之法就能分辨真假，了解彼此间的异同，掌握对方是真诚还是伪诈。

举止、言谈、欢喜、愤怒都可由此途径来观察，也可由此法体现出反听这种规则的效用。以上一切，都要以预先地做好准备为法则。

通过反复的言辞试探，求得对方反应，再观察分析他所寄托的内容实质。所以，使用这种方法，自己要平心静气来听对方的言辞，察明事理，探讨万事万物，分辨势力强弱。

所以，即使不是同一事物，也可以凭借微小的征兆推知同类的情况。这就好像要想了解别人就要钻到他的内心一样，要从中揣量出他的才能，洞悉他的想法，就会像虎符一样相合，不会发生差误。又会像腾蛇所兆吉凶祸福一样，分毫不差；像后羿一样，开弓射箭，百发百中。

【原文】

故知之始己，自知而后知人也①。其相知也，若比目之鱼②。其伺言也，若声之与响③；其见形也，若光之与影也④。其察言也不失，若磁石之取铖，舌之取燔骨⑤。其与人也微，其见情也疾⑥。

【注释】

①始己：从自己开始。陶弘景注："知人者智，自知者明。智从明生，明能生智。故欲知人，先须自知也。"

②比目鱼：据说是只有一只眼睛的鱼类，故两条鱼常常并

排在一起游泳，彼此明晰可见。常用以比喻相互了解、亲密无间。《尔雅·释地》："东方有比目鱼焉，不比不行。"陶弘景注："我能知彼，彼须我知，必两得之，然后圣贤道合，故若比目之鱼。"

③响：声音，回音。《说文解字》："响，声也。从音、乡声。"。

④见形：发现对方的情形。陶弘景注："圣贤合则理自彰，犹光生而影见也。"

⑤磁石：磁铁矿，具磁性。鍼："针"字的异体字，大约产生于战国；"针"字产生于汉代以后。针是一种用来缝制衣服的工具，一般是铁制品，其形状为细长形，头部尖锐。被磁石吸引的针和被琥珀吸引的芥，合称"针芥"，形容二人相互吸引叫"针芥相投"。磁石引针，琥珀拾芥，后人因以"针芥相投"或"针芥之合"比喻互相投契。燔骨：炙肉中的骨头。陶弘景注："以圣察贤，复何所失？故若磁石之取鍼，舌之取燔骨。"

⑥微：微小。陶弘景注："圣贤相与，其道甚微；不移寸阴，见情甚疾。"

【译文】

所以，要认识别人，首先从认识自己开始。只有先认识自己，然后才能认识他人。双方互相了解，就好像比目鱼一样，彼此相照明晰可见。

能够及时准确掌握对方的言辞，就好像发出声就会有回音一样；能够及时准确掌握对方的表现，就好像物在有光线下就会出现影子一样。审察分析对方的言辞之意，就好像用磁石去吸铁针一样不会发生差失，又好像用舌头去剔除炙肉中的骨头一样容易。虽然自己给出的信息很少，但而得到对方的情况却敏锐迅速。

【原文】

如阴与阳，如阳与阴；如圆与方，如方与圆①。未见形，圆以道之；既见形，方以事之②。进退左右，以是司之③。己不先定，牧人不正④；事用不巧，是谓忘情失道⑤。己审先定以牧人，策而无形容，莫见其门，是谓天神⑥。

【注释】

①圆方：圆融与方正。陶弘景注："君臣之道，取类股肱，比之一体，其来尚矣。故其相成也，如阴与阳；其相形也，犹圆与方。"

②圆：指圆融灵活的方法。道：通"导"，诱导。方：指既定的方法。陶弘景注："谓臣向晦入息，未见之时，君当以圆道之；亦既出潜离隐，见形之后，即以方职任之。"

③进退：前进与后退，也指出仕和退隐；左：降低官职。右：升职。陶弘景注："此言用人之道，或升进，或黜退，或贬左，或崇右，一准上圆方之理。故曰以是司之。"

④牧：统御，管理。陶弘景注："方圆进退，若不先定，则于牧人之理不得其正也。"

⑤忘情失道：指忘却真情偏离正道。陶弘景注："用事不巧，则操末续颠，圆凿方枘，情道两失。故曰忘情失道也。"

⑥策而无形容：策略巧妙而了无痕迹。天神：指达到了神鬼莫测的最高境界。陶弘景注："己能审定，以之牧人。至德潜畅，玄风远扇，非形非容，无门无户。见形而不及道，日用而

不知。故谓之天神也。"

【译文】

有时阴柔变阳刚，有时阳刚变阴柔，有时阴柔与阳刚结合使用；有时圆融，有时方正，方正与圆融相互协调搭配。在对方的基本情形尚不明朗时，便采用圆融灵活之道来诱导他；如果基本情况已经清楚，就用既定的方略处理事情。

无论进、退、左、右，都要坚守圆方进退之道。自己不先确定圆方进退之策，就不能公正有序地统御别人，这便叫做"忘情失道"；自己先有定见，再去管理别人，策略巧妙而了无痕迹，没有谁能懂得其中奥妙，这便达到了神鬼莫测的最高境界，所以，可以称其为"天神"。

【新解】

如何搜集信息、自知知人、百战不殆?

《反应》讲述纵横策士在游说活动中如搜集信息、了解对方实情时所要掌握的基本策略和方法。主旨为：在交谈过程中，如何用历史和发展的眼光观察事物，洞察对方的反应，如何以恰当的听者姿态使对方说出实情。

反应是捭阖的更进一层，本篇主要论述反应的原理和方法。

一、反应之原理

因为任何事都有"阴阳"，即正反。正就是己方，反就是对方；正就是审视自己，反就是反观对方。正反双向思维，就是主客角色换位的方法。人往往容易受到思维局限，不能清晰地、深层地、多角度地认识事物，这就需要打开思路，扩大观察与思维的范围，在更大的时空范围中去认识事物。要想对今天作出正确的认识与判断，不妨反观过去，用历史长河中积累的丰富经验教训来认识今天，这是温故知新的办法；要想对自己有正确的认识，不妨反观周围人，通过别人的成败得失来衡量自己，这是观人知己。反，反过来站在对方立场看问题；覆，站在对方立场看问题后，再审察自己现在的做法。从正、反两个方面来反复论证，经过多次验证，抓住事物的本质。所以，许多时候要置身局外，超脱自我，角色换位，这样才可以"反而得覆"。特别是当遇到疑难问题且动静虚实出现反常时，更要作反向观察，反向思考，反向相求。圣人的高明之处就在于善于从反向的观察与思考中去作正确的判断与处置。

人讲的话里边有思想、感情和意志牵扯在内。人是会说谎话的，所以，不要仅听对方说的话，还要听其弦外之音，话外之意。所以，不仅要听对方说什么，还要察言观色。因为"口乃心之门户"，一个人说的是否是内心真情，可从外在探知。当其发自内心，必然会形现于外。鬼谷子在《揣》《摩》两篇中还会进一步对其论述。所以，"要知心腹事，但听背后言"。人们有时候在人的背后说的话，不怕隔墙有耳，比较放心大胆，容易吐露真情，因此更加接近真实。我们要听出他人的话外之意、弦外之音。

二、反应之方法

1. 历史原则

世界上没有新鲜的事情，今天的很多事情在历史中大多发生过。司马光的《资治通鉴》把历史中的经验教训写出来，供皇帝去参阅借鉴。大家注重规律，小家注重技巧，技巧是小规律，规律是大技巧。为什么历史总是惊人地相似，其实相似的地方就是规律。

《反应》开篇就谈到了："古之大化者，乃与无形俱生。反以观往，覆以验来；反以知古，覆以知今；反以知彼，覆以知己。"

"知人始于知己"，同样的人，遇到同样的事情，会有同样的想法。所以，要想知道对方此时怎么想的，就要把自己置于对方的立场当中，设身处地去体会。此乃"圣人之意，不可不察"。鬼谷子曰："得其情者，制其术。"了解其主客观的真实情况，才能够找到有效的应对办法。

历史当中所谓的料事如神，并不是凭空顿悟出来的能力，而是基于对事物的深入了解之后作出的判断。毛泽东主席最爱读历史书，《二十四史》和《资治通鉴》都曾反复阅读。他从历史中获得了很多宝贵的经验教训，使中国革命多次在关键时刻扭转时局，一步步走向胜利。下面让我们了解一下毛泽东是如何从历史中汲取经验的。

毛泽东《七律·人民解放军占领南京》诗中有这样两句："宜将剩勇追穷寇，不可沽名学霸王。"在这里毛泽东用了一个典故。楚霸王项羽在力量强大、本可以在鸿门宴上消灭刘邦的时候，竟然心慈手软、沽名钓誉，放走刘邦，妄想与他分地而治。结果，刘邦一天天发展壮大，而项羽走投无路，在十面埋伏下于乌江自刎。那现在解放军遇到的也是敌人逃跑，我们要不要继续追下去的问题。当时国共内战，长江以北大部分属于解放区，南方地区仍被国民党占据。国民党提出划江而治的提议，这时解放军是要接受，还是继续打下去呢？毛泽东借此典故，坚决命令百万雄师过长江继续战斗，趁热打铁、穷追猛打，消灭走投无路的敌人，一鼓作气解放全中国。毛泽东把历史教训作为自己的行事法则，从而取得非常大的成功。

2. 静默原则

鬼谷子告诉我们："人言者，动也；己默者，静也。"所以，要尽量让对方说话，对方说得越多，暴露的信息就越多，就更容易把握其内心，而要让对方多说，有效的办法是自己要学会闭嘴。

讲话使别人想听，这是一门艺术。《鬼谷子》的《权》篇曰"说之者，资之也"，就是讲别人想听的，讲对别人有帮助的，讲对别人有价值的，用别人喜欢的方法去讲。听别人说话要认真，不要心不在焉。要用心去听，要把对方当作最重要的人，还要察言观色，要听出对方没有讲出来的话，而且要去鼓励对方讲。其讲得越多，暴露的信息就会越多。

"言有不合者，反而求之"。其自相矛盾之处，去反驳，从而理出真相。古希腊有一个学派，叫作诡辩派。他们常用的一个技巧就是，抓住对方所说的某一句话、某一个论点，然后从逻辑方面反驳他，他就会自相矛盾，难以自圆其说，越驳他越着急，着急就会语无伦次。我们便可从中探知真相。

当年中国商务部部长吴仪，代表中国与美方进行加入世界贸易组织（WTO）的谈判。当谈及知识产权的问题时，美方谈判代表梅西，一个非常老道的谈判高手，开篇第一句话居然说："现在，我们是在和一个小偷谈判。"他是暗讽中国侵犯美国的知识产权。实际上，这是他的一个谈判技巧，就是打你一个措手不及，让你情绪失控而出错。当时美方所有人都把目光投到中国代表团的身上，在这让人窒息的气氛当中，突然，吴仪一声厉喝："我们是在与强盗谈判！"吴仪拍着桌子怒视对方。当时这让美国所有的谈判高手一下乱了阵脚。吴仪说："如果没有指南针，哥伦布怎么能发现新大陆，发现不了新大陆，何来现在的美国？如果没有中国的火药，你们何以用坚船利炮而打开别国的大门？现在你们拿着中国的各种版权、各种专利造出的工具横行天下而大发横财的时候，什么时候想过给中国人上交一点知识产权费？"吴仪以牙还牙，让对方陷入了被动。

3. 象比法则

鬼谷子告诉我们："欲开情者，象而比之，言有象，事有比。"如果一个人说的话富有图像感，又能深入浅出打比方、举例子，必定独具感染力，让对方身临其境，从而能够快速打开和调动听众的情绪，即使台下坐着你的竞争对手，他也会情不自禁地佩服，暗中为你叫好。

晏子使楚的故事就是很好的例子。

春秋时期，齐国屡遭晋国兵临城下，于是齐国派晏子到楚国寻求战略合作。但这个时候楚国国力强盛，不太瞧得起齐国。外交不平等，加上有求于人，外交工作肯定很难做。但是，晏子是如何做到不辱使命的呢？

楚王得知晏子身材矮小，故意让人在大门边上开一个五尺高的门洞让晏子钻，但晏子却不上当，他回应了一句话："只有到狗国的人才从狗洞里钻过去，今天我出使的国家是楚国，不是狗国，所以不能钻这个狗洞。"楚王听到后只好派人从大门迎接他。晏子来朝堂拜见楚王，楚王不禁问道："你们齐国难道没人了吗？怎么就派你前来出使呢？"晏子如此回应："我们齐国国都临淄住有7000多户，挥起衣服的袖子像天上的阴云，挥汗就像下雨一样，路上的人一个挨一个，肩并着肩，脚尖踩着脚后跟，为何说齐国没人呢？（张袂成阴，挥汗成雨，比肩继踵而至，何为无人？）"楚王说："如果你们国家有人，为什么派你这样的人前来？"晏子回应道："我们国家派遣使臣，要看出使的国家而定，贤明的使臣派去见贤明的国君，不肖的使臣派去见不肖的国君，而我是最无能的一个，所以就被派到楚国来了。"

从上述故事中，我们可以看到晏子是如何活用鬼谷子的"象比原则"来增强语言辞令的感染力的。其先是从小门联想到"狗洞"再联想到"狗国"，一系列的类比让对方主动打开大门迎接。接下来其又用高超的文采描绘出这样的画面："张袂成阴，挥汗成雨，比肩继踵"。我们仿佛看到大街上熙熙攘攘的情景，即使把这句话挪用过来形容现在的"国庆黄金周"，画面也非常逼真、毫不过时。在这里，晏子把象比原则用得炉火纯青。其不辱使命，打压了楚王高傲的气焰，维护了齐国的尊严和利益。更令人佩服的是，其不仅没有得罪楚王，反而以高超的语言艺术折服对方，赢得了两国的友谊。

毛泽东、周恩来都是卓越的语言大师，讲起道理来深入浅出、妙言譬喻、生动形象。毛泽东最鼓舞人心的话："星星之火，可以燎原。"最豪迈和傲气的一句话："一切反动派都是纸老虎。"你看比喻多形象！

一次，周恩来对话美国的记者。对方不怀好意地问他："总理阁下，为什么中国人，把人走的路叫作马路呢？"

他微微一笑说："中国走的是马克思主义道路，所以简称马路。"

这个记者又问："为什么美国人走路是仰着脸走路，而中国人走路要低着头走路呢？"

周恩来马上说："因为美国走的是下坡路，下坡路必须要仰着头，中国人走的是上坡路，上坡路要低着头来走"。

4. 钓语

即以语言诱动，这就像投饵钓鱼一样。钓必有钩，"钩"就是引诱性或启发性的语言。要想把鱼钓上来，首先要下饵，要用好处来开场。下面是古代著名史学家司马迁在《史记》中的一段记载。

> 沛公旦日从百余骑来见项王，至鸿门，谢曰："臣与将军戮力而攻秦，将军战河北，臣战河南，然不自意能先入关破秦，得复见将军于此。今者有小人之言，令将军与臣有郤。"项王曰："此沛公左司马曹无伤言之；不然，籍何以至此。"项王即日因留沛公与饮。……沛公至军，立诛杀曹无伤。

> 看完这则故事你读懂了什么？鸿门宴上龙虎斗，情商见高低。沛公刘邦知道自己这边出了内奸，但不知道是谁，于是就用言语的"诱饵"和"钓钩"略微试探一下："今者有小人之言，令将军与臣有郤。"项羽立刻就上钩了，马上将冒死投奔自己的曹无伤给出卖了。刘邦怎么处理的？"沛公至军，立诛杀曹无伤。"以后谁还敢再当项羽的内应？刘邦情商真高，项羽情商有缺陷，言语的"钓钩"勾住嘴角了尚不知道，真是木呆至极！由此可见，"钓"是一个含义丰富的字，不仅可用来钓鱼，还可用来钓兽、用来钓人。鬼谷子说："道合其事，彼自出之，此钓人之网也。常持其网驱之。"意思是，如果针对对方的方法适合事理，对方

当然会自己说出一切，这就是一张钓人的网。经常拿着这张网驱使对方入网。鬼谷子认为，语言是钓人最好的工具，只要我们用语言布下天罗地网，再狡猾的"狐狸"也必将插翅难逃、只能束手就擒。下面看一个"老狐狸"落网的故事。

第二次世界大战期间，法国反间谍机构曾经抓住一名农民流浪汉。负责审查的军官吉姆斯具有情报工作经验，他认为这个流浪汉绝不是普通的农民，很可能是希特勒布下的一名德国间谍，但搜不到相关证据。吉姆斯先是用法语问这个农民会不会数数，流浪汉点点头，然后用法语认真地数起来，没有露出任何破绽。然后吉姆斯就把这个农民关在监狱里，在外面突然让人用德语大喊："不好了！着火了！"但是这个农民的脸上平静如水，没有任何反应。难道他真的听不懂德国话？还有他真的是农民身份吗？接下来，吉姆斯派了一个地地道道的法国农民用法语跟这名间谍嫌疑犯谈论农业种植方面的细节，发现这个家伙说得头头是道，果真是种田能手。难道自己搞错了？吉姆斯最后一次把这个间谍嫌疑犯叫到审讯室，自己则低头在一份文件上写着什么，突然他抬起头把文件递给这位农民，说："没问题了，你可以走了，恭喜你自由了！"听到这句话，嫌疑人的脸上立刻露出快乐的神情，迈开步子就朝门外走去。然而他刚刚走出门口就被抓捕了，这一次吉姆斯果断地定了他的罪。因为刚才那句话，吉姆斯是用德语说的，他竟然听懂了！

5. 知人先知己

鬼谷子告诉我们，知之始于知己，自知而后知人。陶弘景是鬼谷子思想的研究者和追随者，人们称他为山中宰相。他也说："知人者智，自知者明，智从明生，明能生智，故欲知人，必先自知。"鬼谷子告诉我们，认识论就是首先要认识自己。做到认识自己，就自然能够知道别人，"自知而后知人"。《孙子兵法》曰："知彼知己，百战不殆。"好多时候，知彼知己，百战不殆，实际上是先知己，再知彼，然后才能够百战而不殆。

把自己放到对方的立场上看问题、考虑问题、解决问题的时候，自然就能够理解对方的用意了。一个人只有更深地了解自己，才能更深地了解他人。人最难的就是了解自己，因为自己才是最大的迷宫，正所谓"当局者迷，旁观者清"。由此可见，自知是最难的。为什么很多人听了那么多大道理，仍然过不好这一生？就是因为没有做到对自己的明察。老子说："知人者智，自知者明。"在老子看来，知道自己和知道别人都是智慧修炼的必备条件。但是，了解别人只能算是小智慧，而能够洞察自己的人才真正明心见性、大彻大悟。

我们只有把自己翻来覆去研究透了，才能推己及人地琢磨清楚别人是什么样的人，别人需要什么。

掌握见微知类与由己及人推理法，我们就能既知道自己，又知道别人，再加上鬼谷子在前面提到的几种反应策略，我们就能有效提升自己的情商段位，让自己变成一名知人的高手。

6. 方圆之道

众所周知，阴阳是天地万物的法则，也是我们做人做事的法则，并由此延伸出方圆的哲学。关于阴阳之道，我们已经知道很多，在这里我们重点谈谈方圆之道。方圆究竟是什么意思？方是准则、规矩，是立身之本；圆是圆通、灵活，是处世之道。只懂方，则会迂腐僵化、一意孤行，会在社会上碰个头破血流；只懂圆，则会丧失做人的品格，沦为人人唾弃的虚伪小人。这就是中国传统文化所推崇的方圆之道。用在做人方面，该方的时候要立场坚定、棱角分明，该圆的时候要融和世故、广结善缘。当你不知别人深浅的时候，更要懂得以圆应对，用在做事方面，不明对方实情无法确定下一步怎么做时，也应采取圆道诱导获知丰富信息；等自己胸有成竹之后，再采取方之道恪守法则。鬼谷子曰："未见形，圆以道之；既见形，方以事之。"由此可见，方是目标，圆是路径；方以不变应万变，圆以万变应不变；方是做人脊梁，圆是处世锦囊；不学山不能坚定，不学水不能曲达。一个人只有做到方圆统一，才是真正的大智慧。

然而，只有极少数人懂得运用此道。春秋时期的宋襄公只知方不知圆，结果沦为笑柄。

宋襄公听说郑国支持楚成王做诸侯霸主，心里很不爽，就决定攻打郑国，并于周襄王十四年（公元前638年）初冬，亲自领兵攻打郑国。郑国不敌，便向楚国求救。楚国派大将成得臣率兵向宋国国都发起攻击，宋襄公只好撤军回防。宋楚两国军队相遇于泓水（古河流名，故道约在今河南省柘城县西北），一场大战即将拉开帷幕。

当时的情况是宋弱楚强，就连普通士兵都能看出，如果双方硬拼，吃败仗的肯定是宋军。唯一能取胜的机会，就是趁楚军半渡时发动攻击，前提是要引楚军渡河。果然，自恃强大的楚军不待宋人使计，就开始主动涉水渡河，向宋军冲杀过来。这可是千载难逢的良机，公子目夷赶紧说："楚兵多，我军少，趁他们渡河之机消灭他们。"

但是，宋襄公却说，"我们是仁义之师，怎么能趁人家渡河时攻打呢？"楚军过了河，开始在岸边布阵，目夷又建议说："现在可以进攻了。"宋襄公又说："等他们布好阵后再打。"楚军布好军阵后，便一冲而上，大败宋军。混战中，宋襄公的卫士战死，他的大腿也被楚兵射伤了。

宋军吃了败仗，损失惨重，大家都埋怨宋襄公。宋襄公不仅不知悔过，却反来教训国人："一个有仁德之心的君子，作战时不攻击已经受伤的敌人，同时也不攻打头发已经斑白的老年人。古人作战，并不靠关塞险阻取胜，寡人的宋国虽然就要灭亡了，仍然不忍心去攻打没有布好阵的敌人。"

泓水之战的结果是，宋国从此一蹶不振，楚国的势力进一步向中原扩展，春秋争霸战争进入了新的阶段。泓水之战中，宋襄公为保"仁义"之名，既不注重实力建设，又缺乏必要的指挥才能，最终覆军伤股，为天下笑。泓水之战也标志着自商、西周以来以"成列而鼓"为主的"礼义之兵"退出历史舞台，新型的以"诡诈奇谋"为主导的作战方式崛起。正如《淮南子》所述："古之伐国，不杀黄口（小儿），不获二毛（老兵），于古为义，于今为笑，古之所以为荣者，今之所以为辱也。"

宋襄公坚守仁义道德的准则，的确让人为之感动，尤其是楚军的士兵更是为他唱"赞歌"。如果说仁义道德是方，那么兵不厌诈、见机行事就是圆，只方不圆，结果就是把自己旗下的士兵们当炮灰。这样的人不是仁义君子，而是愚蠢之极。

方圆之道的提出，证明了鬼谷子是人性学家，他告诉我们的正是生存智慧。即使是儒家学说，也不是僵化的教材，它讲究中庸之道，注重方圆的融合，如果真正读懂孔孟，绝不会变成鲁迅笔下的孔乙己。有人故意刁难孟子："你不是说男女授受不亲吗，如果嫂子掉水里了，你救还是不救？"孟子回答："男女授受不亲，礼也；嫂溺则援之以手，权也。"意思是说，男女保持距离这是礼节；遇到嫂子溺水要伸出援手，这是权变通达。两者必须融和，缺一不可。一个人懂得这个道理，才算读懂圣贤的哲学。

一个人要想有所成就，就必须要深谙内方外圆之道。曾国藩说："立者，发奋自强，站得住也；达者，办事圆润，行得通也。"在领导的管理工作上，方圆之道更是我们必修的课程。

所以，当你知道了对方的内心真实意图以后，怎么样把自己的想法告诉对方，让对方接纳，进而把对方的心门打开呢？《鬼谷子》第三篇所述的内揵之道，会专门告诉大家如何使自己的主意，被对方采纳。

第三篇

《内揵》篇逻辑思路及经典谋略

有矛就有盾，有锁就有钥，有病就有药，有问题就有答案，有困难就有方法；只要有坚固的盾就没有挡不住的矛，只要找到合适的钥匙就没有开不了的锁，只要找到对症的药物就没有治不好的病，只要有足够的智慧就没有解决不了的问题，只要摸透他的心思就没有打不开的心门！

【篇题解析】

捷（同揵），门上关插的木条，横的叫"关"，竖的叫"揵"借指"锁"。内，进入。内揵，字面的意思是进入锁的内部，这里指深入君心、得其情制其术的谋略。本篇意为向君主进献说辞，要深入君主的内心世界，并从内心与之结交，使之采纳自己的意见，与之建立牢固的关系，就像锁和钥匙一样，亲密无间。在纵横家理论中，打开君主的内心世界，要用言辞去游说，而游说的内容是为君主进献谋略，帮助对方解决问题。《反应》篇重在得游说对象的言辞，本篇重在得其心。陶弘景题注说："揵者，持之令固也。言君臣之际，上下之交，必内情相得，然后结固而不离。"

本篇内容主要从分析君臣之间复杂的关系入手，讲述了与君王打交道、进献谋略的方法与原则。

从结构上，本篇可分作四个部分。

第一部分，由开篇的"君臣上下之事"至"莫之能止"，通过分析君臣之间复杂的关系，提出了掌握内揵术的必要性。

君臣之间的关系复杂而微妙："有远而亲，近而疏；就之不用，去之反求；日进前而不御，遥闻声而相思"，君王的内心深如大海，难于揣摩，而且手握生杀大权，纵横策士的功过是非全在君主一念之间。所谓"伴君如伴虎"。正因为如此，才需要"内揵"之法。那么，如何才能打开其门赢得其心呢？鬼谷子给出了几把钥匙。

内揵的方法：

"结以道德"：或是因为同道，即共同的主义、理论或主张而结交，或以自己的道德修为与对方契合而与之结交。

"结以党友"：或是因为同党，就是政治信仰联盟的关系；或是因为是友，就是志趣相同、平常交往频繁的个人关系。

"结以财货"：财，就是有经济或财政链接的关系；货，就是有金钱、物资链接的关系。

"结以采色"：或是我向你进献美色、玩物来赢欢心，或是你向我赏赐采邑谋忠心。

第二部分，由"内者，进说辞也"至"可揵可开"。主要讲述内揵术的原理，包括定义、原则及变化。

什么叫"内揵"？"内"为"进说辞"，"揵"为"揵所谋"。

关于运用"内揵"之法的原则，主要有三个：

其一，推测揣摩、顺乎自然原则。

"欲说者，务隐度；计事者，务循顺。"隐度，就是暗中揣摩；循顺就是遵循顺应。换言之就是进言献计，都要与对方的心愿和当时的形势相合拍。这种合拍，是一个一而再、再而三，小心翼翼地试探揣摩的变异求同的过程。如果不了解对方的内心，往往会事与愿违。所谓"不见其类而为之者，见逆；不得其情而说之者，见非。得其情，乃制其术"。

其二，内心相合原则。

即使己方已经得知对方内心的真实想法，但是双方的心意不能相投，也不能为之效力合作，即所谓"内有不合者，不可施行也"。只有双方心意相合，彼此认同一致，才能构建稳固的亲密关系，成事建功。

其三，合乎事宜原则。

即使双方志同道合，彼此信任，也要权衡时局、揣摩人心，相机行事。即"乃揣切时宜，从便所为，以求其变"，才能如钥匙开锁。即"以变求内者，若管取揵"。

第三部分，由"故圣人立事"始，至"揣策来事，见疑决之"，讲内揵的方法和流程。

圣人立身处世，都以自己的先见之明来议论万事万物。首先从《诗经》和《书经》的教诲，引经据典论证自己的观点，再"混说损益"，综合分析利弊得失，最后讨论就任还是离开。处理内外大事必须明晰的理论和方法。

第四部分，由"策而无失计"始，至篇尾"退为大仪"。讲"揵"（楗所谋），提出要针对不同的对象采取不同的策略，及如何与君主结交和自保的问题。

计谋包括"揵而内合""揵而反之""飞之""迎而御之""因危与之"，总之要圆转灵活。如果君主昏聩或形势对己不利，就要保证自己能全身而退。

内揵

【原文】

君臣上下之事，有远而亲，近而疏①；就之不用，去之反求②；日进前而不御，遥闻声而相思③。事皆有内揵，素结本始④。或结以道德，或结以党友，或结以财货，或结以采色⑤。用其意，欲入则入，欲出则出；欲亲则亲，欲疏则疏；欲就则就，欲去则去；欲求则求，欲思则思⑥。若蚨母之从子也，出无间，入无朕⑦。独往独来，莫之能止。

【注释】

① 亲疏：指情感或信任程度。远而亲，近而疏：看似疏远，其实极亲密；看似亲密，实则疏远。陶弘景注："道合，则远而亲；情乖，则近而疏。"

② 就：靠近；走近；趋向。《广韵》曰："就，即也。"用：任用。去：离开。这里是离任的意思，去就，就是担任或不担任职务。求：设法得到。陶弘景注："非其意，则就之而不用；顺其事，则去之而反求。"

③ 日：每天。御：封建社会指上级对下级的管理和支配。陶弘景注："分违，则日进前而不御；理契，则遥闻声而相思。"

④ 内揵：揵（同楗），古代用以关门之木。内，进入。《说文解字》曰："入也。从口，自外而入也。"内揵，字面的意思是进入锁的内部。这里指深入对方的内心，了解对方的想法，进而向其进献计谋的策略。素：指平日的行为。素日；平素。结：其本义是用线、绳、草等条状物打结或编织（如"结

网"），引申指连接和结交等。本始：本，根本。始，开始。本始是指原始、本初之义。陶弘景注："言或有远而相亲，去之反求，闻声而思者，皆由内合相持，素结其始。故曰皆有内捷，素结本始也。"

⑤党：中国古代社会注重家族血缘关系，聚居一处的人，古代户籍编制五百家为一党，多有亲缘关系。由此"党（黨）"引申出"亲族""某类人"之义，如《礼记·杂记下》："有服，人召食之，不往。大功以下，既葬适人，人食之，其党也食之，非其党弗食也。"党相当于亲。亲族之中又因群体或政治利益拉帮结社，就引申出"朋党""同伙"之义。友：指两个人手握在一起，意思是两个人协调工作，由此产生相好之义。周礼注曰："同师曰朋。同志曰友。"有相同志趣的人为友。财货：钱财、货物。采：cài，指采邑（古代诸侯分封给卿大夫的土地）。色，美色。陶弘景注："结以道德，谓以道德结连于君，若帝之臣，名为臣、其实为师也；结以党友，谓以友道结连于君，王者之臣，名为臣也，实为友也；结以财货，结以采色，谓若桀纣之臣，费仲、恶来之类是也。"

⑥用其意：根据对方的意图喜好而结交。入："入"与"内""纳"古本同源，因此，"入"有"纳"义，既表示进献计谋。陶弘景注："自入出以下八事，皆用臣之意，随其所欲，故能固志于君，物莫能间也。"

⑦蚨母：昆虫名，又名"青蚨"。陶弘景注："蚨母，似蜘蛛。在穴中，有盖。言蚨母养子，以盖覆穴，出入往来，初无间朕，故物不能止之。今内捷之臣，委曲从君以自结固，无有间隙，亦由是也。"此外，晋朝千宝在《搜神记》卷十三中记载了关于蚨母的另一种古代传说："形似蝉而稍大，可食。生子必

依草叶，大如蚕子。取其子，母即飞来，不以远近。虽潜取其子，母必知处。以母血涂钱八十一文，以子血涂钱八十一文，每市物，或先用母钱，或先用子钱，皆复飞归，轮转无已。"

间：间隙。朕：事物的迹象、先兆。

【译文】

君臣上下之间的关系很复杂和微妙。有的貌似疏远，感情上却很亲密；有的看似亲近，彼此内心却很疏远。有的人主动靠近争取却不被任用；有的人离去了，君主却想尽一切办法想让他回来。有的天天就在君主身前，却不被任用；有的远在天边，君主却听到其声音就情不自已地思念。

所有这一切情况，都是由于其所进献的主张与君王的思想感情是否相合所造成的。这源于君臣之间平时的结交所建立的感情基础，或靠道德彼此结合，或因志同道合而结交，或靠钱财物质结交，或靠采邑美色结交。

能够揣摩对方意图投其所好而去结交他，那么，想进就可以进，想出就可以出；想亲就可以亲，想疏就可以疏；想就任就可以就任，想离职就可以离职；想得到征召就可以得到征召，想被思念就可以被思念。这种关系就好像青蚨母子形影不离一样，无论出入，都没有间隙的迹象。自由往来，没有谁可以阻止。

【原文】

内者，进说辞也；揵者，揵所谋也①。欲说者，务隐度②；计事者，务循顺③。阴虑可否，明言得失，以御其志④。方来应时⑤，以合其谋⑥。详思来揵，往应时当也⑦。

夫内有不合者，不可施行也⑧。乃揣切时宜，从便所为，以求其变⑨。以变求内者，若管取揵⑩。言往者，先顺辞也；说来者，以变言也⑪。善变者，审知地势，乃通于天，以化四时；使鬼神，合于阴阳，而牧人民⑫。

【注释】

①内者进说辞也：内，就是进献说辞。揵所谋：就是出谋划策。陶弘景注："说辞既进，内结于君，故曰内者进说辞也；度情为谋，君必持而不舍，故曰揵者揵所谋也。"俞樾《读书余录》认为："内，读为纳。内揵者，谓纳揵于管中。"

②隐度：隐，隐秘；度，揣度。暗中揣测，权量。陶弘景注："说而隐度，则其说必行。"

③循顺：顺着遵循。计事者，务循顺：为人筹谋应顺着对方的意愿去设计。陶弘景注："计而循顺，则其计必用。"

④阴虑，私下里考虑。明言，公开讲。御：通"迓"（yà），迎接，迎合。陶弘景注："谓隐虑可否，然后明言得失，以御君志也。"

⑤方：方略。应时：切合时宜。方来应时：意思是计谋方略要顺应时宜。

⑥以合其谋：以便与君主之谋划相合。

⑦详思来揵，往应时当也：意思是首先审慎考虑建立与君主的稳固关系，然后再考虑拟献的方略计谋是否顺应时宜、合乎君王的心意。

⑧内：进献的说辞。不可施行也：不可以得到施行。陶弘景注："计谋不合于君，则不可施行也。"

⑨揣切：揣量，切摩。时宜：时机是否合宜。从便所为：从所为之便，意即从有利于实施的便利出发。陶弘景注："前计

既有不合，乃更揣量切摩当时所为之便，以求所以变计也。"

⑩管，钥匙。揵，通"楗"，门闩。以变求内者，若管取揵：意思是己方若能根据形势因时应变，那么打开君心就像用对钥匙开锁一样容易。陶弘景注："以管取揵，揵必离；以变求内，内必合。"

⑪顺辞：顺乎君主之心的言辞。变言：指留有余地、随机应变的言辞。陶弘景注："往事已著，故言之贵顺辞；来事未形，故说之贵通变也。"

⑫此言善变之要求和效果。陶弘景注："善变者，谓善识通变之理，审知地势则天道可知。故曰：乃通于天。知天则四时顺理而从化，故曰：以化四时。鬼神者，助阴阳以生物者也，道通天地，乃能使鬼神，合德于阴阳也。既能知地通天，化四时，合阴阳，乃可以牧养人民。"

【译文】

所谓"内"，便是使进献说辞能够深入君主的内心；所谓"揵"，便是使自己进献的谋略与君主相合。所以，纵横策士游说时，应先暗中揣度对方；献计时，应顺着对方的意愿。

先暗中认真分析事情是否可行，再明言利弊得失，以此来迎合君主的思想意志。计谋方略要顺应当前的形势，以便与君主之谋划相吻合。但首先审慎考虑与君主建立起的关系的稳固程度，然后再考虑拟献的方略计谋是否合乎时宜，以及君王的心意。

如果进献的计谋不合乎君王的心愿，就不可能被采纳并付诸实践。这就需要反复揣度，适应实际情况，选择适当时机，及时调整变通。如此便能迎合君心，以变通的方法求得君主的采纳，就会像用钥匙开锁那样容易。在游说中涉及已发生的事件，要用"顺辞"，即顺从君主心意的言辞（如此方能取得君主好感，博得君主信任）；在游说中涉及还未发生的事件时，要用"变言"，即有变通余地的话（免得将来事件发生后，与自己所言不合，从而失去君主的信任）。

善于应变的人能够审时度势，通于地利形势，以化育四时；役使鬼神，符合阴阳变化的规律，从而牧养天下百姓。

【原文】

见其谋事，知其志意[1]。事有不合者，有所未知也[2]。合而不结者，阳亲而阴疏[3]。事有不合者，圣人不为谋也[4]。

故远而亲者，有阴德也；近而疏者，志不合也[5]。就而不用者，策不得也；去而反求者，事中来也[6]。日进前而不御者，施不合也；遥闻声而相思者，合于谋以待决事也[7]。

故曰：不见其类而为之者，见逆；不得其情而说之者，见非[8]。得其情乃制其术[9]。此用可出可入，可揵可开[10]。

【注释】

①谋事：谋划大事。志意：志向，意图。陶弘景注："其养人也，必见其谋事而知其志意也。"

②事：谋划之事。未知：不知道，不了解。陶弘景注："谓知之即与合，未知即不与合也。"

③阳：表面。阴：指内心。阳亲而阴疏：表面上亲近，实际上其内心疏远。

④事有不合者，圣人不为谋也：意思是圣人谋与君主，必须要内心深度认同彼此信赖，否则，就不要去作谋划。陶弘景

注："不合，谓圆凿而方枘。故圣人不为谋也。"

　　⑤阴德：指双方的思想情感暗合。陶弘景注："阴德，谓隐私相德之德也。"

　　⑥策不得：策略不得当。事中来也：中，正对上，正好符合。所谋划的事情，正好符合了后来的事实。陶弘景注："谓所言当时未合，事过始验，故曰事中来也。"

　　⑦施：措施。待：期待。陶弘景注："谓彼所行合于己谋，待之以决其事。故遥闻声而相思也。"

　　⑧类：同类事物的共同点。见逆：遇到拒绝。见，遇到。逆，抗拒。见非：遭到反对。非，本义表示相违背，又由此引申为反对、责难。陶弘景注："言不得其情类而说之者，必北辕适楚。陈轸游秦，所以见非逆也。"

　　⑨情：真实情况。制：制宜。区别不同的情况而制定适宜的方式方法。术：方法、谋略之路数。陶弘景注："得其情则鸿遇长风，鱼纵大壑，沛然莫之能御，故能制行其术也。"

　　⑩此用：用此，即使用这种方法。陶弘景注："此用者，谓得其情也，则出入自由，揵开任意也。"

【译文】

　　纵横策士在给君主谋划大事时，必须洞悉君主的意愿和志趣。如果提出的方略计谋不合君主的意图，与君主的观点不一致，那是因为对君主的想法和意图了解不够多。如果提出的方略计谋能够合乎君主的心意，却仍然得不到采纳和实施，以建立稳固、默契的君臣关系，那么就可推断，君臣关系只是表面上看起来亲密，实际上内心却有很大的距离。如果进献的计谋与君主的心意并不吻合，圣贤之人也不会再为其谋划。

所以，外在疏远而思想情感亲密的，思想一定暗合；表面亲近而思想疏远的，一定是彼此志向不同。在任上时不被重用，是因为对事情的预测及策略不得当；离去了反而求他回来，是因为其谋划之事后来应验了。每天出现在君主面前却不被重用，一定是其建议措施不合君主之意：远远听到其音便想念的，一定是谋略思想相合，期待其前来决断大事。

所以说，凡是不了解同类情况的解决办法便贸然行事，就一定会遭到拒绝：凡是不了解内心想法便进行游说，就一定会遭遇反对。只有充分了解到真情，才能制定出适宜的谋略。使用这种办法可以进，可以出，可以进谏献谋，也可以全身而退。

【原文】

故圣人立事，以此先知而揵万物①。由夫道德、仁义、礼乐、忠信、计谋②。先取《诗》《书》，混说损益，议论去就③。欲合者用内，欲去者用外④。外内者，必明道数⑤。揣策来事，见疑决之。

【注释】

①立事：立，本义就是人站在地上。后引申为树立、设立、建立等义。立事，做成事。此：指上文提到的"得其情"。以此先知而揵万物：以得其情而预先认识把握万事万物。陶弘景注："言以得情立事，故能先知可否。万品所以结固而不离者，皆由得情也。"

②由：经，自，从。从此经过。陶弘景注："由夫得情，故能行其仁义、道德以下事也。"

③诗：《诗经》，收集了西周初年至春秋中叶（前 11 世纪

至前6世纪）的诗歌，共311篇，反映了周初至周晚期约五百年间的社会面貌。先秦诸子中，如孟子、墨子、庄子、韩非子等在说理论证时，多引述《诗经》中的句子以增强说服力。书：《尚书》，中国最早的一部历史文献汇编。其中绝大部分应是当时官府处理国家大事的公务文书，准确地讲，它应是一部体例比较完备的公文总集。"尚书"一词的本义是指中国上古皇家档案文件的汇编。"尚"意为"（把卷着的、包着的、摞着的东西）摊开、展平"；"书"即文字、文字记录、文档；"尚书"即"解密的皇家文档"。李学勤先生指出：《尚书》本为古代《历书》，是中国历代统治者治理国家的"政治课本"和理论依据。取：即引用。战国时代，在外交、游说场合，纵横家往往引用《诗经》《尚书》中的内容，用来作为说服的论据。损益：删减与增加，有斟酌、推敲之义。陶弘景注："混，同也。谓先考《诗》《书》之言，以同己说。然后损益时事，议论去就也。"

④合：指合于君主的心意。内：内心。欲合者用内，欲去者用外：意思是如果是想要取得君主的信任与合作，就要在掌握君主心理方面下功夫；如果无意取得君主的信任宠幸，就在表面上应付，虚与委蛇。陶弘景注："内，谓情内，外，谓情外。得情自合，失情自去，此盖理之常也。"

⑤道数：指事物发展的规律和定数。陶弘景注："言善知内外者，必明识道术之数，预揣来事，见疑能决也。"

【译文】

所以，圣人立身处世，都是预先洞悉全面情况，从而控制、驾驭世间万物。若向国君进献策略，首先要从道德、仁义、礼乐、忠信、计谋等途径着手，来达到自己的目的。

首先，吸收和引用《诗经》《尚书》中的内容，来佐证自己的观点，综合分析利弊得失，再进一步研讨是去是留。如果是想要取得君主的信任与合作，就要在掌握君主心理方面下功夫；如果无意取得君主的信任宠幸，就在表面上应付，虚与委蛇。总之，无论是用内还是用外，都一定要明白处理事务的规律和方法。这样才可以揣测筹谋未来之事，遇到疑难之事，才能作出早决断。

【原文】

策而无失计①，立功建德。治名入产业，曰揵而内合②。上暗不治，下乱不寤，揵而反之③。内自得而外不留说，而飞之④。若命自来，己迎而御之⑤。若欲去之，因危与之⑥。环转因化，莫知所为，退为大仪⑦。

【注释】

① 失计：失算。陶弘景注："既能明道术，故策无失计；策无失计，乃可以立功建德也。"

② 治名：治名，辨析名分，指确立君臣的职分、规矩，并辅助君主治理民众。入：本义是进入。"入"与"内""纳"古本同源，因此，"入"有纳的意思，既表示献纳、交纳，又表示收纳、采纳。产业：积聚财产的事业。陶弘景注："理君臣之名，使上下有序；入赋税之业，使远近无差。上下有序，则职分明，远近无差，则徭役简。如此，则为国之基日固。故曰揵而内合也。"

③ 上：君主。暗：昏庸。不治：不能治理。下：臣下。不寤："寤"通"悟"。不寤，意思是不醒悟。揵而反之：指谋略

被拒绝，君臣内情不相契合。陶弘景注："上暗不治其任，下乱不寤其萌。如此，天下无邦，域中旷主，兼昧者可行其事，侮亡者由是而兴，故曰揵而反之。"

④自得：自鸣得意。不留说：不接受别人的主张。飞：指"飞钳"之术。陶弘景注："言自贤之主，自以所行为得，而外不留贤者之说，如此者，则为作声誉而飞扬之，以钓观其欢心也。"

⑤御：事奉，侍奉。《尚书·五子之歌》："厥弟五人，御其母以从。"陶弘景注："君心既善，己必自有命来；召己则迎而御之，以行其志也。"

⑥危：指危险、危害。陶弘景注："翔而后集，意欲去之，因其将危与之辞矣。"

⑦环转因化：像圆环一样转动，顺应对方的变化。仪：法度。《说文》曰："仪，度也。"陶弘景注："去就之际，反复量宜，如圆环之转，因彼变化，虽优者莫知所为。如是而退。可谓全身大仪。"大仪：基本法则。

【译文】

策略上没有失误之处，便可以建功立业，积累德行；分清名分，确立上下秩序；使百姓产业增收。这便叫"揵而内合"，即思想相吻合、谋略被采用的结果。

如果君主昏庸治理不好政事，臣下胡乱行事而不醒悟．那么进献的谋略就会遭到拒绝，自己要反身而退。这便叫"揵而反之"。如果君主自鸣自得而不接纳别人的思想建议，便使用"飞箝之术"，即放出恭维赞扬的话语而赢得对方。

如果君主有命令来起用自己，便接受任命，贡献自己的才智，这就是"迎而御之"。如果想要离开，就说自己在他那里继续待下去将会危害到他。这就是"因危与之"。总而言之，要做到像圆环一样灵活转动，以顺应对方情势的变化，让人弄不清自己的真实的意图。能全身而退是一种保全自己的大法。

【新解】

如何建言献谋，若管取捷?

鬼谷子说："谋莫难于周密，说莫难于悉听，事莫难于必成，此三者，唯圣人然后能任之。"（语出《鬼谷子》的《摩》篇）做计划一定周密，说话别人一定听从，做事情必定成功。这是世界上最难做的事情，在这三个方面，只有圣人才能够全部达成。所以，向别人献策提建议，是一门科学，也是一门艺术。而在本篇《内捷》中，鬼谷子专门来讲述如何进献计谋的道理。

有个寓言：一根铁杵来到一个仓库的门口，这个铁杵狠命去砸门锁，砸了半天锁都没有开。这根铁杵很懊丧。这时候一把小小的钥匙来了。它把窄窄的身子插进锁孔中，轻轻一动，锁"啪"地一声就开了。这根铁杵感到很不理解，它对钥匙说："为什么我费了九牛二虎之力，锁都没有开，而你来轻轻一动，锁就开了呢？"钥匙讲了一句话，非常有道理，它说："因为我比你更懂锁的心。"

"内"者，入也。内就是使自己的建议能深入人心，使人采纳。捷是一把锁，如何让你说的话像一把钥匙插到锁孔里，轻轻一转就会打开对方心门，这是一门高深的学问。

有些人心里有解不开的疙瘩，很多人去劝他，他可能一句话都听不进去，但如果有一个人知道他的心思，知道他的问题的关键，可能一句话就把他的心结打开了。这就是说话高明的地方。

《鬼谷子》一开篇，即以一位心理学大师的独特思维，从人们之间的复杂的关系入手分析。君臣之间关系非常微妙："有远而亲，近而疏；就之不用，去之反求；日进前而不御，遥闻声而相思。"有的貌似疏远，感情上却很亲密：有的看似亲近，彼此内心却很疏远。有的人主动靠近争取却不被任用；有的人离任而去了，君主却想尽一切办法想让人家回来。有的人天天在君主身边，却不被任用；有的人远在天边，君主却听到声音就情不自已地思念。为什么会有各种不一样的关系呢？"素结本始"，即源自君臣之间平时的结交所建立的感情基础。千古一帝秦始皇，他对待韩非的态度与鬼谷子所描述的简直如出一辙。韩非是千古奇才，但最终还是没能逃脱险恶的人性陷阱。

韩非是战国时期诸子百家中刑名法家的代表人物，他和李斯都是荀子的学生。李斯自认为才学不如韩非。有人把韩非写的书传到秦国，秦王嬴政读了他的书，感叹道："嗟乎，寡人得见此人与之游，死不恨矣！"秦始皇为了得到韩非，派兵攻打韩国。韩王恐惧，立即派韩非作为使者出使秦国。秦王见韩非，十分惊叹他的才华，但是又心存怀疑，不肯给予重用。

在秦王左右矛盾之际，李斯趁机诋毁："韩非是韩国的人，大王现今要兼并诸侯，一统天下，韩非最终心向韩国不会为秦国出力，这也是人之常情。如果大王不用他，把他放归韩国必将是心腹大患，不如找个过错杀了他。"由于李斯的建议正是秦王心里所想，于是一拍即合，将韩非打入死牢。李斯派人给韩非送来了毒药，让他自杀。有一天，秦王又后悔了，派人释放韩非，来人报告说韩非已经死了。

秦王喜欢读韩非的书，可谓"遥闻声而相思"，然而等韩非真的来到面前，他又开始犯疑心病，"就之不用"，还要把人打入死牢。这不仅是李斯的诡计，更反映了秦王内心的反复无常。等秦王又想用韩非的时候，人已死了，"去之反求"。真是人心惟危，君心难测！

如何与人结交关系呢？鬼谷子告诉我们："或结以道德，或结以党友，或结以财货，或结以采色。"有的是由于道相交的，因为大家都信奉某一个主义或道理而结交。有的是由于德相交的，敬佩对方的人品而相交。有的是由于志同道合，因为我们是同行、做同样的事情而成为朋友的。有的是因为有共同利益关系而相交的。有的是以声色娱乐相交的。但不管哪一种，你必须要明白对方的意图和想法，知道对方想要的是什么，然后才能够来去自如，"欲亲则亲，欲疏则疏"。

是人就有欲望，有欲望就有需求。他只要有需求，就有被别人一点就破的弱点。关键在于你能不能发现并抓住其弱点，抓住弱点就等于抓住了蛇的七寸，牵住了牛的鼻子，其没办法不跟你走。

"欲说者，务隐度。"要想说服对方，必须在私下里暗暗地揣度。"计事者，务循顺。"如果要筹划一件事情，必须要遵循事物的道理，如果你的建议被对方接受了，证明你说的话合乎了其现在的心情，合乎了其现在做事情的情况。如果你说的话对方没有听进去，证明你没有说到其内心，或者不符合其目前的实情。《三国演义》中诸葛亮和周瑜商讨在赤壁之战用什么计谋比较好，两个人把自己想的妙计写在手心，伸手对照发现是一样的，都是"火"。这既是英雄所见略同，又是顺应当时形势作出的最好谋划，两人心意合拍，自然顺利推行。

如何向人进言呢？

第一，要揣摩推测，顺乎自然。

要自然而然，就是一定要与之合拍，即情投意合，还要在语言、文字、语速、语调、语气与之契合，合拍才会合心，合心才能合力。

所以，揣摩对方的心，找到更多的共同点，先强化共同的地方，建立亲和力，此之谓求同，即"离合有守，先从其志"（语出《鬼谷子》之《捭阖》篇）。怎么存异？变成朋友了，有隔阂或矛盾，双方也能够彼此包容和容忍了，这是一个策略。"阴虑可否"，即私下里考虑是否得当。"明言得失"即明白地告诉对方什么对其是有好处的，什么对其是不利的，然后你才能够迎合并掌控对方，即"以御其志"。

第二，一定要"详思来揵，往应时当也"。

讲话一定要切合事宜。要知道什么话该讲，什么话不该讲，什么话现在讲，什么话到以后讲，什么话公开讲，什么话私下讲，先须经过详细周密的思考之后，再开口，就不会出现说话不当的情况。

"方来应时"，如果你说的话，刚好适合其目前的情况，刚好应和了其内在的感情，其自然会从谏如流，接受你的意见。"夫内有不合者，不可施行也。"如果你们内在的心情不合，你就不要讲。"无目者不可示以五色。无耳者不可告以五音。"（语出《鬼谷子》之《权》篇）如果对方没有眼力，你就不要向他展示五色美景。对方听不进别人的建议，你就免开尊口，不要自讨没趣。所以，与人打交道必须要因人而异，不合时宜的，就不要施行。要"揣切时宜，从便所为"，要反复揣度，适应实际情况，选择适当时机，及时调整变通，以便能够解决对方实际问题，而让对方去采纳。

第三，"得其情才能制其术"。

"不见其类而为之者，见逆。"凡是不了解同类情况的解决办法便贸然行事，就一定会遭到拒绝。"不得其情而说之者，见非。"凡是不了解其内心想法便进行游说，其马上会对你有非议。"得其情乃制其术"，只有了解其心思、意图，有利之处、不利之处等，才能"可出可入，可楗可开"。

在情况没有明朗之前，不要跟对方去说，否则往往事与愿违。等到君王进言，建立了信赖感之后，你再去讲话。

貌合神离的现象在现实中屡见不鲜。《素书·遵义篇》："貌合心离者孤，亲谗远忠者亡。"一旦出现这种情况，就意味着要陷入孤家寡人的局面了。比如，在《三国演义》中，有不少人"身在曹营心在汉"，真可谓貌合神离的典范，比如关羽、徐庶。关于曹操和刘备的统御之道，清代赵翼认为：曹操擅长"以权术相驭"，而刘备则"以性情相契"。什么叫"性情相契"？就是以情动人，心心相印。如果一个人与你性情志趣不同，即使威逼利诱也是无济于事。所以，曹操只能得其身，而刘备能得其心。

第四，内心相合原则。

要顺着对方的心情讲，入耳才能入心。鬼谷子曰："言往者，先顺辞也；说来者，以变言也。"即说过去已经发生过的事情，是定数，你要顺着听话人的心思去说。"说来者，以变言也。"因为未来还没有发生过的事情，是变数，记住：不要把话说得太满了，要给自己留有余地。孔子曰："侍于君子有三愆：

言未及之而言谓之躁，言及之而不言谓之隐，未见颜色而言谓之瞽。"即侍奉在君子旁边陪他说话，要注意避免犯三种过失：还没有问到你的时候就说话，这是急躁；已经问到你的时候你却不说，这叫隐瞒；不看君子的脸色而贸然说话，就是瞎子。

鬼谷子曰："故远而亲者，有阴德也；近而疏者，志不合也。"意思是，外表疏远而思想情感亲密的，内心一定暗合，且私下有义利结合；表面亲近而思想疏远的，一定是彼此志向不同。

关羽是忠义之士，就要以忠义之情礼遇之，刘备就很对他口味，阴德很厚，虽远而亲，千里走单骑投奔而来。这不正说明其"有阴德"吗？而曹操"上马金下马银"却没能切中关羽痛点，二人志趣不同，虽近而疏。徐庶是个孝子，曹操以此要挟，得到了人却没能得到心。在收买人心方面，显然刘备的段位更高一些。曹操这么高级别的领导，也有搞不定的人才，可见内揵之法是一门多么玄奥的学问。

鬼谷子曰："合而不结者，阳亲而阴疏。"貌合神合未必就能达成合作，如果没有让彼此互相结合的"黏合剂"，还是会出现表面亲热但暗中疏远的情况。人和人合作都有其所图，要么为利，要么为义。否则，而不能跃升为战略合作的道义共同体或利益共同体。只有黏合更多优秀的伙伴加盟，事业才能蒸蒸日上。

第五，说服对方，必须要具有以下几点素养。

首先，渊博的知识。鬼谷子曰："先取诗书，混说损益。"正因为有渊博的知识，你见到任何一个人，都能找到与其共鸣的话题，讲话有理有据，自然会让人信服。只要你擅长材料的引用和取舍，就能让自己的言辞有趣、有料而又富有感染力。

从古至今，"引经据典"都不是"书呆子"的代名词，而是增强言辞感染力的重要手段。

  1939年7月9日，在延安华北联大开学典礼上，毛泽东就进行了一场妙趣横生而又感染力十足的演说。在这次演说中，毛泽东引用了古典小说《封神演义》中的故事，他说："当年姜子牙下昆仑山，元始天尊赠予他'杏黄旗''打神鞭''方天印'三样法宝。现在你们出发上前线，我也赠你们三件法宝。第一个法宝是统一战线。现在时局的特点是妥协投降分子要闹分裂，我们就以抗战的进步、全国的团结、坚持统一战线来对付。一定要坚持抗日民族统一战线，坚持国共长期合作，凡是可以多留一天的，我们就留他一天，能够争取他半天一夜都是好的，甚至留他吃了早饭再去也是好的。……第二个法宝是游击战争。你们不要看轻这'游击战争'四个字，这是我们十八年艰苦奋斗中得来的法宝。……中国现在的革命，要把日本打出去，没有武装斗争，其他就没有办法。第三个法宝是革命中心的团结。这是指共产党要与共产党的同情者好好地团结起来。没有革命中心的团结，别的法宝就不能使用。"最后，毛泽东强调："只要好好掌握和运用这'三个法宝'，就什么敌人也不怕，什么困难也能战胜！"

  你看，毛泽东引经据典、侃侃而谈，将复杂的道理说得多么妙趣横生、通俗易懂！关于引经据典，清代吴炽昌在《客窗闲话续集》中借一名特会说话的人之口说："引经据典，侃侃而谈，众皆悦服。"由此可见，引经据典是让众人对你心悦诚服的好办法。那么，引经据典具体应该如何实施呢？鬼谷子说："混说损益，议论去就。"损是删减，益是增加，在引经据典的时候，是删减还是增加，自己要斟酌而定。有时观点没说透，必须增加材料，添柴加火；有时观点已说清，再加材料显得画蛇添足，必须忍痛删减。这么做的目的又是什么？就是为了得出最终的决定是去是留。不管是去是留，你的"说辞"都要切实可信，所游说的对象必将心服口服、深信不疑。这是一门需要细心揣摩的文辞之道，可以用于说服、谈判、演说，也可以用于撰写那些夹叙夹议的社论性文章。

其次，游说需要选择对象，同时需要你的明确态度。鬼谷子说："欲合者用内，欲去者用外。外内者，必明道数。揣策来事，见疑决之。"如果你想跟某个人建立合作关系，就要用内揵之法，说服其内心，牵动其真情，促使其行动。就像谈恋爱，你不能见一个爱一个，要有一个钟情的目标，这样才能顺利牵手走向结婚殿堂，否则可能鸡飞蛋打，谁的心你也得不到。如果你不想跟某个人合作，就要在外表上学会"打哈哈"、装糊涂，貌似真诚地敷衍应付。这内外之法不是一般人所能做到的，鬼谷子认为擅长此道者必是世事洞明、人情练达之人，无论谋划未来还是决断疑难都是万里挑一的高手。

再次，如果遇到理想的明主和合作伙伴，我们就要采取内揵之道，尽最大可能促进合作。

鬼谷子曰："策而无失计，立功建德。治名入产业，曰揵而内合。"意思是策略上没有失误之处，便可以建功立业、积累德行；分清名分，确立上下秩序；使国富民强，百业兴旺，这便叫"揵而内合"，即思想相吻合、谋略被采用的结果。

在历史上，管仲做到了这一点，让我们看一下他是如何辅助齐桓公建功立业的。

齐桓公二年，宋国夫人得罪了齐桓公，齐桓公对管仲说："我想伐宋。"管仲说："不可，凡不修内政者，对外用兵不会成功。"桓公不听，执意出兵，谁知各路诸侯前来援宋，齐军一败涂地。

齐桓公三年，管仲向齐桓公提出一个谏言——出兵谭国，对其不遵礼法的行为兴师问罪。谭国是一个小国，实力很弱，但位置又很关键，齐国此战果然所向披靡，几乎没受损失就赢得了胜利，开拓了疆土，增强了自身的力量。

齐桓公五年，管仲再向齐桓公提出谏言——与宋、陈、蔡、郑等国会盟，共同商讨如何安定宋国。在这次会盟中，被邀请的遂国竟然拒绝参加，于是管仲建议齐桓公出兵，兵锋所指，对方望风而逃。遂国因此而灭亡。

齐桓公六年，随着管仲的内修外交，鲁、宋、陈、蔡、卫等国先后臣服齐国。而这个时候，郑国正发生内乱。趁此机会，管仲建议齐桓公打着周王朝的旗号，邀请宋、卫、郑三国会盟，大大提升了齐国的国际影响力。

齐桓公七年，管仲建议齐桓公以自己名义邀请宋、陈、卫、郑等国又一次会盟。凡邀请者，无不归顺臣服。就这样，管仲策无失计，一步步把齐桓公推上春秋霸主的位置。

你看，管仲遇到齐桓公这样的明主，才决定"揵而内合"。首先内修政务，把齐国治理得国富民强、井井有条；其次外行霸道，见机行事，谋略层出不穷。他辅佐齐桓公"九合诸侯，一匡天下"，力促齐桓公成为"春秋霸主"，他自己也被称为"春秋第一相"，实现了自己德建名立的人生理想。

第四篇

《抵巇》篇逻辑思路及经典谋略

千里之堤毁于蚁穴，手足情深毁于萧墙。罪魁即矛盾和漏洞！组织内部竞争，团队之间竞赛，矛盾是动力！外强进犯对执政者是摧毁性打击，对民众却是暮鼓晨钟，衣破釜漏要缝补，笊篱漏勺的价值却在其洞。这就是"巇"。有害，一定加以改善、挽回、弥补；有利，想法加以利用。可治，弥补改良维新；不可治，需大破坏才有大建设，除旧布新，不必犹豫。智者首先要善于发现漏洞，甚至要促成漏洞的出现，才会获得施展才华的机会。

【篇题解析】

抵，意思是"击"；"抵"本身也有接触的含义。击、接触，都可以引申为处理、利用。巇，是指客体存在的矛盾、弱点和危险。抵巇，就是针对现实所出现的裂缝（各种矛盾与问题）而采取不同的解决办法。陶弘景的题注云："抵，击实也；巇，衅隙也。墙崩因隙。器坏因衅。而击实之，则墙器不败。若不可救，因而除之，更有所营置。人事亦由是也。"颜师古认为，抵巇就是"击其危险之处。"

本篇在内容上主要包含抵巇的原理、方法和价值意义三个部分。

第一部分，由"物有自然"，至"此谓抵巇之理也"，陈述抵巇术的原理与定义。第一段陈述抵巇术的渊源，同时针对不同的"巇"提出五种"抵"法，即"塞、却、息、匿、得"，称之为"抵巇之理"。

原理：本篇认为事物的运动总有离有合，总有缝隙出现，抵巇乃一种或弥补缝隙、或从缝隙入手取而代之的处世之术。

天地万物的发展过程中，都会存在内在的弱点和内外部的矛盾。而缝隙的出现一定是由小到大的，一开始也一定会有征兆的。问题在于，纵横策士一定要及早地发现它并处理好，以免大到无法收拾。这就是抵巇之理。

第二部分，由"事之危也"，至"能抵为右"。以圣人为例，讲述如何发现"巇"及如何运用"抵巇之方法"的过程与方法。

首先，讲圣人独有的作用：一是"知之"，他能比常人先看到"巇"。二是独保其用。能发挥其独有的作用。为什么？因为圣人具有四大素养："因化说事"，顺应变化之道分析事物；"通达计谋"；"以识细微"，能认识到细小的征兆，见微知著；用"抵巇之法"处理外在事物。"其施外，兆萌牙蘖之谋，皆由抵巇。"

其次，讲述"萌芽巇罅"有何表现："天下纷错，士无明主，公侯无道德……"，以及圣人"抵巇之法"："世可以治，则抵而塞之；不可治，则抵而得之。"

第三部分，由"自天地之合离终始"至篇尾，主要阐述抵巇术的价值意义。

天地万物的发展过程中，一定会有巇隙出现，"不可不察也"。怎么去察？用捭阖之道。再次强调通晓捭阖之道、能用抵巇术研究处理事物的人，便是圣人。

本篇提到的方法有：

一要善于察辞和验实。客观事物有合有离，有终有始，因此，也就存在"近而难见""远而可知"的现象，这在于是否善于察辞和验实，言辞会有虚有实，有时会言不由衷，有时言辞只表露某些内在思想的端倪，如果不仔细审察，则虽在眼前，也未必能正确认识。因言知心，关键在于仔细审察。同时，要善于以已经发生的事和可能发生的事来推论验证，不必亲见亲闻亲历，远而可知。

二要审察"细微"。矛盾或漏洞一开始都会有极细微的征兆，如嫩芽或裂痕即"萌芽巇罅"，这种细微的征兆往往是未来的先兆，是深层的外露。因此，认识细微的征兆就是掌握未来，把握趋势。圣人之所以为圣人，就在于一旦危险的征兆出现，就能及早发现它，并能利用它、改变它。鬼谷子所以强调善识细微，是因为可通过"秋毫之末"来认识"太山之本"，或动摇"太山之本"。说明人做事不能盲目，更不能莽撞，不妨从细微处开始，逐步深化，逐渐加强，是谓"天下大事必作于细"。

三要察之以捭阖。以捭阖之道，去观察、分析事物的动静、阴阳、利弊、好坏、轻重、粗细、宏微，分清主次表里，把握本质，决定是取是舍，是弥补还是利用。所以，抵巇之理和捭阖之道要综合运用。

鬼谷子把抵巇分为五类：

一是塞。弱点与矛盾是内部的，就用堵塞的方法补救。此为"抵而塞之"之法。

二是却。由于外因而产生危机与矛盾，可以采取方法，拒之于外。

三是息。由下层引起的，可用平息的方法，不要使之发展。

四是匿。弱点与矛盾来自高层，可用掩饰隐匿的方法，不可蔓延。

五是得。对于弱点与矛盾已危及根本，而不可收拾，干脆推倒重建。此为"抵而得之"之法。

抵巇

【原文】

物有自然，事有合离①。有近而不可见，有远而可知。近而不可见者，不察其辞也；远而可知者，反往以验来也②。巇者，罅也；罅者，涧也；涧者，成大隙也③。巇始有朕，可抵而塞，可抵而却，可抵而息，可抵而匿，可抵而得，此谓抵巇之理也④。

【注释】

① 物有自然：万物都有自己运行的规律。合：《说文·亼部》，"合，合口也。"本义为闭合、合拢，将"口"视作一个较小的范围或区域。来自不同地方、不同方向的事物聚集在一起为"合"，此为聚集、合作之意。"合"由本义引申，表示结合、联络、聚合、合并等。离：分开，分别，分离。陶弘景注："此言合离者，乃自然之理。"

② 见：其古字形"见"，突出人体上方的眼睛，以强调看见，本义是看到、看见。由本义引申为看得出、看得到之义。知：《说文》，"知，词也。从口，从矢。"徐锴《说文解字系传》："凡知理之速，如矢之疾也，会意。"引申为了解、懂得、通晓、明白、能体会。反往以验来：反观以往以预测将来。陶弘景注："察辞观情，则近情可见；反往验来，则远事可知。古，犹今也。故反考往古，则可验来今。故曰反往以验来。"

③ 罅（xià）：本义为裂、开裂，作名词为缝隙、裂缝之义，用来比喻事情的漏洞。《说文》："罅，裂也。"涧：夹在两山间

的水沟，指大裂缝。《说文》："涧，山夹水也。"陶弘景注："隙大则崩毁将至，故宜有以抵之也。"

④ 抵：抵挡、应对。《说文解字》："挤也。"本义是用手掌顶住、用力对撑着，引申为应对、对付、处理之义。塞：堵住。却：去掉，退却。息：平息。匿：本义是隐藏，引申为隐瞒。陶弘景注："朕者，隙之将兆，谓其微也。自中成者，可抵而塞；自外来者，可抵而却；自下生者，可抵而息；其萌微者，可抵而匿；都不可治者，可抵而得。深知此五者，然后尽抵巇之理也。"

【译文】

万事万物都有自身运行的规律，事物在发展过程中，也有自然离合的变化。有时近在眼前的，却看不见；有时相距很远，却很了解。距离近而看不出，是因为没有考察其言辞；距离远却能很了解，是因为反观其过去，而能推知未来。

所谓"巇"，便是裂缝的意思，巇就是罅，罅就是涧，涧就是较大的缝隙。裂缝不及时堵塞，便会成为大裂缝。裂缝开始发生时是有征兆的，可以采取不同的措施对待它：内部而起的，堵塞它；外部出现的，击退它；下层出现的，平息它；上层出现的，保密隐瞒不外泄；如果事情已经发展到无法挽救的地步，便用新的事物来取代它。这就是抵巇的道理。

【原文】

事之危也，圣人知之①。独保其身，因化说事，通达计谋，以识细微②。经起于秋毫之末，挥之于太山之本③。其施外，兆萌牙蘖之谋，皆由抵巇。抵巇之隙，为道术用④。天下分错，士无明主，公侯无道德，则小人谗贼，贤人不用。圣人窜匿，贪利诈伪者作，君臣相惑，土崩瓦解而相伐射，父子离散，乖乱反目，是谓萌牙巇罅⑤。圣人见萌牙巇罅，则抵之以法⑥。世可以治，则抵而塞之；不可治，则抵而得之。或抵如此，或抵如彼；或抵反之，或抵覆之⑦。五帝之政，抵而塞之；三王之事，抵而得之⑧。诸侯相抵，不可胜数。当此之时，能抵为右⑨。

【注释】

①危：危险。陶弘景注："形而上者，谓之圣人。故危兆才形，朗然先觉。"

②独保其身：指圣人能及时采取措施以自保。因化说事：顺应事物变化规律来论说事物。识："识"的古字体"識"的字形，由右面的"戈"、中间的"音"和左边（言）共同组成。右边的"戈"早期并不是兵器，而是指探路用的工具，是了解万物的媒介。"識"就是以"戈"为工具对事物进行探索、观察、分析、判断。细微：危机的先兆，见微知著之"微"。陶弘景注："既明且哲，故独保其用也。因化说事，随机逞术，通达计谋，以经纬识微，而预防之也。"

③经：本义是织布机上的纵线。织布时，是沿着经线由头向尾织纬线的，因而"经起于"就等于"起始于"。秋毫之末：形容最细微的事物。秋天鸟新换的毛最细微，称"秋毫"；末：本义指树梢，古字形在"木"字上端加指示符号，指明树梢的位置。泛指事物的顶端或尾部。挥：本义是抛洒、甩出。《说文解字》："挥，奋也。"引申指散发。此指发展。太山：大山；或指"泰山"。本：古字形在"木"的下部加一指示符号标明树

根的位置所在，本义指树根，此指山脚。陶弘景注："汉高祖以布衣登皇帝极，殷汤由百里驭万邦。经：始也。挥：发也。"

④施：本义旌旗移动出入飘动之貌，引申为施行、实行、推行。施外：指圣人向外发挥作用。兆萌：萌芽的征兆。牙蘖：小嫩芽。"兆萌"，微小的征候。陶弘景注："言乱政施外、兆萌芽蘖之时，托圣谋而计起。盖由善抵巇之理，故能不失其机。然则巇隙既发，乃可行道术。故曰巇隙为道术用也。"

⑤分错：分裂错乱。谗贼：诽谤中伤，残害良善。指好诽谤中伤残害良善的人。窜匿：逃窜隐藏。作：此字本义是卜人用刀刮削、钻刻龟甲，然后灼烧，视其裂兆进行占卜之意。此处引申指兴起、发作等。相惑：惑，心疑不定，不明白对错。相惑，相互猜疑。相伐射：相互攻伐。陶弘景注："此谓乱政萌芽，为国之巇罅。伐射，谓相攻伐而激射也。"

⑥抵之以法：意思是运用抵巇的方法予以堵塞。

⑦得之：取而得之。此：指"塞之"。彼：指"得之"。反之：返回原来的状态。"反"，通"返"。覆：本义是翻转，引申为颠覆、灭亡。《荀子·王制》："水则载舟，水则覆舟。"陶弘景注："如此，谓抵而塞之；如彼，谓抵而得之。反之，谓助之为理；覆之，谓因取其国。"

⑧五帝：《史记·五帝本纪》认为是黄帝、颛顼、帝喾、帝尧、帝舜。三王：夏、商、周三代开国的君主，即夏启、商汤、周武王。陶弘景注："五帝之政，世犹可理，故曰抵而塞之，是以有禅让之事；三王之事，世不可理，故曰抵而得之，是以有征伐之事也。"

⑨诸侯：周时周王所分封的各诸侯国君主。在其统辖区域内，世代掌握军政大权，但按礼要服从王命，定期向周王朝贡

述职，并有出军赋和服役的义务。相抵：互相攻伐兼并。陶弘景注："谓五伯时。右，由上也。"

【译文】

事物出现危险征兆时，圣人便能先行察觉。他能采取措施自保。顺应变化之道来分析事物、陈说利害，因而能通达计谋，辨明事物的细微之处。

巇隙开始时，可能微小得像秋毫之末；一旦发展起来，就会像泰山的山脚那样巨大，圣人把他的智谋用于处理外在事物时，不管这个征兆如何细微，都要运用"抵巇"之术。针对巇隙采取措施的抵巇之术，是圣人处理事情的一个基本的方法。

天下分裂错乱，上面没有英明的君主，公侯大臣没有道德，小人毁谤和残害忠良，贤能的人不被重用，圣智的人隐居避乱，贪婪诈伪的人到处兴风作浪。君臣互相猜忌，国家土崩瓦解，互相残杀攻击，百姓流离失所，妻离子散，反目成仇。这种情况便是社会有了裂缝。

圣人见到产生了裂缝，便用各种方法来处理它。如果世事还可以治理，便采取措施堵塞裂缝；如果已经不可挽救，取而得之。或者用这种措施处理，或者用那种措施处理；或者使它返回到原来的状态，或者推倒重建。

五帝之时，世道尚可治理，就要发现裂缝及时堵塞，改良新政；夏、商、周三王更代之时，世事已无可救药，就推倒重来，建立新的政权。历史上诸侯之间攻伐兼并的事情数不胜数。每逢此时，善用抵巇之道解决问题的人便是值得推崇的人。

【原文】

自天地之合离终始，必有巇隙，不可不察也①。察之以捭阖，能用此道，圣人也②。圣人者，天地之使也③。世无可抵，则深隐而待时；时有可抵，则为之谋④。此道可以上合，可以检下⑤。能因能循，为天地守神⑥。

【注释】

①自：本来。本义是人的鼻子，后假借作第一人称代词，指自己。自又引申为开始、本来的意思。天地之合离终始：万事万物都有合有离，有始有终。陶弘景注："合离谓否泰，言天地之道正观，尚有否泰为之巇隙，而况于人乎？故曰不可不察也。"

②此道：指抵巇之道。陶弘景注："捭阖，亦否泰也。体大道以经人事者，圣人也。"

③天地之使：天地的使者。陶弘景注："后天而奉天时，故曰天地之使也。"

④世无可抵：世道太平，没有出现裂痕则不需要堵塞。

⑤上合：指向上要合乎君心。检：检察。陶弘景注："上合，谓抵而塞之，助时为治；检下，谓抵而得之，使来归己也。"

⑥因、循：都是遵循的意思。守神：把握精神，即顺应天地之间的规律。陶弘景注："言能因循此道，则大宝之位可居，故能为天地守其神祀也。"

【译文】

本来，天地万物就有合有离，也有开始和终结。一定都会有裂缝产生，这是不可以不仔细观察研究的问题。要想研究这个问题就要运用捭阖之道。能够用这个方法来研究、处理事务的人，便是圣人。

圣人便是体现天地自然之道的使者。世上没有什么裂缝可处理，他们便深隐以待时；一旦时代发生裂缝，他们便挺身而出，为之出谋划策。上可合乎君心、治理天下，下可检察民众、查缺补漏。他们能够遵循自然规律而行之以抵巇之道，成为天地的守护神。

【新解】

军事外交中的矛盾论

本篇讲述的是在军事外交中如何洞察事物出现的裂痕（漏洞，预兆），同时采取果断措施加以弥补或利用。

巇就是空隙、漏洞、矛盾、机会，抵就是抵塞的意思，抵巇就是把有缺漏的地方给堵塞住。抵巇讲的是如何弥补事情的缝隙，使事情免于溃败的一门艺术。鬼谷子告诉我们："物有自然"，任何事物都有其规律。"事有离合"，任何事情都有对立两面。自从天地产生之后，就有了"离、合、终、始"这几种状态，万事万物就必然存在裂痕。所以，这是主持军政外交的策士必须要研究的问题，要想研究这个问题就要用捭阖的方法，能把这个方法灵活运用的人即圣人，所以，"自天地之合离终始必有巇隙，不可不察也"。

鬼谷子认为任何事物的发展过程中都一定有裂痕，而且这个裂痕会由小变大，因此，在裂痕刚刚出现的时候就要学会抵住，抵就是防止、堵塞、消灭裂痕。所以，通过抵的方法使裂痕闭塞、变小、停止或消失，最后达到自己的目的。纵横策士研究抵巇之道是为了"能因能循、为天地守神"，就是要有所依据，要遵循规律，如此就成了天地的守护神。

任何事物的发展，一开始都不是无缘无故的，都是有原因的。所以，如何发现问题的根源，避免矛盾逐渐扩大，这是圣人需要做的事情。圣人必须要对自己所在的国家、组织、部队明察秋毫，风起于浮萍之间，可发展为万丈狂澜。"事之危也，圣人知之"，就是在事物出现危险的时候只有圣人才能最先觉察，还能"独保其用""因化说事"，圣人能独自发挥其功能，按照事物的变化来说明事理。"经起于秋毫之末，挥之于太山之本"。万事万物在一开始的时候就好像秋天的小鸟长出来的羽毛尖一样小，但一旦发展起来了，就会像泰山的根基一样宏大。"以识细微"，就是观察到细微的变动，圣人能够及时发现问题或矛盾的根源而把其消除掉，不让其发展。

所以，领导不能做监工，但必须要对组织的人心态度、环境变化明察秋毫。比方说某人是组织里面的业务骨干，你不能等到他向你辞职的时候才去挽留他。而是要明察秋毫，及时地发现他的心理变化及时做修整。"达人心之理，见变化之朕"（语出自《鬼谷子》之《捭阖》篇），了解人心向背、人心变化，而找到变化的征兆，是机会而利用它，是隐患而防微杜渐。

"圣人者，天地之使也"，圣人就是天地的使者。当"世无可抵"的时候，即组织里边没有问题的时候，就要深隐而待时，无为而治。一旦世上有问题，需要马上站出来发挥作用，"事有可抵者，则为之谋"。马上给出主意，帮大家解决问题。这就是道家做派。

何为"萌芽巇罅"？"天下纷错，士无明主，公侯无道德，则小人谗贼，贤人不用。圣人窜匿，贪利诈伪者作，君臣相惑，土崩瓦解而相伐射。"就是各种矛盾集体爆发，该怎么办？圣人应该"抵之以法"，起到三个作用：立德、立功、立言。成就三不朽。圣人需要站出来定规范，定标准，树道德，去解决它。所以，圣人"察之以捭阖""抵之以法"。

鬼谷子把抵巇之道分为五类：

一是塞。弱点与矛盾是内部的，就用堵塞的方法补救。此为"抵而塞之"之法。

如果是内部矛盾，想办法"抵而塞"。要想办法把它弥补、教育，把矛盾化解。《将相和》表面上是反映蔺相如的宽阔胸襟和廉颇的勇于认错（知错就改，负荆请罪），但实际上是源自他们的共识：如果将相不和，敌人就有机可乘，赵国危矣！正因为有廉颇伐攻，蔺相如伐交，使秦国无数次劳而无功。如果廉颇和蔺相如两人将相不和，内部的矛盾是最难弥补的。如后期的郭开和李牧的内讧，就加速了赵国的覆亡。

赵悼襄王即位后，派乐乘接管廉颇兵权，廉颇大怒，驱逐乐乘，自己则投奔魏国，居于大梁。在秦国的军事压力下，赵悼襄王欲复用廉颇，廉颇也想回国效力。但赵悼襄王所派的使者受到廉颇仇人郭开的贿赂，回报赵悼襄王说："廉颇虽然年老，但饭量不减，然而他与臣会见时，不一会就去了三次厕所。"赵悼襄王认为廉颇年老无用，不再召廉颇回国。廉颇悒悒而终。

李牧是赵国名将，曾多次率军击退匈奴和秦国的进攻，在赵国声望很高。公元前229年，秦王政命王翦、杨端和、羌瘣率军大举进攻赵国，赵王迁命李牧为主将、司马尚为副将率军迎敌。王翦畏惧李牧的军事才能，于是派使者携带重金贿赂赵王迁的宠臣郭开。郭开向赵王迁进谗言陷害李牧和司马尚谋反，准备与秦军里应外合攻灭赵国。赵王迁于是命赵葱和颜聚代替李牧和司马尚的位置，并将李牧诛杀，将司马尚免职。于是王翦率军攻灭赵国，杀赵葱，俘虏赵王迁及颜聚。

唐朝诗人周昙有诗《春秋战国门郭开》云："秦袭邯郸岁月深，何人沾赠郭开金。廉颇还国李牧在，安得赵王为尔擒。"

文明衰败的根源往往不在于外部力量的打击，而在于内部机制的退化。鸡蛋一定是先从里边坏掉。叛徒最可怕，因为家贼最难防！一个国家也是如此，人与人之间的相处更是如此。不管是亲人、夫妻、朋友还是同事之间，遇到裂痕都要学会及时主动地去补救，不要等到事态逐渐扩大到最后无法收拾。

美国斯坦福大学心理学家菲利普·津巴多（Philip George Zimbardo）于1969年进行了一项实验，他找来两辆一模一样的汽车，把其中的一辆停在加州中产阶级社区，而另一辆停在相对杂乱的纽约布朗克斯区。他把车牌摘掉，打开了汽车的引擎盖，布朗克斯区的汽车在"废弃"后10分钟内就遭到了破坏。在仅仅一天之内，汽车上几乎所有值钱的东西都被拆了个精光。然后就是各种随意的破坏：车窗被砸碎，组件被扯下，内饰被撕坏，最后的车壳子也变成了孩子们的游乐场。

而放在加州中产阶级社区的那一辆，人们路过、开车经过它，看着它，整整一个星期，竟然没有任何人对它"下手"。并且在下雨时，一位路人还把引擎盖放下来，以免引擎被弄湿，后来，津巴多将车移动到斯坦福大学校园内，并用锤子把那辆车的玻璃抡了个大洞，结果过路的行人立刻加入车辆的破坏中，仅仅过了几个小时，汽车就被翻了个底朝天，彻底被毁坏了。

　　这就是政治学家威尔逊和犯罪学家凯琳提出的"破窗效应"理论：如果有人打坏了一幢建筑物的窗户，而这扇窗户又得不到及时维修，别人就可能受到某些示范，去打烂更多的窗户。如果一面墙出现一些涂鸦没有清洗掉，很快墙上就布满了乱七八糟、不堪入目的东西。破窗效应意思是当一些不好的行为和习惯出现在环境中时，由于没有人进行管理，就会诱使人们仿效，甚至让这种现象变本加厉。

　　如果在组织里面有一个人抱怨或发牢骚，但组织里边没有人制止他，那这些消极、抱怨的话，会像瘟疫一样，很快在组织当中蔓延。但如果有一个人说句消极的话，旁边马上有人制止，这个问题会就此消失。在生活当中随处可见的是桌子上的财物、敞开的大门都可能会让那些本无贪念的人顺手牵羊。如果公司管理得很规范，公司管理的制度很完整，那么会降低犯罪率。一个真正好的管理政策是让坏人没有机会犯错。所以，遇到漏洞，必须要及时修复，防微杜渐。此谓"抵而塞之"之法。

　　二是却。"抵而却"即由于外因而产生危机与矛盾，可以采取方法，拒之于外。

　　消除不利的外部因素，营造良好的环境。有人挑拨离间的时候，不要被别人干扰，一定要相信自己的盟友。

　　赵孝成王七年（公元前259年）长平之战中，赵孝成王急于求胜，中了秦国的反间计，用赵括代替老将廉颇。赵括一反廉颇的策略，改守为攻，在长平（今山西高平西北）主动全线出击，向秦军发起进攻。秦将白起兵分两路：一路佯败，把赵军吸引到秦军壁垒周围；一路切断赵军后路，实行反包围，使赵军粮道断绝、困于长平。最后，赵军四十六日不得食，分四路突围五次不成，赵括亲自率勇士突围，英勇杀敌，被秦军射杀而死，数十万赵国士兵投降，后来被秦军坑杀。

所以，对于外部来的矛盾，要想办法把它消除在外面，而且马上给自己的人做思想工作，要互相信任、相信盟友。

三是息。"抵而息"。由于内部引起的，可用平息的方法。

如果隙漏是下层人引起的，要想办法弥补它，不要让事情扩大，不要让事情蔓延，要将矛盾消除在萌芽状态。

四是匿。"抵而匿"。由于弱点与矛盾来自高层，因此可用掩饰隐匿的方法。

高层之间遇到问题，意见不一致很正常，"君子和而不同"（语出《论语》）。但领导间的意见分歧甚至出现的矛盾，一定要保密隐匿，不要让下面人知道，否则会影响军心。更不要让敌方或竞争者知道，否则可能被对方利用或分化。

五是得。"抵而得之"。如果弱点与矛盾已危及根本，而不可收拾，就干脆推倒重建。

当事情出现困顿的时候，第一个就是抵巇、补漏。第二个是改良，改良还不行的时候，该怎么办呢？干脆推倒重来。清朝晚期陷入困顿，朝中的大臣想办法去缓和统治阶级与贫民老百姓之间的矛盾，降低赋税、兴修水利、澄清吏治，"抵而塞之"。抵塞还是无法调和怎么办？梁启超、康有为发起维新改良。但维新失败，导致最后发展成革命。辛亥革命推翻清朝统治，建立了中华民国。这就是"抵而得之"的解决问题之法。

既然罅隙和矛盾给人们带来了这么多麻烦，能不能把它彻底消除？

鬼谷子说："自天地之合离终始，必有巇隙，不可不察也。"

自从盘古开天辟地以来，天地万物有合有离，也有开始和终结，就必定有罅隙和矛盾的存在。对于这一点，我们不可不明察。在这里，鬼谷子的观点很明确，即罅隙和矛盾是永远存在的，伴随天地万物而生，根本不可能消除殆尽。

世界是矛盾的集合体，没有矛盾就没有世界。矛盾是万事万物的起源，也将是万事万物的终结。就像没有黑暗就没有光明，没有男人就没有女人。这个世界上，凡是有人的地方就有是非，就有斗争，就会有罅隙和纠纷。这是一个我们不得不承认的残酷真理。

关于罅隙和矛盾，古希腊的智者赫拉克利特说："对立的力量可以造成和谐，正如弓之与琴一样。自然追求对立的东西，它是从对立的东西产生和谐，而不是从相同的东西产生和谐。例如，自然便是将雌和雄配合起来，而不是将雌配雌，将雄配雄。自然是由联合对立物造成最初的和谐，而不是联合同类的东西。"面对世间的罅隙和矛盾，我们如何才能做到明察？鬼谷子说："察之以捭阖，能用此道，圣人也。"即要研究这个问题就要运用捭阖之道。能够用捭阖之道来研究处理事物的人，便是圣人。

捭指阳光、积极、正面，阖指阴暗、消极、反面，我们以捭阖之道从正反两个方面去观察、分析事物的动静、阴阳、利弊、好坏、轻重、粗细、宏微，分清主次表里，把握本质，从而决定是取是舍，是弥补还是利用。该出手的时候就出手，该收手的时候就收手，做到开关自如、进退有时、捭阖有度。所以，抵巇之理和捭阖之道要综合运用。

这正是鬼谷子推崇的圣人之道。做到了这些，就"能因能循，为天地守神"。

第五篇

《飞箝》篇逻辑思路及经典谋略

蛇有七寸，人有死穴。搔对痒痒其会缴械投降，揪住辫子让其乖乖顺从。"飞箝"乃制人之术。扬其优点可接人心，赞美可让鲜花绽放；投入感情可获信赖，温情能使冰雪消融。给人利益，可达目的；助人成功，可掌权柄。智者需因人行事，圣人会直击人性。察其异同，可纵可横；把握人性，制人制命。

【篇题解析】

本篇讲如何控制对方的方法。"箝"，"钳"的古字，就是紧紧夹住的意思。本篇讲了两种钳制对方的手段：一是"钩"（"钩钳"），即使用各种办法（包括言辞、重累等）钩出对方的真实思想，然后加以控制。如宋濂《鬼谷子辨》所说的那样："既内感之而得其情，即外持之使不得移，钩钳也。"二是"飞"，即飞语，以赞扬对方，抬高他的声誉，获得对方的好感。本篇讲述的是如何用"钩"和"飞"的方法抓住对方喜恶欲求的心理，从而达到钳制对方之目的。陶弘景的题注云："飞，谓作声誉以飞扬之；箝，谓牵持缄束令不得脱也。言取人之道，先作声誉以飞扬之，彼必露情竭志而无隐，然后因其所好，牵持缄束令不得转移。"鬼谷子在《谋篇》中说："事贵制人，而不贵见制于人。"控制对方，让对方按自己的意图行事，这是纵横捭阖的目的。飞箝术就是利用人性的弱点进行控制别人的一种权术。

本篇是《鬼谷子》的统御之道中的重要手段之一，是鬼谷子最具代表性的一种方法，也是纵横策士纵横天下、出将入相所凭借的本事。所论主要涉及飞箝术的目的、定义、原理和方法等内容。

全篇可分三个部分：

第一部分，由开篇"凡度权量能"始，至"飞而箝之"，主要讲述飞箝术的目的、条件、考察方向和定义。

首先，开宗明义，本篇要解决的问题，也是本篇的目标是"征远来近"。不管远近都要找到可共事的人。己方做成事的前提是要找对的人，所以，对征召来的人必须要"度权量能"。

其次，讲述要完成"征远来近"这个目标必须具备的条件，确立考察方向与引出本篇论述的课题。目的是"征远来近"，条件是"立势而制事"，考察方向是"察同异""权量"及"隐括"，定义是"引钩箝之辞，飞而箝之"。

"立势而制事"，就是要想征召到人才，就要营造有利的形势，为他树立权势以做好事情。考察方向是"别是非之语，见内外之辞，知有无之数，决安危之计，定亲疏之事"。"权量"就是根据以上考察的五个方面综合考评。经过考评发现他是可塑之才，"其有隐括"，要保证让他为我所用，怎么办？用"飞箝"之术。什么是飞箝之术？"引钩箝之辞，飞而箝之"。

第二部分由"钩箝之语"始，至"其事用抵巇"。

阐述飞箝术的核心原理。此原理分为两个部分，一是语言要求"其说辞也，乍同乍异"，二是论述使用飞箝的方法。主要有：

（1）赞誉感化：有时先征召他，然后用各种手段反复触动他的内心，从而感化他。有时先不断地感化他而摧毁对方的抗拒，从而使之归心于我。即"或先征之，而后重累，或先重累，而后毁之"。有时通过反复感化他，是为了摧毁他的抗拒；有时，摧毁他心中的抗拒是为了征服他。即"或以重累为毁，或以毁为重累"。

（2）物质诱惑：也可以使用对方喜欢的物质来收买他以达

到目的，即"或称财货、琦玮、珠玉、璧白、采色以事之"。

（3）形势诱导：用钩箝之辞，即"或量能立势以钩之"。

（4）弱点要挟：也可以根据对方的缝隙漏洞，结合"抵巇"之法来实施，即"或伺候见涧而箝之"等。

合理运用这四法，使他乖乖地任我们摆布，以便牢牢地钳制他。

第三部分，由"将欲用之于天下"始，至篇末。主要讲述飞箝术的应用法则。

这一部分也分两个层次：

第一个层次由"将欲用之于天下"始，至"以箝求之"，讲述"飞箝术""用于天下"即应用于君侯身上时的操作法则。

根据前文所论，纵横策士"用之于天下"时，首先要选对可辅佐的明君。如何选？"度权量能"，就是综合考察：一是"见天时之盛衰"，占天时吗？二是"制地形之广狭，岨险之难易"，占地利吗？"人民货财之多少，诸侯之交孰亲孰疏，孰爱孰憎"，人心向背，邦交如何？从人和角度评估。这是"得情"。还要知其"意"，即君侯"心意之虑怀"，然后"审其意，知其所好恶"。最后，针对"其所重，以飞箝之辞，钩起所好，以箝求之"。如此，对症下药，必有疗效。

第二个层次由"用之于人"始，至篇末，主要讲述飞箝之术用于普通人时的操作要点。第一步，还是量权，因为"得其情乃可制其术"。三个方面"量智能，权财力，料气势"。第二步，制定策略，"为之枢机"。四大策略："迎之、随之、以箝和之，以意宜之。"迎合他，顺应他，即第一篇《捭阖》篇中所言："离合有守，先从其志。"再使用飞箝术结交他，了解他的心意，并满足他！

飞箝

【原文】

凡度权量能，所以征远来近^①。立势而制事，必先察同异，别是非之语^②；见内外之辞，知有无之数^③；决安危之计，定亲疏之事^④；然后乃权量之^⑤。其有隐括，乃可征，乃可求，乃可用^⑥。引钩箝之辞，飞而箝之^⑦。

【注释】

①征：征召，引申指征求。《说文》："徵（征），召也。"陶弘景注："凡度其权略，量其材能，为作声誉者，所以征远而来近也。谓贤者所在，或远或近，以此征来，若燕昭征郭隗即其事也。"

②势：意为威力、形势、态势、声势。立势：营造形势，确立声势。制事：处理事情。《管子·禁藏》："圣人之制事也，能节宫室、适车舆以实藏，则国必富、位必尊。"别：其甲骨文字形像用刀剔骨，将骨头从肉中分离，也就是别出。"别"字由本义引申指分辨、区分。陶弘景注："言远近既至，乃立赏罚之势，制能否之事。事、势既立，必先察党与之同异，别言语之是非。"

③见内外之辞：了解对方外在的言辞与心里的实情。有无之数：有没有策略。数，本义是查点、统计，又引申指计算，计算是制定策略的重要手段。由此，"数"字引申为策略的意思。如心中有数。《庄子·天道》："不徐不疾，得之于手而应于心，口不能言，有数存焉于其间。"陶弘景注："外谓虚无，内谓情

实，有无谓道术能否。又必见其情伪之辞，知其能否之数也。"

④定亲疏之事：决定君臣之间的亲疏关系，即亲近他或疏远他。陶弘景注："既察同异、别是非、见内外、知有无，然后与之决安危之计，定亲疏之事，则贤不肖可知也。"

⑤权：秤锤，指衡量轻重。量：测量。陶弘景注："权之，所以知其轻重；量之，所以知其长短。"

⑥隐括：矫正竹木弯曲的工具，这里指订正、修正。可以引申为矫正人的错误。陶弘景注："轻重既分，长短既形，乃施隐括以辅其曲直。如此，则征之亦可，求之亦可，用之亦可。"

⑦引：本义是开弓，引申为取用。《战国策·燕策》："引其匕首提秦王，不中，中柱。""飞"，本义是指鸟类在空中拍翅的动作，进而扩展为飞翔、飞舞、飞扬等义。飞语，让对方飘飘然的夸赞之语。箝：衔于马口以制马的器物，本义为夹住、紧闭，引申为钳制之义。飞箝，即用飞语钳制对方的制人之术。陶弘景注："钩谓诱致其情。言人之材性各有差品，故钩箝之辞亦有等级。故引钩箝之辞，内惑而得其情曰钩，外誉而得其情曰飞。得情即箝持之，令不得脱移，故曰钩箝。"

【译文】

凡揣度权量别人的才能，都是为了征召远方或近处的人才。要想征召到人才，就要营造利于成功的态势，才能做好事情。必定先要仔细观察彼此的相同点和不同点，能辨别出对方语言中的是与非。

要了解对方外在的言辞与心里的实情。判断他有没有策略，看他决断事关安危的大计，处理亲疏远近之事的谋略；然后再综合衡量应召者的情况。

（如果他是可塑之才）指出他应该矫正的缺点和不足，而后征召他，聘用他，重用他。首先，借用能捕获人心的话语，以溢美之词来钳住他。

【原文】

钩箝之语，其说辞也。乍同乍异[①]。其不可善者，或先征之，而后重累[②]，或先重累，而后毁之[③]；或以重累为毁，或以毁为重累[④]。其用，或称财货、琦玮、珠玉、璧白、采色以事之[⑤]。或量能立势以钩之[⑥]，或伺候见涧而箝之[⑦]，其事用抵巇。

【注释】

①乍：短暂，一会儿。乍同乍异：时而相一致，时而不一致。荀悦《杂言》："一俯一仰，乍进乍退。"陶弘景注："谓说钩箝之辞，或捭而同之，或阖而异之，故曰乍同乍异也。"

②不可善：意思是对以飞箝之语难以奏效的人。重：反复。累：累加。重累：反复不断地用各种飞箝之术收服他（或投其所好，用利诱、色诱，量能立势，或见涧而箝之）。陶弘景注："不可善，谓钩箝之辞所不能动，如此必先命征召之。重累者，谓其人既至，然后状其材术所有，知其所能，人或因此从化者也。"

③毁：摧毁，毁灭。此处是指摧毁他的抵触或抗拒。陶弘景注："或有虽都状其所有，犹未从化，然后就其材术短者訾毁之，人知过而从之。无不知化者也。"

④或：有时。有时用重累作为摧毁其内心的抵抗的手段，有时用摧毁其内心的抵抗作为重累的手段。陶弘景注："或有状

105

其所有，其短自形，以此重累为毁也。或有历说其短，材术便著，以此毁为重累也。为其人难动，故或重累之，或訾毁之，所以驱诱令从化也。"

⑤ 其用：运用重累这种办法。称：（chèn）适合。琦玮：琦和玮都是美玉的一种。璧：是古代中国用于祭祀的玉质环状物，凡半径是空半径的三倍的环状玉器称为璧。《尔雅》云："肉倍好谓之璧，好倍肉谓之瑗，肉好若一谓之环。"所谓肉是指边，好是指孔。白：通"帛"，丝织品的总称。《诗经·小雅·六月》："织文鸟章，白旆央央。"采色：采邑、美色。事之：事奉他，钳制他。陶弘景注："其用，谓其人既从化将欲用之，必先知其性行好恶。动以财货采色者，欲知其人贪廉也。"

⑥ 量能立势：衡量对方的才能以确立有利于对方的形势。陶弘景注："量其能之优劣，然后立去就之势，以钩其情，以知智谋也。"

⑦ 涧：夹在两山间的水沟，山谷。这里指对方的短处、失误或弱点。陶弘景注："谓伺彼行事，见其涧隙而箝持之，以知其勇怯也。谓此上事用抵巇之术而为之。"

【译文】

这种以引诱手段来控制对方的话语，是一种游说辞令，其特点是在交谈之时要时而表示认同，时而表示与他相异，以便了解对方的实情。

如果以飞箝之语难以奏效（是因为对方内心还有抗拒或顾虑），那么，有的人，可以先征用他，然后在任用他的时候，慢慢地反复不断地用各种飞箝之术收服他的心；有的人要先用各种飞箝之术摧毁他的心中抗拒。有的需要先通过反复使用飞

箝法，来摧毁他的顾虑或抗拒；有的要以摧毁他的顾虑或抗拒
为钳制他的办法。

运用重累这种办法，或者适合用钱财、美玉、珠宝、绸缎、
采邑、美色去收服他。或者根据他的才能，给他好的形势、机
会来钩住他；或者等到机会，抓住他的弱点或把柄，进一步钳
制住他。用这个办法要借用"抵巇之术"。

【原文】

将欲用之于天下^①，必度权量能，见天时之盛衰，制地形
之广狭，岨险之难易^②，人民、货财之多少，诸侯之交，孰亲
孰疏。孰爱孰憎。心意之虑怀，审其意，知其所好恶，乃就说
其所重，以飞箝之辞，钩其所好，以箝求之^③。

用之于人，则量智能、权财力、料气势，为之枢机^④，以
迎之、随之，以箝和之，以意宜之^⑤。此飞箝之缀也^⑥。用于
人，则空往而实来^⑦，缀而不失，以究其辞。可箝而从，可箝
而横^⑧：可引而东，可引而西，可引而南，可引而北；可引而
反，可引而覆。虽覆能复，不失其度^⑨。

【注释】

①用之于天下：在天下运用飞箝之术，即使用飞箝方法作
用于君主。

②天时：指国运。岨险：指地势险要。岨，路途上的山石
障碍。陶弘景注："将用之于天下，谓用飞箝之术辅于帝王。度
权量能，欲知帝王材能可辅成否。天时盛衰、地形广狭、人民
多少，又欲知天时、地利、人和，合其泰否；诸侯之交、亲疏
爱憎，又欲知从否之众寡。"

③心意之虑怀：君主内心的打算。审：仔细考察。审其意：仔细的探究其人的心意、情怀、志向。好恶：爱好与憎恶。所重：最关心、最重视的事务或急于解决的问题。陶弘景注："既审其虑怀，又知其好恶，然后就其所最重者而说之。又以飞箝之辞，钩其所好。既知其所好，乃箝而求之。所好不违，则何说而不行哉？"

④料：用斗量米。《说文解字》："料，量也。"引申指估量、揣度。枢：本意是门上的转轴，指重要的或中心的部分。机：本义为弩机，弩上的发动机关。枢机：指事物运动的关键。

⑤以箝和之：和，使和睦，使融洽。运用飞箝之术与他结交，使双方关系融洽。以意宜之：揣度对方的心意，应和他的心意。

⑥缀：本义是缝合，后引申为连接。陶弘景注："用之于人，谓用飞箝之术于诸侯也。量智能、料气势者，亦欲知其智谋能否也。枢，所以主门之动静；机，所以主弩之放发。言既知其诸侯智谋能否，然后立法镇其动静，制其放发，犹枢之于门、机之于弩。或先而迎之，或后而随之，皆箝其情以和之，用其意以宜之。如此，则诸侯之权，可得而执，己之恩信可得而固。故曰飞箝之缀也，谓用飞箝之术连于人也。"

⑦空：指好听的空话。实：真实的情况。

⑧从：通"纵"。从横：指"合纵""连横"的政策。陶弘景注："用于人，谓以飞箝之术任使人也。但以声誉扬之，故曰空往；彼则开心露情，归附于己，故曰实来。既得其情，必缀而勿失，又令敷奏以言，以究其辞。如此，则从横、东西、南北、反覆，惟在己之钳引，无思不服。"

⑨度：节制。掌控。《说文》："度，法制也。"陶弘景注："虽有覆败，必能复振。不失其节度，此箝之终也。"

【译文】

要用"飞箝"之术事奉君主，必须揣度权衡君主的权谋和才能，观察国运的盛衰，掌握地形的宽窄和山川岨险的难易，以及人民财富的多少。在诸侯之间的邦交，必须考察彼此之间的亲疏、爱憎关系。

还要仔细考察对方的心意、情怀、志向，要知晓他们的好恶，然后针对对方所重视的问题进行游说，再用"飞箝"之术诱出对方的偏好所在。最后再用"箝"的方法把对方控制住，使他能够随着己方的意愿而行事。

运用飞箝之术和别人打交道，就要衡量其智慧才能、权衡其财力，估量其气势，进而把握住关键之处，并以此为突破口，来迎合他的意图，附和他的建议，用飞箝之术结交他。并且还要揣度他的想法，应和他的心意。这便是飞箝术中的连缀之法。

如果用飞箝之术在和别人打交道时，就要用溢美之词，从而引出对方的实情。以此使关系紧密无间，进一步地研究他话语中的真意。这样，便可牢牢控制住他。可以引他纵，也可以引他横；可以引他向东，也可以引他向西；可以引他向南，也可以引他向北；可以引他往返，也可以引他覆来。可以倾覆它，当然还能恢复它。收放自如，始终不会失去掌控。

【新解】

军事外交中的心理操控术

飞箝之道是如何利用人性的弱点掌握人心的艺术，是军事外交中的心理操控术！"飞"就是夸奖、表扬的意思，就是有意识地给别人以肯定和赞许，以讨取对方的欢心，得到信任后，使其暴露实情。箝就是钳制、掌控对方的一举一动，使之按照自己的意图行事。由此可知，"飞"的目的是"箝"。赞美对方、肯定对方是为了更好地掌控对方。飞箝之术对于利用人性的弱点来说，是非常有效的。

美国人际关系大师卡耐基在其所著《人性的弱点》中告诉我们："在每一个人的内心深处，都有一个深深的渴望，就是渴望成为一个重要人物的感觉。"那些据有高位的诸侯、君主尤其渴望别人对其崇拜。鬼谷子发现人性的弱点比卡耐基早了大概2300年。鬼谷子纵横派的传人们，要想让人接受其主张，达到自己的某种目的，首先要学会主动地肯定他、赞同他、取悦于他，然后才能够钳制他。这就是"飞箝"之道的要义。

汉初，有一个叫曹丘的先生，很擅长辞令，他和当地的一个叫窦长君的太守交情不错。季布将军以信守承诺而闻名，他听说这个消息以后就写一封信给窦长君，说曹丘这个人乃舌辩之士，人格不值得尊敬，希望你不要与其来往。后来曹丘准备到长安去，就请窦长君给他写一封介绍信，让他去拜见季布，窦长君说："季将军不喜欢你，你为何去找他？不要去碰那个钉子了。"曹丘微微一笑说："正因为他讨厌我，我才一定要去见他。"窦长君没办法，就给他写了一封介绍信。到了长安了以后，曹丘先把这封信着人递给季布。季布接到信勃然大怒，他说："如果我见到曹丘过来了，要羞辱他一番。"曹丘见到季布以后就向其作个揖，然后说："将军，楚人有句谚语：黄金百金，不如得季布一诺。你想知道为什么你在楚梁一带有这么好的声誉吗？"一句话就激起了季布的兴趣。季布说："为什么？"曹丘说："正因为你我都是楚人，所以，我才愿意不断地宣扬你的美名，我不断说您这个人信守承诺，是个值得结交的君子，难道这对你不重要吗？你为什么要拒绝我呢？"这一句话说得季布马上高兴起来，把其引入内室，以贵宾之礼接待，握手言欢。

由此可见，即使一个讨厌你的人，只要你赞美他、肯定他，他也会改变对你的看法。赞美可以使鲜花绽放，欣赏能让冰雪消融。赞美是一个润滑剂，可以快速地拉近彼此之间的距离，可以消除隔阂以及心与心之间的距离。如果你想改善与别人的关系，与其交朋友，最好的方法就是告诉对方你比较欣赏他。但是，赞美要恰如其分，"拍马屁"要拍到恰到好处，"戴高帽"要戴到不大不小。说话一定要找准赞美点，而且赞美点要与众不同，赞美对方的行为胜过赞美对方的外表。

袁枚是清朝的一位大才子，他要到一个地方去任县令，走之前去找他的老师（尹文端）告别，老师见到他了就说：

"你要去上任，做一方父母官了，你将用什么样的方法来治理辖区？"

袁枚微微一笑说：

"老师，我准备了一百顶高帽子送人。"

尹文端一听说这句话，勃然大怒，说：

"我教你这么多年，我教你给别人戴高帽子了吗？"

袁枚马上就说：

"老师，天下乌鸦一般黑！大家都爱戴高帽子，你认为那些官场人都能像老师您一样是清高卓绝之士吗？如果大家都像您一样，我不需要准备这个高帽子了，我的高帽子是送给那些庸俗的人的。"

尹文端一听这话，点头认同。袁枚告别老师出来，他同学们问他：

"你见老师都说什么了。"

他说：

"见老师没说什么，我就告诉老师准备一百顶高帽子，准备去官场上做事。"

"要准备一百顶高帽子？那老师是怎么评价你的？"

他说：

"老师虽然不太反对，但是高帽子我已经送给他一顶了，现在剩九十九顶了。"

世人中没有不爱戴高帽子的，地位越高的人，越有成就的人，越喜欢被别人戴高帽子。但是，你要警惕别人给你戴高帽子，你要知道这顶帽子，你戴上合适不合适。

那么，用飞箝之术的时候，纵横策士必须首先要揣度其人的权谋如何、才干大小，要因人而异，"量智能，权财力，料气势"。然后替他大造舆论，大肆宣传，这就是"飞"。你抬高他、尊敬他、肯定他，是为了下一步能掌控他。把其抬起来，是为了让其放不下。

鬼谷子告诉我们想用飞箝之道用之于下属，首先要识别人才，利用人才。"凡度权量能，所以征远来近。立势而制事，必先察同异，别是非之语；见内外之辞，知有无之数；决安危之计，定亲疏之事。"针对不同的人进行不同的进言。

诸葛亮认为"治国之道，务在举贤"。领导者水平的高低不仅在于个人能力的高低，而且在于用了多少能人。所以，大材大用、小材小用，大木为梁、小木为椽，无论大小，都要把他放在合适的位置。如何放在合适的位置？必须在之前对他进行考察考量，鬼谷子说："用之于人，则量智能、权财力、料气势，为之枢机，以迎之、随之，以箝和之，以意宜之。此飞箝之缀也。"运用飞箝之术与人打交道，就要衡量其智慧、才能、财力，估计其气势，进而把握住关键之处，并以此为突破口，来迎合其意图，附和其建议，控制其促成合作，并揣度其想法，让其满意。这便是飞箝术中的钳制手段。

《墨子·鲁问》中说："量腹而食，度身而衣。"就是说有多大的肚子就吃多少食物，有什么样的身材就做多大尺寸的衣服。如果你想与某个人合作或者让某个人为自己效命，必须先对这个人的智能、财力、气势做一番全面考量，目的就是为了抓住关键，从而量体裁衣，作出合适的决策和选择。他有多大能耐，你就给他多大的平台。能力和职位不匹配，就会造成灾难。比如，纸上谈兵的赵括，其才能不足以担任统帅，导致长平之战40万军兵被坑杀。同样，诸葛亮对马谡也是小才大用，结果马谡失街亭，让轰轰烈烈的北伐事业功亏一篑。那么，大材小用对不对呢？也不行，像项羽不肯对韩信给予重用，导致韩信转向刘邦。

所以，只有知人才能善任，因为每个人的需求是不一样的。比如，有的是情感需求，有的是物质需求。一般人才给实惠，中等人才给未来，高等人才给平台。"不可善者"要利用弱点"钳制"他。

飞箝术的核心原理和方法是：

第一，赞誉感化："或先征之而后重累，或先重以累而后毁之"。有时先征用他，然后不断地感化他从而摧毁他的抗拒。有时通过反复感化他，然后再摧毁他的抗拒；有时，摧毁他的心中抗拒是为了征服他。就是用重累的方法反复试探，然后用感情去感化他，动摇他的内心，然后让他去行动。而要用重累的方法，对方首先必须是个正直开明、品行良好的人，然后你才能够从其内心里感化他。如果他是小人，小人重利，有利则来，无利则散，那就"明言得失"；而君子重德、重情义，你就用情意去感化他，实际上，刘备的成功很大程度上就得益于其会收买人心。赵云"三进三出"杀了曹操几十员上将，终于把阿斗救了出来交给了刘备，刘备接过孩子向地上"啪"一扔，说这个孩子几损我一员大将，感动得赵云跪倒在地表示愿为刘备肝脑涂地，一生效劳。

第二，物质诱惑，给其实惠："或称财货、琦玮、珠玉、璧白、采色以事之"。用对方喜欢的物质来收买他以达到目的，其喜欢什么我给他什么。只要他有欲望、有需要，只要满足了其欲望和需要，他就会为你所用。孔子曰："惠则足以使人。"

第三，形势诱导，给其未来和平台："或量能立势以钩之"。

人这辈子最大的苦恼是怀才不遇。"穷"的繁写为"窮"，从穴从身从弓，其字形字义为洞穴空间小，须弓着身子方可存身。意为空间小平台小，无法施展抱负和志向。如果你能给一个怀才不遇的人树立威势、提供舞台，其必然对你感恩戴德，正所谓"女为悦己者容，士为知己者死"。《淮南子·主术训》中说："有大略者不可责以捷巧，有小智者不可任以大功。"大才不可小用，小智不可委任重要任务，这就是要量能为用。

第四，弱点要挟："或伺候见涧而箝之"。根据对方的缝隙漏洞，结合"抵巇"之法来实施。即见缝插针术。合理运用以上这四法，可以使其乖乖地任我们摆布，从而牢牢地钳制住他。

见缝插针比横冲直撞要智慧得多，可以让你事半功倍。不过，在运用见缝插针术时要真正抓住对方的弱点和把柄，这需要一双特别犀利的眼睛。历史上有这样一个案例，值得我们深刻反思。

公元前 210 年，秦始皇驾崩于南巡的路上。此时只有两个人知道这一消息：中书府令赵高和丞相李斯。赵高找到李斯，打算鼓动李斯与自己一起篡改秦始皇的诏书，改立胡亥为接班人。秦始皇对李斯恩重如山，从小吏一路提拔为丞相，他怎么可能干这事？

但赵高只说了一段话就搞定了李斯，请看《史记·李斯列传》中的记载："高固内官之厮役也，幸得以刀笔之文进入秦宫，管事二十余年，未尝见秦免罢丞相功臣有封及二世者也，卒皆以诛亡。皇帝二十余子，皆君之所知。长子刚毅而武勇，信人而奋士，即位必用蒙恬为丞相，君侯终不怀通侯之印归于乡里，明矣。"翻译过来就是，我赵高本来就是一名内官、打杂的，幸运的是凭借捉刀写文的才能进入秦宫，在这里管事二十多年，从来没有见秦国的丞相和功臣能在下一代继任君王手里继续被封赏和重用的，基本上都被诛杀了。皇帝有二十多个儿子，你也差不多都了解。其中老大扶苏刚毅而勇敢，对人诚信而且能够振奋士兵，如果他即位必用蒙恬当丞相，别说你继续当丞相了，就连告老还乡也不能保证，这一点是很明确了。

听完这话，李斯的冷汗就下来了。赵高说的不是假话，可谓字字入肉见血。商鞅是治国天才，变法强秦、功比天高，然而等新君上台，就被车裂诛杀。吕不韦是经商奇才，政治手腕极高，然而等嬴政上台，就被罢相流放，最后被一杯毒酒要了老命。即使是甘茂、范雎、张仪也差点丢命，幸亏逃亡自保。自己呢？会不会走他们的老路？多少年来，他最怕的就是这个，这可是他的心病啊！作为法家的执行者，信奉儒学的扶苏公子处处跟自己对着干，如果等他上台肯定第一个拿自己开刀。他思虑再三，便决定与赵高合作了。

为什么赵高能让李斯乖乖跟自己合作？根本原因就在于他抓住了李斯的人性弱点和把柄，然后见缝插针、一针见血，让李斯主动投靠到自己这边来。李斯虽然是"千古一相"，是人世间少有的聪明人，但仍免不了被钳制的命运，就是因为他战胜不了自己的弱点。赵高用心歹毒、计谋阴险，的确不应该被推崇，但其"伺候见涧"的眼光以及运用鬼谷子"飞箝术"和"抵巇之道"的本领不能不让我们佩服。如果我们能将这些策略用之于正道，可以成就更多有利于人民的事业，从而造福更多的人。这不也是很好的事情吗？

所以，掌握飞箝的方法，明白飞箝的目的，便可以运筹帷幄，自己也可以来去自如，这是飞箝术的最高境界。但飞箝之术的使用要注意：坚守中正之道，恰到好处；要因人而异，满足不同的需要，一把钥匙开一把锁。

这一招数是中国人千百年来秘而不宣的潜规则。下面请看鬼谷弟子张仪是如何对其综合运用的。

公元前329年，楚怀王熊槐继承王位，楚国与齐国建立合纵联盟。秦王感到孤立和威胁，于是派张仪前去破坏齐楚的合纵。

张仪来到楚国之后，楚怀王对其隆重接待。在觥筹交错中，张仪对楚怀王说："大王威名显赫，秦王在所有君王中最佩服的就是您，我本人对您更是佩服得五体投地，恨不得一辈子跟随您，以效犬马之劳。"一席话说得楚怀王开怀大笑，心情舒畅极了。看到楚怀王一杯酒下肚，张仪眉头皱起来，假装很苦恼地说："但是，大王您知道吗？齐王是秦王和我最讨厌的人，但您现在跟他交好，所以，我们秦王想对您好也没机会，我也没办法侍奉您了。"楚怀王一听恍然大悟，原来齐王的声誉这么差，看来我交错朋友了。张仪又进一步游说："如果大王愿意和齐国绝交，秦王愿意和您永世交好，为表示诚意，秦王归还商於六百里土地，而且会两国联姻，大王意下如何？"老祖先丢掉的六百里土地回归，这是多大的荣光、多大的诱惑啊，楚怀王兴奋不已，当即同意。

楚怀王与齐国彻底断交之后，派出使者前去索取商於六百里土地，张仪装糊涂说："我什么时候说过六百里？我只是答应六里。"这下可把楚王气坏了，立即派出大军攻打秦国，谁知不是秦国对手，八万精兵全被击溃，惨败而归。楚怀王因此对张仪恨之入骨。一年以后，秦国认为现在秦楚闹翻不是时候，提出与楚国交好的请求，并愿意拿出汉中一半土地来交换。楚怀王对秦国使臣说，我不要你们什么土地，只要张仪，我要活剥了他！使臣回去汇报情况，张仪听到后哈哈大笑，又一次来到楚国。这次楚怀王很快就逮捕了张仪，将他打入大牢。

可是张仪一点都不怕，他派人找到楚怀王最宠信的大臣——靳尚。这人贪财好利，张仪以大量财货、美玉、珠宝进行贿赂，并承诺以后还会有更多厚礼。于是，靳尚一个劲地在楚王面前说："张仪这人可不能杀啊。他是秦王宠信的人，你杀了他可就得罪秦王了，倘若秦王派兵报复，我们可怎么抵挡？"一席话吓得楚怀王犹豫不决，不知如何处理张仪了。

趁此机会，张仪对楚怀王承诺："如果你放我出去，我到魏国后保证给你带好东西。"楚怀王说："金银珠宝我可不缺，魏国能有什么好东西？""我说的好东西是魏国美女，难道大王不想要吗？魏国美人面色红润、肌肤嫩白、腰肢细软，这可是天下少有的尤物啊！"张仪这番话说得楚怀王心思大动，但还是不甘心就这样放了张仪。

为了帮张仪脱险，靳尚拜见楚怀王最宠爱的妃子郑袖，他告诉她："大事不好啦！张仪为了活命打算送给大王魏国的美女……"郑袖知道，等魏国美女来了，楚怀王难保不移情别恋啊，到那时，自己的位置可就保不住了。所以，她就来到楚怀王身边，哭闹哀求赶快放了张仪。

张仪被放了出来，在大殿拜见楚怀王。楚怀王还等着张仪兑现进献魏国美女的承诺，可是张仪故意在郑袖和南后面前跪下请罪："对不起大王，您还是把我杀了算了。我无法兑现对您的许诺了！"楚怀王问为什么。张仪说："我看见南后、郑袖后，才知道天下不可能找到比两位夫人更美的人了！所以我知道自己错了，您干脆杀了我吧！"这番话说得实在是太高明了，楚怀王和两位夫人都很高兴。张仪就这样不但没有被杀，反而跟楚怀王继续分析天下大势，把楚王说得目瞪口呆，佩服得五体投地，直呼："张仪真是人才啊！"

此后，楚怀王接受张仪主张与齐断交、与秦结盟。

由此可见，鬼谷子的飞箝术简直比催眠术还厉害，如果运用得当，能让一个人乖乖听命，按照你的指令去做任何事，更能让你逢凶化吉，置之死地而后生。

所以，飞箝之道就是利用人性，即利用每个人都有的需要或弱点来说服或控制他。如此就可以"空往而实来"，把话说出去，得到实效。

第六篇

《忤合》篇逻辑思路及经典谋略

北极紫薇是帝星，但如果配不上左辅、右弼，紫薇便是孤君，一筹莫展，难成大业；那些够资格成为左辅或右弼的，如果遇不上紫薇，英雄便无用武之地。吕尚与文王，包拯与仁宗，商鞅与孝公……是互相成就的。如果不是风云际会，可能都会没入凡尘，不能闪耀。缘分对君臣双方同等重要，遇见了千万不要错过！

【篇题解析】

本篇讨论的是纵横策士如何选择合作的君主或国家，以成就功业的问题。"忤"（wǔ），《说文》："逆也"。含义是抵触、违背心愿。"忤"的结果就是"背反"，即彼此思想不合而背离。合，含义是闭合、符合、适合。本篇忤合之道讲述的就是合作与背离的问题，强调要善于把握两者之间相互转化的态势，只要顺势而行，便可纵横自如。陶弘景的题注曰："大道既隐，正道不得坦然而行。故将合于此，必忤于彼。令其不疑，然后可行其意。即伊、吕之去就是也。"

全篇可为三部分，系统地阐述了"忤合"的定义、原理、使用原则和自身应该具备的素养。

第一部分，由"凡趋合倍反"始，至"反于彼"，主要讲述忤合术的基本原理。首先开宗明义：忤合术的定义，就是"趋合倍反"。继而引入圣人作为案例，讲解是忤是合要"因事为制"。应根据主客观的形势变化而变化，这是圣人处事之道，即"因事物之会，观天时之宜，因知所多所少，以此先知之，与之转化"。从逻辑上讲明"倍反"是双方适合不适合的问题，而不是忠与不忠的问题。根据"世无常贵，事无常师"的道理，阐释忤合术在道义上的正当性，要灵活应对，不要迂阔固执。圣人做事的原则只有一个，即"成于事而合于计谋"，就是做成事，符合自己的计谋。

第二部分，由"其术也"始，至"故归之不疑也"，主要讲述忤合术的使用原则。

施行忤合之术，选择与其合之对象，不管是天子、公侯、大夫还是常人，都要求己方详尽考量对方，必须要"量天下""量国""量家"与"量身"，为决定去留准备充足依据，同时用"忤合"达人：伊尹与吕尚，可以作为成功考量对手并恰当作出选择的先例。而后提出行动策略："必先谋虑计定"，深谋远虑定下策略，如果决定"合"，鬼谷子推荐用"飞箝"之道，保证自己"成于事而合于计谋"。反之，对那些不能"成于事而合于计谋"的君主，"忤"于他而另择明君。如此一"合"一"忤"，则可以进退自如，纵横天下。

第三部分，由"非至圣达奥"始，至篇末，主要讲述运用者自身应具备的素质：

"至圣达奥"，博雅通达，达到圣人的境界，才能"御世"；"劳心苦思"才能"原事"；"悉心见情"才能"成名"；"材质聪慧"才可"用兵"；"忠实而真"才能"知人"。在运用忤合之术过程中，还一定要做到自知之明。要对自己的"材能知睿"有正确的估量，找到自己的比较优势，只有这样，才能在人才济济的大时代里，用忤合之道成功地"合"于明君，成就一番伟业。

忤合

【原文】

凡趋合倍反，计有适合①。化转环属，各有形势，反覆相求，因事为制②。是以圣人居天地之间，立身、御世、施教、扬声、明名也③，必因事物之会，观天时之宜，因知所多所少，以此先知之，与之转化④。世无常贵，事无常师⑤。圣人无常为，无不为；无所听，无不听⑥。成于事而合于计谋，与之为主⑦。合于彼而离于此，计谋不两忠⑧。必有反忤：反于此，忤于彼；忤于此，反于彼⑨。

【注释】

①趋：指快步走。《说文》："走也"。引申为趋向，走到一起。趋合：走到一起共事。倍反：背反、背叛，倍，通"背"。计有适合：指要有适宜的计谋。陶弘景注："言趋合倍反，虽参差不齐；然施之计谋，理乃适合也。"

②化转环属：离合的变化，就像圆环，接连不断地变化转换。化，变化。转，转换。属（zhǔ），接连，连缀。求：探求。因事为制：根据不同的事态，制定不同的应对措施。陶弘景注："言倍反之理，随化而转，如连环之属，然其去就各有形势，或反或覆，理自相求，莫不因彼事情为之立制也。"

③立身：处世为人；立足，安身。御世：治理天下。葛洪《抱朴子·释滞》："圣明御世，唯贤是宝。"施教：实施教化。《管子·弟子职》："先生施教，弟子是则。"扬声：弘扬声誉。明名：明，阐明。《韩非子·难势》：何以明其然也？名，名分、

名誉；明名，显示名誉。

④会：指契机。与之转化：和它一起转动变化。陶弘景注："所多所少，谓政教所宜多宜少也。既知多少所宜，然后为之增减，故曰以此先知，谓用倍反之理知之也。转化，谓转变以从化也。"

⑤常贵：常，恒久，长久不变。常贵，恒久的尊贵。常师：长久不变的可以效法的榜样。陶弘景注："能仁为贵，故无常贵；立善为师，故无常师。"

⑥无常为：经常顺应事物的发展规律，因而无所不为。无所听：没有偏听所以无所不听。陶弘景注："善必为之，故无不为；无稽之言不听，故无所［不］听。"

⑦与之为主：意思是圣人欲做成事，合乎自己的谋算，必以忤合的原理为主导。陶弘景注："于事必成，于谋必合，如此者，与众立之，推以为主也。"

⑧不两忠：不可能同时忠诚于利益对立的双方。陶弘景注："合于彼，必离于此，是其忠谋不得两施也。"

⑨反忤：即背反、忤逆。陶弘景注："既不两忠，宜行反忤之术。反忤者，意欲反合于此，必行忤于彼。忤者，设疑似其事，令昧者不知觉其事也。"

【译文】

大凡有关联合或背离的行动，都必须有合适的计谋。离合的变化如同圆环接连不断，各自形成不同的形状、态势。因此，要反复探求其理，根据不同事态来采取相应的措施。

所以，圣人在天地之间，立身行事，实施教化，弘扬自己的声誉显示自己的名望，都一定要抓住事物发展的契机，要观察社会的发展趋势，把握时运，从而明白自己的所为是有余还是不足，根据这一切预先了解的情况，作出相应的转变调整。

世界上没有永恒的尊贵，也没有永远不变的可以效法的榜样。圣人无所作为而无所不为；圣人听取各种情况，无所偏听而无所不听。

圣人想做成事，制定出切合实际的计谋，必以忤合的原理为主导。自己与另一方结合，必然会背离这一方，因为计谋不可能同时忠诚于利益对立的双方。

所以，有反有忤是必然的情况：合乎这方的利益，就必然违背那方的利益；违背这方的利益，就会合乎那方的利益。

【原文】

其术也，用之于天下，必量天下而与之；用之于国，必量国而与之；用之于家，必量家而与之；用之于身，必量身材能气势而与之[1]。大小进退，其用一也[2]。必先谋虑计定，而后行之以飞箝之术[3]。古之善背向者[4]，乃协四海，包诸侯[5]，忤合之地而化转之，然后求合[6]。故伊尹五就汤，五就桀，而不能有所明，然后合于汤[7]。吕尚三就文王，三入殷，而不能有所明，然后合于文王[8]。此知天命之箝，故归之不疑也[9]。

【注释】

①量：衡量。与：交往，交好。国：指诸侯国。家：指卿大夫的封地。材能：才能，才干。气势：气魄，气概，指一个人的精神特质。陶弘景注："用之者，谓反忤之术。量者，谓量其事业有无。与，谓与之亲。凡行忤者，必称其事业所有而亲媚之，则暗主无从而觉，故得行其术也。"

②大小：指对方身份的高低。指上文的天下、诸侯、大夫还是常人。陶弘景注："所行之术，虽有大小进退之异，然而，至于称事扬亲则一，故曰其用一也。"

③行之以飞箝之术：使用飞箝之术。陶弘景注："将行反忤之术，必须先定计谋然后行之，又用飞箝之术以弥缝之也。"

④背向：背离与趋向。善背向者：善于运用忤合之术的人。

⑤协：繁写为"協"，本义指许多人协力耕作，这里引申为协调、协和之义。四海：指全天下。包：本义为胎胞，把东西裹起来，引申为"容纳在内，总括在一起"，有"总揽""整合"之义。

⑥忤合之地而化转之：在不同地方忤合之术也要变动转化。化转：指转动变化。陶弘景注："言古之深识背向之理者，乃合同四海，兼并诸侯，驱置忤合之地，然后设法变化而转移之。众心既从，乃求其真主，而与之合也。"

⑦伊尹：商朝开国元勋，杰出的政治家、思想家，中华厨圣。

⑧吕尚：姜姓，吕氏，名尚，字子牙，号飞熊，商末周初政治家、军事家、韬略家，周朝开国元勋，兵学奠基人。陶弘景注："伊、吕所以就桀、纣者，所以忤之使不疑；彼既不疑，然后得合于真主矣。"

⑨天命之箝：天命所系。归：归附，归顺。趋向于一个地方。陶弘景注："以天命系与殷商（汤）、文王，故二臣归二主不疑也。"

【译文】

实行这种"反忤之术"。如果运用于天下，一定要衡量天下的情况再决定与之结交的方式；如果运用到诸侯国，一定要衡量诸侯国的情况再决定与之结交的方式；如果运用到大夫所辖之家，一定要衡量大夫之家的情况再决定与之结交的方式；如果运用到个人，一定要通过衡量个人的才能、气势来决定与之结交的方式。

无论对象的身份是高是低，策略是进是退，忤合之术的使用原则都是一致的。一定先要思谋考虑，确定计谋策略之后，再用"飞箝之术"作为辅助来实现自己的目的。

古代善于运用背向之理、忤合之术的人，协和四海、纵横各国，在不同的地方或忤或合不断地变动转化，然后找对合适的人与之合作。

所以，商朝的开国贤相伊尹，五次投奔商汤，五次投奔夏桀，但心里还是不知道该选择谁，最后选择了辅助商汤。周朝的开国功臣吕尚，三次接近文王，三次进入殷商国都考察，他不知作何选择，最终决定选择辅佐周文王。他们在活动中明白了这是天命所归，所以，最后毫无疑虑地归顺明主。

【原文】

非至圣达奥，不能御世；不劳心苦思，不能原事；不悉心见情，不能成名；材质不惠，不能用兵；忠实无真，不能知人[①]。故忤合之道，己必自度材能知睿，量长短远近孰不如。乃可以进，乃可以退；乃可以从，乃可以横[②]。

【注释】

① 至圣：道德智慧最高的人。达奥：通达玄妙的道理。御世：统御天下。劳心苦思：费尽心机，苦苦思考。原事：探究

事物的本原。材质：才能和素质。忠实无真：如果不能诚心忠实。惠：通"慧"，聪明。

②自度：估量自己。长短远近：指技能长短和见识远近。从：通"纵"。陶弘景注："夫忤合之道，不能行于胜己，而必用之于不我若。故知谁不如，然后行之也。既行忤合之道于不如己者，则进退、纵横，唯吾所欲耳。"

【译文】

如果不是道德高深的圣人，如果不能通达高深玄妙的道理，便不能统御天下；如果不费心苦思，便不能探究事物的本原；如果不全心投入地观察世情，便不能成就美名；如果天赋不够聪慧，便不能用兵；如果不能诚心忠实，便不可能知人。

所以要实行"忤合之道"，一定先要衡量自己的才能智慧、技能长短和见识远近，哪方面不如别人，再去行动。做到这样，就可进可退，可纵可横，进而收放自如，尽在把握之中。

【新解】

趋合倍反，如何建立统一战线？

本篇讲述的是分合、向背的问题，强调要善于把握这两种状态之间相互转化的态势，顺势而为，纵横自如。如何找到适合合作的人或国家，即如何建立统一战线。

一、"忤合"的定义和原理

忤合就是"趋合倍反"。忤就是忤逆的意思。反忤就是违背事物发展的要求。合就是符合、吻合，是顺应的意思，即遵循事物的发展要求和变化规律。或者合作，或者背离。

"忤合"的原理是"因事为制"。应根据主客观的形势变化而变化，这是圣人的处事之道。"凡趋合倍反，计有适合"，世界上任何事物都是分两面的，有相合的、有相对的。但不管是相合还是相对，作为谋士都必须要拿出高明的解决问题的方案。先生说："化转环属，各有形势"，忤合这两个方面是可以相互转换的，有时候对你是有利的，有时候是有害的，而且会互相转换。所以，变化和转移就像铁环一样迅速旋转，瞬息万变。变化和转移各有各的具体形式，不同的事物有不同的变化特点。

班婕妤是汉朝班况的女儿，是汉成帝的后妃，他的父亲班况曾经在汉成帝后期驰骋疆场，立下汗马功劳。在赵飞燕入宫之前，汉成帝对班婕妤最为宠幸。但赵飞燕姐妹进宫以后，飞扬跋扈。许皇后对其十分痛恨，无可奈何之余，想出一条下策：在孤灯寒食的寝宫中设置神台，晨昏诵经礼拜，祈求皇帝多福多寿，而诅咒赵氏姐妹灾难降临。后来，此事败露，赵氏姐妹故意在汉帝面前搬弄是非，说这个许皇后不仅咒骂自己还骂皇帝，汉成帝一怒之下就把许皇后软禁在后宫之中。赵氏姐妹还想利用这个机会对他们的主要情敌班婕妤进行打击和报复。糊涂的汉成帝就把班婕妤也关到后宫。本来这个事情与班婕妤是没有任何关系的，大难将至，这时班婕妤就从容不迫地对汉成帝说："我听说生死有命，富贵在天，行善尚不能得到好报，何况行恶呢？如果是天上有鬼神的话，它一定会让行善的人得到好报，而让行恶的人得到惩处，如果鬼神无知，你向他去讲有什么益处呢？所以诉诸鬼神，我从来不做这样的事情。"

汉成帝觉得她说的话非常有道理，又念及之前的恩爱之情，就不再追究她，并且厚加赏赐。

本来赵飞燕姐妹是打击报复班婕妤的，这对班婕妤来说是一个坏事，但正因为班婕妤能够以德报怨，而且能够把道理讲明白，反而令汉成帝对她比以前更加好了。所以说，生死有命，富贵在天，是合此；行恶为邪，是忤彼；若鬼神有知就不会听信谗言，是合此；如果鬼神无知，那么向鬼神诉说也是徒劳，是忤彼。所以，班婕妤在面临险境的时候，镇定地用忤合之术的智慧把汉成帝说服。这就告诉我们，忤合之道是可以互相转换的，关键在于智者怎么去运用这个方法。

如何利用忤合之术？鬼谷子曰："反覆相求，因事为制。"制事必须不断地反复地去寻求最佳的步骤和方法，必然能够随着事物的发展变化去制定相对应的策略。上善若水，随物而化。任何人做大事一定要知大局，识时务，因时制宜，因事制宜。要顺势而为。

春秋战国时期，楚庄王即位三年，未颁布一条政令，每天饱食终日，无所用心。群臣对此忧心忡忡。有一次大夫申无畏请求拜见，楚庄王坐在那里不以为然问他说："大夫求见我有何事情？"申无畏说："我有一件事情必须要向您请教。"楚庄王说："什么事情呢？是不是要饮酒啊？是不是要听音乐呀？我可以满足你。"申无畏说："我来请教，不是喝美酒，也不是欣赏音乐，我有一件事情不明，向您请教。"他接着说："在楚国某地的一个高岗上栖息着一只身披五彩缤纷羽毛的大鸟，历时三年不飞，也不鸣叫，不知什么原因？"楚庄王一听就知道他是在影射自己，楚庄王笑着说："这不是一般的鸟，此鸟三年不动是为了养丰羽翼，不飞不鸣是为了观察民情，此鸟不飞则已，一飞冲天；不鸣则已，一鸣惊人。你拭目以待吧！"果然，楚庄王的思维模式和大家完全不一样，他用三年的时间掌握了权臣的弱点，把握了时局和人心，后来一举把乱党奸灭。

康熙大帝即位的时候只有八岁，是没实力和权臣鳌拜斗争的，这时他必须要装作很贪玩，不问朝政，隐蔽自己，暗中却培养自己的势力，训练自己的侍卫，羽翼丰满之后，一朝就把鳌拜除掉了。

"以此先知之，与之转化。"先知先觉才能占先机。那么，如何占先机？要把握时局、研究趋势。毛泽东主席的《论持久战》是在抗日战争初期写的，但整个抗日战争的形势就是按照毛泽东的预计走的。为什么毛泽东用兵如神？原因首先是信息准确，其次是把握了战争规律，他知道现在，能推演未来。"圣人以道先知存亡"（语出《鬼谷子》之《转圆》篇）。为什么毛泽东能知道战局呢？因为毛泽东是哲学家，哲学家研究规律。趋势就是不可逆转的发展规律。把握规律就能知道趋势。《大学》中的"格物致知"就是通过给事物归类而归纳出共性，同类事物的共性即规律，把规律总结出来就是理论。鬼谷子也说："圣人者以类知之"（《鬼谷子》之《盛神》篇）。

二、"忤合"的使用原则

施行忤合之术，要考察合作方的主客观情况。

施行忤合之术要详尽考量对方，"用之于天下，必量天下而与之；用之于国，必量国而与之；用之于家，必量家而与之；用之于身，必先量身材能气势而与之。"运用"忤合之术"，一定要先衡量对方的情况再决定与之结交的方式。

《鬼谷子》在这一篇当中，谈了一个概念：真正想建功立业的纵横家必须要知道："倍反"的实质是双方是否适合的问题，不是愚忠思想，要看这个人值不值得我跟你做、能否互相满足的问题，如果人才跟不上平台的发展，就会被平台抛弃，平台不能满足人才的发展，人才就会离开，这是个非常现实的问题！所以，如果要想让人才留在你身边，唯一的办法就是制造更大的平台。当然了，人才也是一样的，领导的信念、价值观，有梦想、有未来、有境界才值得合作。"鸟随鸾凤飞腾远，人伴贤良品自高""世无常贵，事无常师"，要灵活应对，不要迂阔固执。圣人做事的原则只有一个，即"成于事而合于计谋"就是做成事，符合自己的计谋。

为什么跟对人很重要？因为跟对人就等于找对了方法，找对了方向。百里奚的朋友蹇叔警告过百里奚："大丈夫不可轻于去就，而委身于人。受了人家的俸禄，仕而弃之，则不忠。与同患难，则不智。慎之啊慎之！"后来，百里奚遇到秦穆公才死命追随。鬼谷子在这里列举了两个例子：伊尹和姜子牙，这两个人都是通过反复考察才确定谁是这辈子要跟随的明主。

伊尹，名挚，尹为官名，夏末商初时期人物。商朝开国元勋、政治家、军事家、思想家。伊尹自幼被贩卖到有莘国，成为有莘国君的奴隶。当时，有莘之野（今河南省三门峡市陕州区）是伊尹的躬耕地，商汤是夏朝一个诸侯国的国君。商汤曾多次在有莘之野访聘伊尹，劝说伊尹投靠商人。后作陪嫁男奴到商国，商汤任用伊尹为小臣。因其精通治国之道，于是他把伊尹推荐给天子夏桀，伊尹五次为夏桀服务，后又五次回到商汤的身边。经过反反复复的接触和考察，他认定夏桀是昏君，商汤是明主，于是果断离开夏桀投靠了商汤，后被商汤授以国政。商汤在伊尹的辅佐下，灭夏朝，建立了商朝。伊尹辅佐商汤、外丙、仲壬、太甲、沃丁五代君主50余年，为商朝的国泰民安、繁荣富强立下汗马功劳。

老子说："治大国若烹小鲜。"就是说治理一个国家就像煎小鱼一样，要懂得掌握火候，两面都要煎到位，不能翻来翻去（如果政策变来变去国家就乱了）。伊尹无疑是深谙其中真谛的高手，考察才认定谁是。鬼谷子还谈到一个忤合高手——吕尚。

所以，领导者在忤合当中，如果出现了问题，则对天下、国家、个人的损失浩大到无法估量。所以，自古以来，领导者能够顺势顺利遇到好搭档的很少见。刘备与诸葛亮，如鱼得水；刘邦遇到张良，相得益彰；姜太公遇到了周文王、周武王，建功立业。所以，黄石公也告诉我们选择的重要性："贤人君子，明乎盛衰之道，通乎成败之术，审乎治乱之势，达乎去就之理。"（语出《素书》）所以，把这个遇合的问题一层一层地剥开，将这个问题讲得如此透彻，并且有主动性、积极性、实质性的建议，在诸子百家当中，恐怕只有《鬼谷子》了。这更是贤人君子们的切身问题，不能不关心。

最后，鬼谷子讲述纵横策士运用忤合术自身应具备的素质："非至圣达奥，不能御世；非劳心苦思，不能原事；不悉心见情，不能成名；材质不惠，不能用兵；忠实无真，不能知人。"意思是说，如果一个人不通达智谋、洞悉事物规律，就不能治理世事；不深思熟虑，苦思冥想，就不能了解到事物的真相；不了解人情世故，就不能成就美名；没有强大的智慧和才能，就没办法领兵打仗，将失一令，兵败身死；没有一颗忠实正直的心，就没办法真正地去了解别人。所以，忤合之道首先要自忖自己的才能，能够胜任了就干，不能胜任了就干脆离开，不要耽误别人的事情。

刘邦和韩信曾有这样一番对话：

刘邦曾与韩信讨论各位大将的带兵才能，认为能力存在差别。这个时候，刘邦问韩信："像我这样的，你看能带多少兵？"韩信说："陛下最多十万。"刘邦说："那你呢？"韩信说："对我来说，多多益善！"刘邦笑了："既然你带兵多多益善，那为何被我驾驭和驱使？"韩信解释说："陛下不擅长将兵，但擅长统御大将。这就是我被你驾驭的原因。陛下的这种能力是天授的，非人力所能达到。"

一个是统御将领的天才，一个是用兵的奇才，两个人的才能有所侧重。刘邦统御的智慧已经到了"至圣达奥"的境界，而韩信带兵的才能也登峰造极，"战神"威名当之无愧。对将领来说，如果没有强大的智慧和才能，就没办法领兵打仗！中层管理者带团队的能力和技术一定要强，要能够身先士卒、冲锋陷阵。当员工遇到难题，要能指导解决时，做教练、榜样和示范。

所以，只有知道自己的优势、劣势，才能让自己进退自如、纵横天下、随心所欲，这就是忤合之道。

中卷

成事

　　谋莫难于周密，说莫难于悉听，事莫难于必成。此三者，唯圣人然后能任之。若能加强自身修为：诚意正心而身修，格物致知而明理，静固意志以审势，洞悉人性而知人，必能谋划周密，说服天下，举事必成！下卷五篇细说"揣情、摩意、权量、谋虑、决断"五法，乃审时度势、筹谋决断之要诀，慎思之，明察之，笃行之，必能立功而建德，谓之《成事》。

第七篇

《揣》篇逻辑思路及经典谋略

统揽全局之后才能稳操胜券，做到知己知彼自然收放自如。故设谋定策的基础是充分权衡天下大势；说服对方的前提是全面了解对方之心意虑怀。揣情就是权量天下形势和揣度对方内心之术，也是审时度势之法。

【篇题解析】

本篇论述游说之士如何揣测游说对象的客观条件与主观思想。"揣"的意思是揣度、探测。陶弘景题注："揣者，测而探之也。"

鬼谷子是信息至上者。因为一切决定都基于对信息的充分掌握上。而纵横策士要游说君主用其策略计谋，必须要对其国家的国情大势与君主的意志和好恶有全面准确的认识和了解。国情属于客观外在的信息，而君主的心意虑怀属于主观内在的信息。本篇把对客观条件的了解称为"量权"，把对君主个人主观思想的了解称为"揣情"。

本篇重点讲述了游说者在游说之前必须做的准备工作："量权"与"揣情"。

全篇可分为四部分：

第一部分，点题：讲游说者为何要揣。由开篇至"变化之动静"。开篇开宗明义：欲用天下者，必须在两方面下足功夫："量权"与"揣情"。一方面是客观外在的信息，另一方面是君主内心的想法，这是成功游说君主的两大前提。

第二部分，论述"量权"。由"何谓量权"始，至"是谓量权"。《鬼谷子》首先对"量权"二字作出定义，即"量天下之权"。即衡量游说国的综合国力和国内外的形势（如：诸侯国的自然条件与政治经济形势）。量权所要考量的情况包括：考察一国的综合国力，包括财富多少、民众的贫富、地形的利弊、谋士的智谋高低，谁忠谁奸、君臣的关系，以及百姓的贫富、民心向背等。只有掌握了这些情况，才能判定国君面临的问题，才能知道国家需要什么样的解决方案，才能确定好游说的策略。

第三部分，论述"揣情"。由"揣情者，必以其甚喜之时"始，至"此所谓测深揣情"。

鬼谷子在《内揵》篇中说过"得其情乃可制其术"，既然游说的对象是君主，就必须要揣君主之情，即揣测君主内心的真实思想感情。揣测对方内情，旨在掌握对方的个性特点。揣情的方法包括：

（1）在其情绪失控时揣情，即要善于把握揣情的时机，把对方喜欢和厌恶的感情推向极端，一般人们在"甚喜"和"甚惧"的状态下，"不能隐其情"，真情就会充分暴露，我们便可掌握对方内情。

（2）"旁敲侧击"，即对付那些城府颇深，受到感情刺激依然不动声色的人，要转而从他身边亲近之人身上和其他事中去揣测，采取间接方法，即"更问其所亲"。

（3）由表及里，即"以其见者而知其隐者"，即以揣情对象的外在表现去揣度他的内心隐藏着的真实想法，因为"情变于内者，形见于外"。就是内心若有变化，在外面一定会有表现。我们要用这个揣术，还要结合《反应》篇里的得情技巧，如钓语、静默、见微知类、自知而知人等。

第四部分，总结全文，而重点阐述"揣情"的重要性与难度。由"故计国事者"始，至篇尾。

两者比较，"量权"是衡量客观条件，有形可见，要充分了解和掌握；"揣情"是揣测主观心理，其深层思想往往是隐秘的，难以知其变化动向，而这又往往是语言和行为的动因。这往往要靠已知的迹象为基础，去估计、推测、设想，这就是揣情。所以，游说者要有见微知著的能力，从细微的迹象中去揣测对方内在的思想趋向。"蜎飞蠕动"，微小之处，利害所关。"揣情"是否准确，关系到游说的成败。因此，本篇说："揣情最难守司。"故本篇以"揣情"作为论述的重点。

最后还提出了以"揣情"为基础的"饰言"问题，即游说的语言必须经过修饰，使之富有文采，入耳入心。

揣

【原文】

古之善用天下者，必量天下之权，而揣诸侯之情①。量权不审，不知强弱轻重之称；揣情不审，不知隐匿变化之动静②。

【注释】

① 善用天下者：善于利用天下情事，处理各种矛盾，操控天下局势、做天下文章的人。量：度量，衡量。权：秤锤，秤锤用来衡量重量，故"权"又引申指衡量，又指权力、权利、权势。这里指综合国力的对比。

② 审：详尽、周密。称（chèn）：相称、对比。动静：动向，变化的征兆。

【译文】

古代善于凭借天下各种情势把自己的才略运用于天下的人，必定要衡量天下政治形势的发展状况，揣测诸侯的真实情况和心意。如果对天下各种形势实力的衡量不详尽周密，就不能了解各国强弱虚实的对比；如果对诸侯真实情况和心意的揣测不细致周密，就不能了解隐蔽和变化的征兆。

【原文】

何谓量权？曰：度于大小，谋于众寡①；称货财有无之数②，料人民多少、饶乏，有余不足几何③？辨地形之险易，孰利、孰害④？谋虑，孰长、孰短？揆君臣之亲疏，孰贤、孰不肖？与宾客之知睿，孰少、孰多⑤？观天时之祸福，孰吉、孰凶？诸侯之亲，孰用、孰不用⑥？百姓之心，去就变化，孰安、孰危，孰好、孰憎？反侧，孰辩？能知此者，是谓量权⑦。

【注释】

① 大小：指国家的大小，国力的强弱。众寡：指多少。

② 称（chēng）：衡量。测定重量。《楚辞·惜誓》："苦称量之不审兮"。注："称所以知轻重。"

③ 饶乏：富足与贫乏。

④ 辨：分析判断。险易：险峻与平易。利：指地形有利。害：指地形不利。

⑤ 揆：本意是指测量方位。引申为测量、揣度。《说文》："揆，度也"。亲：亲近。疏：疏远。知睿：聪明睿智。知，通"智"。

⑥ 诸侯之亲：指诸侯国之间关系的亲疏远近。用：指可以利用。去就：指民心的向背。

⑦ 反侧：本义是身体翻来覆去，形容睡卧不安。这里指不顺从，不安定。便：安定。《说文》："便，安也。"陶弘景注："天下之情必见于权也。善修量权，其情可得而知之。知其情而用之者，何适而不可哉？"

【译文】

什么叫做权衡天下形势？回答是：度量一个国家地域的大小，谋略智能之士的多少；包括衡量和计算财物的多少；估计人口的多少；贫富状况如何；哪些方面富余，哪些方面不足。

还要分析判断：地形险峻还是平易；哪里地形有利，哪里地形不利；在谋略方面哪一方高明，哪一方低劣；还要考察君臣间的亲疏关系如何，以及谁更贤能，谁不肖；还有宾客幕僚的智慧，哪一方少，哪一方多。

还要观察天时，即观察国家命运的发展形势，对谁是祸，对谁有福，对谁凶，对谁吉；观察诸侯间的关系，看哪个可以利用，哪个不能利用；观察民心向背和变化状况，哪国民心安定，哪国民心惟危；谁被人民拥戴，谁被人民憎恶；反叛，谁来安定。掌握以上这些情况，这便是量权。

【原文】

揣情者，必以其甚喜之时，往而极其欲也①；其有欲也，不能隐其情。必以其甚惧之时，往而极其恶也；其有恶也，不能隐其情。情欲必出其变②。感动而不知其变者，乃且错其人勿与语，而更问其所亲，知其所安③。夫情变于内者，形见于外。故常必以其见者而知其隐者。此所谓测深揣情④。

【注释】

①往：前往。极：极点，极端。这里是使动用法，使……达到极点。极其欲：使对方的情欲达到极点。

②情欲必出其变：意思是人的情欲必定能在其甚喜、甚惧之时表露出来。陶弘景注："夫人之性，甚喜则所欲著，甚惧则所恶彰。故因其彰著而往极之。恶欲既极，则其情不隐，是以情欲因喜惧之变而生也。"

③感动：有感而内心触动。错：通"措"，安置、安放。所安：心之寄托于何处？陶弘景注："虽因喜惧之时以欲恶感动，尚不知其变，如此者，乃且置其人，无与之语，徐徐更问

143

斯人之所亲,则其情欲、所安可知也。"

④ 见:通"现",表现出来。隐者:隐藏在内心的实情。测深揣情:揣测内心深处的真实情感。陶弘景注:"夫情貌不差,内变者必外见,故常以其外见而知其内隐。观色而知情者,必用此道,此所谓测深揣情也。"

【译文】

揣测对方隐秘的真情:一定要在对方最高兴的时候,去最大限度地刺激他的欲望,使其达到极点,对方的欲望、感情处在极端状态,情不自禁,便不能隐蔽真情;一定要选在他最担心恐惧的时候,最大限度地诱发他的憎恶心理,因为他被憎恶、惧怕所激动,情不自禁,便不能隐蔽真情。这是因为,人的情欲必定会在其甚喜、甚惧这种变化之时表露出来。

如果触动了一个人的内心感情,但还是看不到他的异常变化,便暂且放开他,不与他交谈,转而去询问他亲近的人,从侧面了解其心之寄托于何处。

一般来说,感情内心发生变化,必定会从外部形态上表现出来。所以,人们必定常常根据其从外部表现出来的形态去深入察知他内心的隐情。这便叫做测深揣情。

【原文】

故计国事者,则当审权量;说人主,则当审揣情①。谋虑情欲,必出于此②。乃可贵,乃可贱;乃可重,乃可轻;乃可利,乃可害;乃可成,乃可败。其数一也③。故虽有先王之道、圣智之谋,非揣情隐匿无可索之。此谋之大本也,而说之法也④。常有事于人,人莫能先⑤;先事而至,此最难为⑥。故曰：揣情最难守司，言必时有谋虑。故观蜎飞蠕动，无不有利害，可以生事变⑦。生事者，几之势也⑧。此揣情饰言成文章，而后论之也⑨。

【注释】

①计：本义是计算。引申为打算、谋划等义。陶弘景注："审量权，则国事可计；审揣情，则人主可说。"

②谋虑情欲，必出于此：承接上句，意思是要谋划国家大事，必须仔细权量国之内外形势；游说君主，必须对其内心进行揣测，摸准其心思。陶弘景注："至于谋虑、情欲，皆揣而后行，故曰谋虑情欲必出于此也。"

③其数一也：其规律都是一样的。陶弘景注："言审于揣术，则贵贱、成败，唯己所制。无非揣术所为，故曰其数一也。"

④索："索"的本义指粗绳，"索"字古字形中的表意，是顺着"绳索"的纹路，能找寻到绳索的源头，所以"索"引申义为"探寻"。此：指揣情。大本：最根本的原则。法：方法，法则。说之法：游说的基本法则。陶弘景注："先王之道，圣智之谋，虽弘旷玄妙，若不兼揣情之术，则彼之隐匿从何索之？然则揣情者，乃诚谋之本而说之法制也。"

⑤常有事于人，人莫能先：经常有事情发生，没有人能比他更先预料到。

⑥先事而至：事情发生之前，就已经做好了准备。陶弘景注："挟揣情之术者，必包独见之明，故有事于人，人莫能先也。又能穷几尽变，故先事而至。自非体玄极妙则莫能为此矣。故曰此最难为者也。"

⑦ 蛷：即孑孓，蚊子的幼虫。蠕：虫类爬行的样子；微动貌。陶弘景注：“人情险于山川，难于知天。今欲揣度而守司之，不亦难乎！故曰揣情最难守司，谋虑出于人情，必当知其时节。此其所以为最难也。蛷飞蠕动，微虫耳，亦犹怀利害之心，故顺之则喜悦，逆之则勃怒，况于人乎！况于鬼神乎！是以，利害者，理所不能无；顺逆者，事之所必行。然则顺之招利、逆之致害，理之常也。观此可以成生事之美。”

⑧ 几：细微的迹象；事情的苗头或预兆。陶弘景注：“生事者必审几微之势，故曰生事者几之势也。”

⑨ 饰言成文章：修饰言辞使它具有文采。陶弘景注：“言既揣知其情，然后修饰言语以道（通导）之，故说辞必使成文章而后可论也。”

【译文】

如果要谋划国家大事，就一定要详尽缜密地权衡天下的形势；如果要游说君主，就应当仔细地揣度他的真情实感。

所有的谋划、想法和愿望，都以此为出发点。善于运用“量权”和“揣情”之术的人，可以使人富贵，也可以使人贫贱；可以使人得到重用，也可以使人被轻视；可以使人获得利益，也可以使人受到损害；可以使人取得成功，也可以使人失败。其规律是一样的。

所以说，即使有先王的道德，有圣人智者的谋略，如果不能揣测真情，也无法探寻到其隐蔽和深藏的实情。可见，揣测之术是谋略的根本，是游说的法则。

善于“揣情”和“量权”之术的人，在事情来临时，其谋划应对之策从没有人能够与之争先；其在事情发生之前就已经做好了准备，这是最难做到的。

所以说，揣情最难的是选择时机。游说时必须深谋远虑。观察一个小昆虫飞过来、爬过去那样微末的事情，也都包含着利益与祸害，其可以使事物发生变化。事物发生变化的起初往往是细微的态势。

使用此揣测实情的方法，必须要修饰言辞，使之富有文采，然后再进行论说。

【新解】

军事外交的必修课：量权和揣情

揣摩是《鬼谷子》最为重要的纵横谋略之一。揣摩在纵横策士这里有着特定的含义，就是通过揣度对方的心思来使自己的谋划、游说投合其实情。本篇重点讲述游说者在游说之前必须做的准备工作："量权"与"揣情"。全篇可分四部分，分述如下：

第一部分，讲游说者为何要揣。

欲用天下者，必须在两方面下足功夫："量权"与"揣情"。即充分掌握两方面的信息：一方面是客观外在的信息；另一方面是君主内心的想法。这是成功游说君主的两大前提。

《淮南子·泈言训》说："心有忧者，琴瑟鸣竽非能乐也。"可见，能否动人，并不单纯在于音乐是否优美动听，还在于受者心境如何。《荀子·正名》也说到，忧心如焚的人，"耳听钟鼓之乐而不闻其声"。同样道理，对方是否接受，也不完全在于己方所提出的主张是否正确，而在于是否能入其心。

例如，《战国策》中载"苏秦始将连横"时，先到秦国游说秦惠文王实行"连横"策略。苏秦对秦国的国情很了解，却对秦惠文王的内心不了解，结果"书十上而说不行"，终以失败告终。而苏秦到燕以"合纵"说服燕文侯时，却大获成功。原因是苏秦既了解燕国的国情，也了解了燕文侯的真实内心。用本篇的理论解释就是：既做到了"量权"，又做到了"揣情"。所以，揣情量权是设谋定策的根本，是说服对方的基本法则。

本篇所论主旨是"得情"，这与前文诸多篇目有重复。《捭阖》强调"捭之者，料其情也；阖之者，结其诚也"，强调得情之重要。"捭阖之道"是得情方法之原则。《反应》篇论"得情"，强调"自知而后知人"，以为"得情不明，不知隐匿变化之动静"。《反应》全篇所论就是得对方之情，但提出的"得情"之法却与本篇不同。本篇所论"揣情"重点是注重客观形势与君主主观思想的实情，这与《内揵》篇所论大致相同，但本篇给出了得情的具体方法。而下文《摩》则是《揣》的继续，也侧重从内打开君主的内心，但注重对揣情所得到的情况进行判断、推敲和分析。从内容上看，《揣》《摩》与《反应》《内揵》所论主旨大致相同，但方法不同。

《战国策·秦策一》中谈到了苏秦学习《阴符》之谋，锥刺股，伏而诵之，简练以为揣摩。就是不断地揣度，不断地思索。这里说到的揣是指揣情的意思，就是忖度人情，了解人心事理，以推测出事物发展的方向。《鬼谷子》告诉我们："量权不审，不知强弱轻重之称；揣情不审，不知隐匿变化之动静。"鬼谷子指出，古代善于把握形势的人，必须要首先衡量天下各种力量的轻重，揣摩诸侯的实情，如果对形势分析不全面、不到位，就不能了解诸侯力量的强弱虚实；如果揣摩诸侯的实情不够充分和全面，就不能够掌握事情发展的根本关键，定制的策略就可能会不符合实情。

第二部分，论述"量权"。

量权着重于客观形势。不管是国家大事，还是企业事务，都应该掌握量权之道，在谋划和决策之前掌握足够多的信息，才能确保"算无遗策"。毛泽东说："不打无把握之仗。"什么叫把握？就是充分量权。孙子说："一曰度，二曰量，三曰数，四曰称，五曰胜。地生度，度生量，量生数，数生称，称生胜。"由此可见，度量是战争胜利的保障。度量也是企业家在复杂多变的市场中生存的资本。

鬼谷子曰："度于大小，谋于众寡；称货财有无之数，料人民多少、饶乏，有余不足几何？辨地形之险易，孰利、孰害？"考量一个国家的综合国力，即度量一个国家地域的大小，谋略智能之士的多少；包括衡量和计算财物的多少；估计人口有多少；贫富状况如何；哪些方面富余，哪些方面不足。还要分析判断：地形险峻还是平易；哪里地形有利，哪里地形不利；比如，地形对一个国家的生存发展非常重要，我们看战国地图，可以发现相对东方六国，秦国地形是很好的。东边是黄河天然屏障，南面是秦岭，秦国巩固并强化关中的防御体系，在关中地区东西两边的谷口分别修建了四大关卡，就是西部的萧关、大散关，东部的函谷关、武关。这四大关卡是保护秦国安全的重要屏障，一旦外部受到威胁，秦军只需要固守这四个关卡，就可以保全自己。东边唯一的通道是函谷关，秦国出关容易，六国入关难，是真正的四塞之固。而且坐落于汉中平原，适合发展农业。从军事上分析，这样的地形易守难攻，"一夫当关，万夫莫开"。秦国之所以能统一六国，汉、唐之所以据此能成就帝业，地形的作用不可小觑。

行兵打仗、外交谈判都是一样的，对其领导人的性格、智谋、学识、社会关系如何，谁能够影响其决策，其决策风格、性格特征等，一定要有清晰的了解。战略决策或谈判过程当中，拥有更多信息一方会有更大的优势。这就是国家之间会派间谍的原因。所以，在我们与对方谈判之前一定要尽量多地搜集信息，也就是"量权"。搜集信息的原则是千万不要过于自信，"知之为知之，不知为不知"，不要戴着有色眼镜衡量对方。要准确、深入详尽地做好调查。

第三部分，论述"揣情"。

游说的对象是君主，就必须要揣君主之情，即揣测君主内心的真实思想感情。那么怎样去揣情呢？

（1）要善于把握揣情的时机，要把其喜欢和厌恶的感情推向极端，"必以其甚喜之时，往而极其欲也；其有欲也，不能隐其情。""必以其甚惧之时，往而极其恶也；其有恶也，不能隐其情。"即当其情绪处在极端状态的时候，在"甚喜"和"甚惧"的状态下，"不能隐其情"，真情就会充分暴露，从而可掌握其内情。

> 楚成王四十六年（鲁文公元年，公元前626年），楚成王想立王子职为太子，而要废掉太子商臣。商臣听到传闻，但还没有得到证实，就把这消息告诉了他的老师潘崇，问："如何才能证实这消息？"潘崇说："您的姑姑江芈应该知道实情，您去宴请您的姑姑，但要戏弄她，然后，观察她的态度。"商臣照他的话去做。江芈受他戏弄而大怒，说："呸！你这贱役之人，难怪大王要废掉你而立职儿为太子呢！"事后，商臣对潘崇说："看来改立这件事是确实的了。"平常之时，他姑姑是不会告诉他这个信息的，正是因为处在极端生气的状态下，他姑姑难以掩盖实情，把真话

说出来了。

为了自保，商臣发动了宫廷政变，就这样，商臣上位，人称楚穆王。

（2）旁敲侧击。即对付那些城府颇深，运用感情刺激依然不动声色的人，就要暂时把其放下，转而从其身边亲近之人身上探测信息，"感动而不知其变者，乃错其人勿与语，更问其所亲"；张仪说楚怀王，就是从其宠妃郑袖及宠臣靳尚着手，而达到其政治目的。

（3）由表及里，即"以其见者而知其隐者"，即以揣情对象的外在表现去揣度其内心隐藏着的真实想法，因为"情变于内者，形见于外"。

春秋时期，五霸之一的齐桓公有一次与国相管仲讨论攻打卫国的军事决策。会议结束后回到宫中，一名来自卫国的妃子看到齐桓公，然后向他恭敬地拜了几拜。齐桓公问她："爱妃有什么事吗？"这名妃子说："请问大王，卫国到底犯了什么错，让您决定要攻打它？"齐桓公听到之后大吃一惊，心想不对啊，我跟管仲讨论的军事机密她怎么就知道了？然后就问这名妃子："你怎么知道的？"这名妃子说："是这样的，刚才我看大王走进来，脚抬得很高，步子跨得很大，表情流露出盛气凌人的神色，一般这样就意味着你要做大事了。可是，大王看见我走过来，表情突然改变了。我想肯定跟我有关，推测一定是攻打卫国了。"随后她苦劝齐桓公不要攻打卫国，在枕头风的吹拂下，齐桓公决定放弃攻打卫国的军事计划。

到了第二天上朝，管仲走进大殿，齐桓公对他深深做了一揖。管仲问："大王是不是不想攻打卫国了？"齐桓公惊讶极了，问："你怎么知道我心里有这想法？"管仲回答："刚才您看见我走进来，您朝我深深作了一揖，以前哪有这么客气啊！而且您说话也比昨天和缓，不像昨天那样兴奋激动。加上您见我还流露出愧疚的表情，所以，我想您十有八九是不打算攻打卫国了！"

齐桓公大概是一个喜怒形于色的性情中人，连妇女和大臣都能由表及里读懂其内心。从某种意义上说，以貌取人是有科学依据的。有个科学家曾把罪犯和常人的照片混合到一起，然后让参与者辨认，结果大多数人都能准确地辨认出来，除非遇到特别善于伪装的人。

所以，在游说对方过程中一定要学会辨察对方的语言、面目表情和眼神去探知对方的内心世界。

揣情察人，古人有两种方法：

一是察色。真正聪慧的人总是明朗、坦然；真正仁厚的人神态慈善，让人敬重；真正勇敢的人奋发向上，正直凛然；真正质朴的人坚强而稳重；常常伪装的人神色狡猾，游移不定。人的言行、举动，都是其内心的外露，要懂得体察对方的肢体语言，才能洞悉其心理。

《玉铃经》有言，如果一个人内心高兴，脸色就显得轻松；心中生气，脸色就变得轻慢；心存私欲，脸色就变得轻薄；心怀恐惧，脸上便出现畏葸。跟对方沟通时，如果他的眼睛看向远处而不看你，表明他不关心当下的话题，或者他想尽快结束这个话题。如果他的眼睛忽东忽西，心不在焉，说明他有自卑感，或者他在掩饰、想骗你。人的长相是长期自我暗示的结果，相由心生。揣情就是通过看对方的骨骼、气质、眼神和神态，来读懂他的性格和内心。

二是听气。心气粗糙的人，声音一般会沉重而散漫；心气周详谨慎的人，声音就显得平和而有克制；心气鄙陋乖戾的人，声音粗野沙哑；心气宽缓柔顺的人，声音温和圆润。讲信义的人心气柔和平易，讲义气的人心气从容不迫，有勇气的人心气雄壮奇绝。

在现实生活中，量权和揣情往往需要综合运用。下面这个关于烛之武的故事，就讲了他是如何玩转这一套"组合拳"的。

公元前 630 年，晋国联合秦国攻打郑国。

郑文公吓得六神无主，询问大臣们谁有退敌良计。众人议论纷纷，没人敢站出来。就在这时，大夫佚之狐说："这两国的兵力太强，对着干肯定死路一条。我推荐一个叫烛之武的人，他是世上少有的说服高手，可以让他去说服秦穆公退兵。"郑文公听罢马上召烛之武上殿。

烛之武七十多岁了，彼时是一个不起眼的养马的官，古称"圉正"。他走在朝堂之上，白发飘飘，背弯成弓，来到郑文公面前，淡然地问："主公召老朽何事？"

郑文公说："听说你能言善辩，想派你去说服秦国退兵，可否？"烛之武推托说："不行啊，老朽平庸无能，年轻时就没干成什么事，现在都快死的人了，岂能担此大任？"郑文公赶忙说："当年没有发现你的才能，这是寡人用人的失误。眼下如果郑国灭亡了，我们大家都要跟着遭殃，你也不例外呀。"

烛之武答应了。他来到秦国军营，被卫兵阻拦。于是他放声痛哭，哭声震天，惊动了秦穆公。秦穆公看着被捆绑的烛之武，问："你是什么人？"烛之武说："我是来自郑国的烛之武。"秦穆公又问："那你为什么哭呢？"烛之武回答："我哭郑国，因为郑国将亡。我也哭秦国，因为秦国也将亡！真是可惜啊！"

闻听此言，秦穆公怒斥："胡扯！秦国怎么会亡？你如果说不出个所以然来，定斩不饶！"烛之武娓娓道来："秦晋联军攻郑，来势汹汹，郑国毫无还手之力，这一点是不用怀疑的。然而，郑国如果亡国了，对秦国有什么好处？秦国距郑国千里之遥，郑国即使被灭也只能并入晋国的领土，而不会并入千里之外的秦国国土。秦国也很难从此事获利分毫，狡猾的晋国只是在利用秦国而已。"

这番话点醒了秦穆公，令他目瞪口呆。见此情景，烛之武进一步火上浇油道："秦国不是一个小国，您也不是昏庸糊涂的君主，为什么要受晋国的驱使呢？您纯粹是被晋文公给蒙骗了！"

秦穆公犹如醍醐灌顶，追问烛之武："那我该怎么做呢？"

烛之武继续分析道："我们先来看下秦国和晋国的地形吧！你们是邻国，一个在黄河东边，一个在黄河西边。晋国强大了，秦国就必然衰弱。再来看晋国国君的品行，晋惠公是您推举拥立的，河西之地他归还您了吗？晋怀公也是您推举拥立的，结果上位后就与您绝交！晋文公同样是您拥立的，他现在忽悠您攻打郑国，郑国灭亡之后，晋国变得强大了，一定会拿秦国开刀，这不是很清楚吗？再说，您帮过晋国三次忙，他给过您任何好处吗？晋文公之父晋献公更是个出尔反尔之人，当年他为了攻打虢国，给虞国赠送宝马珠玉，借路伐虢，许诺给虞国很多好处。结果如何呢？虢国灭亡后，晋军回师途中顺便把虞国也灭亡了。

现在他是在用同样的方式利用您啊！"

秦穆公听得一头冷汗。他感激道："多谢老人家指点迷津！秦国将撤兵！"

烛之武觉得秦穆公内心已经松动了，虽然嘴上说退兵，但还不是特别坚定。于是他又继续道："郑国国君让我带话，如果秦国撤兵，郑国从此便追随秦国，改日若秦晋征战，路过郑国时，我们作为东道主，可为秦国提供充足的补给。"

秦穆公很快就撤兵了，跟晋文公连个招呼都没打。晋文公被"放了鸽子"，气急败坏，但又无可奈何，只好也退兵了。就这样，烛之武圆满完成了使命，挽救了国家。

烛之武是量权和揣情的双重高手。一方面，他在出发前，已经对秦国和晋国分别作了充分地量权，从两国地形距离到国君各自品行和两国交往的历史，并充分调研了晋国假途灭虢的历史事件，大量真实而准确的信息让他的话客观可信，杀伤力很强。另一方面，他揣情功夫做得到位，先是放大了秦穆公在做一件徒劳无功、被人利用的事情，而后又加重了秦穆公对晋文公的猜忌和不信任，让秦穆公心服口服，立即撤兵。

第四部分，重点阐述"揣情"的重要性与难度。

鬼谷子曰："故虽有先王之道、圣智之谋，非揣情隐匿无可索之。此谋之大本也，而说之法也。"即使有古圣先王的道德，有圣人智者的谋略，如果不能揣测真情，也无法寻求那隐蔽和深藏的实情。可见，这揣测之术是谋略之根本，是游说之法则。

在这段话里，鬼谷子认为道德、智慧和揣情读心术是三位一体、不可分割的。掌握揣情读心术，出谋划策，才能神机妙算、无所不成，以此游说才能化敌为友，从而救苍生于水深火热之中。可以说，揣情读心术不仅是军政外交人员应该学习的，同时也是明君和圣人的必修课。量权和揣情最难做到的是什么？"常有事于人，人莫能先；先事而至，此最难为。"意思是善于"揣情"和"量权"之术的人，常常在事情来临时，从容谋划应对，从没有人能够与之争先。在事情发生前便已准备好，这是最难做到的。在生活中，大部分人都是"马后炮"和"事后诸葛亮"。在事情发生前毫无察觉，而事情发生后又后悔莫及。圣人和普通人的区别就在这里。让我们一起看下三国时期著名军师郭嘉的量权揣情之道：

> 孙策辗转争斗千里，占据了江东之地。他听到曹操和袁绍在官渡相持不下，打算渡过长江偷袭曹操的"老窝"许昌。曹操手下一众谋士将领听到这一消息都很恐惧，唯有郭嘉分析预测道："孙策刚刚占据江东，诛杀的都是英雄豪杰，愿为这些英雄豪杰拼死效力报仇的人很多。然而孙策性格疏忽大意又不加戒备，虽然他掌握百万人马，但实际上跟自己独行中原没什么区别。如果有刺客埋伏起来突然攻击，一个人就能杀了他。以我看来，孙策将来必定死于匹夫之手。"后来，孙策带领大兵到达长江，还没来得及北渡攻击许昌，就被许贡的门客杀死了。

为什么郭嘉能够料事如神，分析预测问题能做到"先事而至"，在事情发生之先就能推知结果？其根本原因就在于他对孙策进行了全面的量权和深入的揣情。

为什么郭嘉被称为三国第一谋士？量权和揣情是其核心竞争力。没有人是神仙的化身，其只是量权比一般人周全，揣情比一般人深入罢了。智者总能在量权和揣情的基础上，做到未雨绸缪、先事而至，愚者却总是临渴掘井、亡羊补牢。预测未来的形势和别人的行动，对一般人而言是很难的，但对智者来说却已经形成了一种本能。谋事在前，成事在后，如果你想让自己也能"主事日成，主兵日胜"（语出自《鬼谷子》之《摩》篇），就要做一番量权功课和费一番揣情的心思，从而让自己透过现象看本质，穿越现在看未来。

"蚑飞蠕动，无不有利害，可以生事变。"微小之处，利害所关。"揣情"是否准确，关系到游说的成败。因此，鬼谷子说："揣情最难守司。"故本篇以"揣情"作为论述的重点。

《揣》篇是《鬼谷子》中重要的一篇，所论"揣情"为纵横家核心思想之一。从上下文结构上看，《揣》篇所论亦是下文《摩》篇、《权》篇、《谋》篇、《决》篇的前提与基础。

第八篇

《摩》篇逻辑思路及经典谋略

　　智者成事在于对时局的了解和对人心的把握。好的谋略的实施在于对方听从你的主张。正确的主张需要正确的说法，正确的方法是得其情而制其术，而后其言才能入耳，入耳才能入心，入心的前提是对对方的心意的透彻揣摩。

【篇题解析】

　　《摩》篇是《揣》篇的姊妹篇。本篇开宗明义："摩者，揣之术也。"说明"摩"是"揣"的方法、手段。揣摩之术，是战国纵横家游说理论的核心。鬼谷子把揣和摩分开论述，揣是测度，摩是试探；揣情是心里琢磨，摩意是言语试探；揣情是推测其内情，摩意是使其内情外化。揣情在说之前，摩意在言谈中。揣，着重在揣测对方的主客观情况；摩，着重在触摩、接触，在接触中试探对方，尽力顺从对方的心意，以求亲密无间。《广雅·释诂》注："摩，顺也。"《礼记·学记》注："摩，相切磋也。"陶弘景注："摩者，顺而抚之也。摩得其情，则顺而抚之以成其事。"

　　《揣篇》已经说到，"揣情"即揣探对方内心隐秘的实情。那么，如何成功地探测到对方内心的真实想法呢？《揣》篇提到了使对方处在"甚喜"或者"甚惧"这样的极端情绪状态下，利用其心理失控所暴露出来的信息，来探测对方的内心。但是在现实生活中，人们的情绪或心理往往并不处在极端的状态下，所以很难探其心。怎么办？本篇提出了另一种方法——"摩"。

　　"摩"就是当对方处在情绪平稳、心理正常的状态下，探测对方的内心的手法，也是对揣篇所获得的信息进行加工处理的过程，实际是上篇所讲"揣情"的延续。在游说过程中，揣和摩往往是联系在一起的，含义是反复思考和推究。

实际上，"摩意"也是揣情之术的一个延伸，它和揣情之术紧密相连。既然摩意是揣情之术的延伸，那么鬼谷子在写了《揣》篇之后，为什么还要再写《摩》篇呢？鬼谷子是有深刻用意的。中井积德（日本德川时代后期的哲学家）说："摩在揣度之后，如以手摩弄之也。既能通晓彼人之情怀，而以我之言动摇上下之，以导入于吾囊中也。或扬之，或抑之，皆有激发，即所谓摩也。"按中井积德的理解，摩是一种以言诱动的方法。对收集得来的情况，必须经过由表及里、去伪存真的揣测过程，否则极有可能得到的是假信息。

本篇内容涉及摩的定义、原则、方法、技巧等。《摩》篇可分为四个部分：

第一部分，由开篇句"摩者，揣之术也"始，至"事无不可"。主要讲述摩意的定义与原理。开句就给摩术下定义："摩者，揣之术也；内符者，揣之主也"，认为摩是揣之术，是揣的方法、技巧，"以其所欲，测而探之"，以其所欲探测其内心。"内符必应"。同时，术要从属于道，"用之有道，其道必隐"，给出摩术的法则，就是"隐"，即在隐秘中使用，不能让对方觉察。达到目的后，立即隐秘退出，以免暴露，即"塞窌匿端""隐貌逃情"。人的内心是其最隐秘之处，当对方知悉你在探测他最隐秘之处时，他便会作出自我保护的反应，你就再也无法得到更多信息了；如果对方位高权重，一旦使其动怒，情况就不妙了。所以，要"隐貌逃情"，遵从隐蔽原则，以期"成其事而无患"。

第二部分，由"古之善摩者"始，至"其用之非也"，主要讲述摩意术的应用法则和使用方法。

重点讲述如何实现"隐"术，稳而有耐心。诚如"善摩者，如操钩而临深渊，饵而投之，必得鱼焉"，这是对《反应》中的钓语的形象描述，钓语的得情术当然也是一种摩术。钓鱼要有钩，钩上要有饵，钩是语言，饵是对方感兴趣或关心的人或事，钓鱼要耐心等鱼上钩，摩意要慢慢地切摩。然后，鬼谷子在"隐"的基础又提出新的概念"谋之于阴""成之于阳"。这样做的结果是"主事日成而人不知，主兵日胜而人不畏"。

接下来讲述摩术的十种方法："有以平，有以正，有以喜，有以怒，有以名，有以行，有以廉，有以信，有以利，有以卑"。强调手段要善于变化，因人而异。

第三部分，由"故谋莫难于周密"始，至篇尾，主要陈述对摩意术的使用要求，也就是使用者所要注意的事项及基本素质。

这一部分首句："故谋莫难于周密，说莫难于悉听，事莫难于必成。"对使用摩术提出三大要求，即做到周密、悉听、必成。"故谋莫难于周密"，是对《捭阖》篇"既欲捭之贵周；既欲阖之贵密"的应用。"谋莫难于周密"，是说在筹谋阶段，要求纵横策士考虑周全严守秘密。第二阶段，难在游说君主接纳自己的计谋。就是"悉听"，对方为什么会全部听从？因为我的计谋中他的意。所以，揣摩是游说成功必做的功课。最后，"事莫难于必成"。必备三大条件，"夫事成必合于数，故曰：道、数与时相偶者也"，即道、术、时三者不可缺一。

第四部分，主要讲述如何做到内符与外摩，强调以摩之以其类，与《反应》篇的"同声相呼，实理同归"是同一个道理，因为这是圣人做事的方法。鬼谷子在《本经阴符》中说，"圣人者以类知之"。"抱薪趋火，燥者先燃；平地注水，湿者先濡"，这是自然法则。人事也如此，与通者相谋，谋必周，与情合者说，说必听。鬼谷子重视人的性格，分析归纳性格的类型，以此作为推测的依据，并从历史经验出发作出判断。这种思路就是后来的面相预测术。后代相面术奉鬼谷子为祖师，其原因亦在于此。因此，摩实际上只有两类，一是以同类的事理旁敲侧击，二是以对方的心理欲求试探，都必然会有相应的反应，达到摩的目的。

摩所以有效，是由事物的同类相归、同类相应的原理决定的。

摩

【原文】

摩者，揣之术也^①。内符者，揣之主也^②。用之有道，其道必隐^③。微摩之以其所欲，测而探之，内符必应；其应也，必有为之^④。故微而去之，是谓塞窬匿端、隐貌逃情，而人不知，故能成其事而无患^⑤。摩之在此，符之在彼，从而应之，事无不可^⑥。

【注释】

① 摩：本义为切磋、研究，这里借指探测对方心理的一种方法，是揣情术的一种。揣：揣测，这里指揣测其内心情感。术：方法、手段。陶弘景注："谓揣知其情，然后以其所欲切摩之，故曰摩者揣之术。"

② 符：符验。这里指内在情感的外在表现。内符：内心世界和外在表现。主：主旨，目的。陶弘景注："内符者，谓情欲动于内，而符验见于外。揣者，见外符而知内情，故曰内符为揣之主也。"

③ 道：法则、规律。隐：隐密。陶弘景注："揣者，所以度其情慕；摩者，所以动其内符。用揣摩者，必先定其理，故曰用之有道。然则，以情度情，情本潜密，故曰其道必隐也。"

④ 微：隐蔽、隐匿。《说文》："微，隐行也。"以：顺，按照。微摩之以其所欲：顺着其情感欲望而暗中揣度。必有为之：一定会有相应的行为。陶弘景注："言既揣知其情所趋向，然后以其所欲，微而摩之，得所欲而情必动。又测而探之，如此则

内符必应。内符既应，必欲为其所为也。"

⑤去：离开。窍（jiào）：收藏东西的地洞，这里指漏洞。匿端：端，头绪迹象，这里指痕迹。隐匿痕迹。陶弘景注："君既有所为，事必可成，然后从之。臣事贵于无成有终，故微而去之尔。若乃己不同于此，计令功归于君，如此，可谓塞窍、匿端、隐貌、逃情。情逃而窍塞，则人何从而知之？人既不知，所以息其所谮妒（意思是谗害妒嫉），故能成事而无患也。"

⑥此：指己方。彼：指对方。从：跟从。应：应和。陶弘景注："此摩甚微，彼应自著，观者但睹其著而不见其微，如此用之，功专在彼，故事无不可也。"

【译文】

触摩试探是揣测的一种方法。通过观察对方的外部表现而准确地判断出其内心的思想感情，从而使其被自己所把握，这便是揣情的主旨。

运用揣摩之术时，需要遵循一定的法则，而这个法则是必须要以隐秘的方式来进行。顺着对方的欲望而暗中地揣度，他的内心想法一定会以相符合的形式表现出来；既然内外呼应，就必定有所作为。

在达到这个目的之后，自己便要有意而悄悄地暂且离开，这叫做"堵塞漏洞""隐匿头绪"。或者叫"隐藏外貌""掩饰实情"，而别人不了解自己的行为心理。这样，事业得以成功而又不会留下祸患。

我方运用隐秘的"摩意之术"，而在对方有显著的反应时，再跟从他、应和他，便没有什么事情办不成的。

【原文】

古之善摩者，如操钩而临深渊，饵而投之，必得鱼焉。故曰：主事日成，而人不知；主兵日胜，而人不畏也①。圣人谋之于阴，故曰神；成之于阳，故曰明②。所谓主事日成者，积德也，而民安之，不知其所以利；积善也，而民道之，不知其所以然；而天下比之神明也③。主兵日胜者，常战于不争不费④。而民不知所以服，不知所以畏，而天下比之神明⑤。

【注释】

① 钩：鱼钩。主事：主持处理事情。主兵：统率部队。陶弘景注："钓者露饵而藏钩，故鱼不见钩而可得；贤者显功而隐摩，故人不知摩而自服。故曰主事日成而人不知也。兵胜由于善摩，摩隐则无从而畏，故曰主兵日胜而人不畏也。"

② 阴：暗中、隐蔽。神：神奇、玄妙。阳：公开地。陶弘景注："潜谋阴密，日用不知，若神道之不测，故曰神也。功成事遂，焕然彰著，故曰明也。"

③ 安：安居。道之：遵循其道。陶弘景注："圣人者，体神道而设教，参天地而施化，韬光晦迹。藏用显仁，故人安德而不知其所以利，从道而不知其所以然。故比之神明。"

④ 不争：不用战争。不费：不耗费资用。

⑤ 畏：本义指恐惧、害怕。古书中亦可指使……害怕。由本义又引申指敬服、佩服。陶弘景注："善战者，绝祸于心胸，禁邪于未萌，故以不争为战。师旅不起，故国用不费。至德潜畅，玄风遐扇，功成事就，百姓皆得自然，故不知所以服，不知所以畏，比之于神明。"

【译文】

古代善于摩意的人。就像一个人拿着鱼钩蹲在水潭边，装上鱼饵，投到水中，是一定能够钓到鱼的。所以说，这种人主持事情每每有所成但别人却不知其妙，统率部队常常能打胜仗，却没有人感到畏惧。

圣人谋事于隐秘之中，所以被称为"神奇"；而他的成功都显现于光天化日之下，所以被称为"高明"。

所谓主持事情每每有所成，表现在：他积累德政，人民安居乐业，却不知道谁给了他们利益；他积累善政，人人都遵循着做，却不知道是什么力量使他们这样做。所以，天下的人都把他比作神明。

所谓指挥战争常常能胜利，表现在：他经常不战而胜，不耗费资用，老百姓不知道为什么却愿意归服他，不知道为什么却愿意敬畏他。所以，天下的人都把他比作神明。

【原文】

其摩者，有以平，有以正，有以喜，有以怒，有以名，有以行，有以廉，有以信，有以利，有以卑[①]。平者，静也；正者，直也；喜者，悦也；怒者，动也；名者，发也；行者，成也；廉者，洁也；信者，明也；利者，求也；卑者，谄也[②]。故圣人所以独用者，众人皆有之，然无成功者，其用之非也[③]。

【注释】

①其摩者：指"摩意"的方法。陶弘景注："凡此十者，皆摩之所由而发。言人之材性参差，事务变化，故摩者亦消息虚盈，因几而动之。"

②明：明白。谄：谄媚、讨好。陶弘景注："名贵发扬，故曰发也。行贵成功，故曰成也。"

③所独用者：独自使用的方法，指摩意之术。用之非也：运用的方法不得当。陶弘景注："言上十事，圣人独用以为摩，而能成功立事。然众人莫不有之，所以用之，非其道不能成功也。"

【译文】

在实施摩意之法时，要根据不同对象采用不同方法。有的用平，有的用正，有的用喜，有的用怒，有的用名，有的用行，有的用廉，有的用信，有的用利，有的用卑。

平，就是让对方平静；正，就是直率敢言；喜，就是使对方喜悦；怒，就是令对方激动；名，是为了让对方的名声远播；采取行动，是为了成就他；讲廉洁，是为了保持他的高洁自律；讲信用，是为了让人明白其人品；讲利益，是为了激发其欲望、需求；谦卑，是为了迎合对方，满足其虚荣心理。

所以，唯独圣人能使用的这些摩意之术，众人都能够使用。然而，之所以没有取得成功，是因为用的方法不得当呀。

【原文】

故谋莫难于周密，说莫难于悉听，事莫难于必成。此三者①，唯圣人然后能任之②。故谋必欲周密，必择其所与通者说也③。故曰：或结而无隙也④。夫事成必合于数，故曰：道、数与时相偶者也⑤。说者听，必合于情，故曰：情合者听⑥。故物归类：抱薪趋火，燥者先燃⑦；平地注水，湿者先濡⑧。此物类相应，于势⑨譬犹⑩是也。此言内符之应外摩也如是⑪。

故曰：摩之以其类，焉有不相应者？乃摩之以其欲，焉有不听者？故曰"独行之道"⑫。夫几者不晚，成而不拘，久而化成⑬。

【注释】

① 悉听：都能听从。必成：必定成功。三者：前面说到的三项：谋于周密、说悉听、事必成。

② 任：本义是能承担穿越丛林或带领人们冲出重围任务的人，引申为担当、承担、责任。陶弘景注："谋不周密，则失几而害成；说不悉听，则违理而生疑；事不必成，则止箦而中废。皆有所难。能任之而无难者，其唯圣人乎？"

③ 所与通者：指心思相通的人士。

④ 结：绳、线、草等绾成的疙瘩，引申为结交，结好。司马迁《史记·廉颇蔺相如列传》：欲结于君。隙：缝隙，隔阂。陶弘景注："为通说者谋，彼必虚受，如受石投水，开流而纳泉，如此则何隙而可得？故曰结而无隙也。"

⑤ 数：术数。这里指揣摩之术。时：时机。偶：相合。陶弘景注："夫谋成必先考合于术数，故道、数、时三者相偶合，然后事可成而功业可立也。"

⑥ 说者听：使动用法，说话使人听从。俞樾《读书余录》说："者，衍字。上云夫事成必合于数。与此句正相对成文。"陶弘景注："进说而能令听者，其唯情合者乎？"

⑦ 归类：是指世间万物，各归其类。薪：柴火。趋：快步走，奔赴。东汉·许慎：《说文》："趋，走也。"湿者：指湿润的地方。

⑧ 濡：湿润。

⑨ 应：呼应。势：形势，情势。

⑩ 譬犹：譬如。《说文》："譬，谕也。"意思就是打比方。

⑪ 内符之应外摩：自己从外部出发去摩对方，对方的内心反应一定会表露出来。陶弘景注："言内符之应外摩，得类则应，譬犹水流就湿、火行就燥也。"

⑫ 独行之道：独自能行得通的方法。陶弘景注："善于摩者，其唯圣人乎？故曰独行之道者也。"

⑬ 几者不晚：能发现事物的细微征兆和趋势，而果断行动的人，不会坐失良机。抱：居功不让。陶弘景注："见几而作，何晚之有？功成不拘，何拘之有？久行此二者，可以化天下。"俞樾《读书余录》说："抱当为保"，认为"不拘"即"不居"之误。

【译文】

所以说，谋略最难达到的是周详缜密，游说最难达到的是使对方全部听从，办事最难达到的是必定成功。在这三个方面，只有圣人才能够担当。

要想谋略一定周详缜密，就必须选择与自己的心思相通的人来商议，这就叫结交亲密而无间。办事要想取得成功，必须要合乎术数，所以说：道理、术数和时机三者相互配合才能保证成事。要想说服别人使其听从，必须合乎对方的实情，所以叫情投意合者言听计从。

所以，世间万物，各归其类：抱着柴火跑过去扔到火中，干燥的柴火首先燃烧；在平地上倒水，湿润的地方首先被浸湿。这就是事物同类相应的道理，至于揣摩的情势上也必然如此。所以，这里说的内符回应外摩也是这个道理，即在外部揣摩试探，必然得到内心回应，就和物类互相应是一样的道理。所以说，根据实物同类的共性特征去揣摩试探，哪有不相呼应的道理？顺着他的欲望去揣摩，怎么有不听从的呢？揣情摩意之术是唯有圣人才能够完全掌握的方法呀。

总之，能发现事物的细微征兆和趋势而果断行动的人，不会坐失良机，功成名就不居功自傲。久而久之，就可以达到出神入化的境界。

【新解】

如何主兵日胜于不争不费？

清代黄宗羲《移史馆熊公雨殷行状》有："当是时，号为能谏者，亦必揣摩婉转以纳其说。"可见只有细心揣摩对方心理，婉转陈词，才能使对方接受，这是进谏者的成功之道。

《难经》曰："望而知之谓之神，闻而知之谓之圣，问而知之谓之工，切而知之谓之巧。""揣"即望和闻，"摩"即问和切。揣与摩的目的都是为了准确而细致地认识和把握对方，并据此对施说进谋的策略仔细斟酌。"揣"侧重的是掌握世情和人情，获得与游说对象有关的外部信息，在与对方交流的过程中，要通过对方的面部表情、肢体动作，来判知对方真实的意图。但是，你作出的判断未必是真实的，而如何发现对方内心的真实意图呢？必须要对搜集过来的信息进行加工和整理，还要向对方去求证，得出这些外部信息产生的内因，从而把握对方的好恶和欲求。而这就是《摩》篇需要解决的问题。

所以说鬼谷子是心理学鼻祖，丝毫不为过。在2300多年前，他就提到了"揣摩"二字，这是世界上较早提到的心理学术语。揣和摩往往是联系在一起的，含义是反复思考和推究。实际上摩意是揣情之术的一个延伸，所以，鬼谷子在《摩》篇的开篇既说："摩者，揣之术也。"那么，鬼谷子在《揣》篇之后，为什么还要续写《摩》篇呢？这是因为只有"揣"根本是不够的，自己内心的揣测，未必是真相，还要通过对揣情得到的外部信息进行加工、整理、总结、推敲、检验；在得到对方真实的性格特点和重要的信息后，才能更有效地制定说服的方法。

在现实生活中，有一些事情是很明朗的，看一眼就知道了；但也有些事情是深藏不露的，尤其与个人的利害密切相关的情况下，人们往往会把自己的真实意图埋藏得很深。这时候就需要一个由表及里、去伪存真的摩意的过程，而去除掉一些我们得到的假信息。从这两点的区别来看，揣是由表及里、由内到外；而摩是由外及内、内外结合，是逻辑推理的结果。所以"摩之在此，符之在彼，从而用之，事无不可"。我方运用隐秘的"摩意之术"，而让对方的内心情感显著地表现在外，然后自己跟从他、应和他，便没有什么事情是办不成的。

所以，必须要掌控整个沟通过程的节奏和气氛，一切都在你的掌控之中。怎么样才能做到呢？你要做一个发问者，而不是一个被动等待者。说（shuō）服是用讲的，说（shuì）服是用问和答的，沟通是用问和听的。你要用不断地问话，让对方回应，你来倾听，"聆听搜集信息、发问挖掘真相"。找到其意图再去做求证，然后再让对方回应，而探知到对方的真实想法。

鬼谷子认为：善于摩的人就像在水潭边，拿着钓鱼的饵，一旦将饵投到水中，立刻就可以把鱼钓出来。这个饵就是对方欲求的结果。鬼谷子曰："圣人谋之于阴，故曰神；成之于阳，故曰明。"什么意思呢？圣人在私下里谋划，大家不明所以，说他神乎其神；突然有一天，这人取得了卓越成就，大家说这个人太高明了。只知道其然，不知道其所以然。这就是圣人高于常人的地方。"所谓主事日成者，积德也，而民安之，不知其所以利；积善也，而民道之，不知其所以然；而天下比之神明也。"所谓主持事情每每有所成，他积累德政，人民安居乐业，然人民却不知道是谁给了他们利益；他积累善政，人人都遵循着做，然人民却不知道为什么要这样做。所以，天下的人都把他比作神明。

春秋时晋献公准备出兵攻打虢国，向大夫荀息问计，说："我想攻打虞国，虢国就会救虞，若攻打虢，虞又要援助虢，该怎么办？"

荀息说："虞君生性贪婪，你可以把屈地产的好马，和垂棘产的名贵的玉石，赠给他；向他借路去攻打虢国，我相信他一定会答应的。"

晋献公说："垂棘玉石是我祖传的宝贝，屈产的宝马是我心爱的坐骑，怎么舍得给他呢？"

荀息就说："虞君如果不肯借路，他定然不会随便收下我们的礼物；如果他收下了玉石和宝马，就一定会借路给我们。至于这两件宝贝不要紧，我们不过是寄存在他那里而已。就等于把我们内室的东西，拿出来放在外屋。早晚会拿回来的。"

献公又说："虞国智者宫之奇还在做官，他一定会提不同的意见，阻拦这件事。"

荀息说："宫之奇头脑聪明却性格懦弱，头脑聪明而含而不露，其说话一定简略；性格懦弱的人，一定不会坚持己见；其年龄仅比国君大一点，国君一定不会看重他。况且这么好的东西摆在眼前，而祸患在视野之外，只有中等智慧以上的人才能考虑得如此远。不过我估计，虞君的智力在中等以下。"

晋国的使者到了虞国，宫之奇果然向虞君进谏说："俗话说唇亡齿寒，虞国和虢国是互相依赖、互为屏障的。晋国今天可以从我们这里借道攻虢国，明天就可以从虢国借道攻打我们，如果虢国灭亡了，我们也就跟着灭亡了。"

虞君不听，坚持把道路借给晋国。晋国灭掉虢国后，果然反过来攻打虞国。虞君只得抱着璧玉、牵着骏马向晋国投降。

这就是假途伐虢的故事。正因为荀息是一个能够知事见性的明眼人，所以，他知道不同性格的人做事的规律，据此推测到其做事的风格、方法和流程。这是摩意的最高境界。

善用摩术不仅可以让你"主事日成"，还能帮你"主兵日胜"。"主兵日胜者，常战于不争不费。而民不知所以服，不知所以畏，而天下比之神明。"就是说，所谓指挥战争每每获胜，而且不需耗费资用，老百姓不知道为什么服从他，不知道什么害怕的，所以天下的人都把他比作神明。鬼谷子被人称作"文兵法"，由此看来是很有道理的。在这里，他明确提出"不争不费"的战争艺术，这与孙武所说的"不战而屈人之兵"从本质上说是一样的。关于战争的境界，孙武曾这样论述："上兵伐谋，其次伐交，其次伐兵，其下攻城；攻城之法为不得已。"第一重境界要靠谋略取胜；第二重境界通过外交手段解决；第三重境界是两军交战；第四重境界是攻城略地。"伐兵""攻城"是前几种手段都用尽之后才不得已选用的最次方案。鬼谷子推崇的是最高境界，即通过谋略手段取胜。"谋之于阴，成之于阳"，不费刀兵和资财获得胜利，这就是不战而屈人之兵。

摩有几个方法：

"其摩者，有以平，有以正，有以喜，有以怒，有以名，有以行，有以廉，有以信，有以利，有以卑。"各种技巧进行灵活运用，不拘泥于一法一式，要勇于创新。

"以平"——用平和进取。

"平者，静也。"平，就是平静。跟别人沟通或打交道，尽量体现出平心静气，没有任何追求和奢望，让别人感觉一切都是顺其自然、顺理成章。当你有所私利和企图，对方势必对你有所防范，从而造成沟通上的障碍；如果你没有自己的私利，完全站在对方立场为对方考虑，对方往往会愉快地接受你的建议。这就是鬼谷子"平和"摩法的威力，以静制动、以柔克刚，就像蚕吃桑叶一样，看似不动声色，但经日积月累便可在不知不觉中改变了所有不利的局面。

"以正"——用正气感化。

"正者，直也。"正，就是直率敢言。体现出一团正气，没有一点私心杂念。这样就不会引起别人的反感和抵触。最高的智慧、最好的策略是真诚，最伟大的说服力量是信念。你越真诚越相信，说服力就越大，把自己的真诚表现出来，对方才可能接纳你的建议。

"以喜"——用奉承讨好。

"喜者，悦也。"喜，就是让对方内心愉悦。对方心情愉悦时，戒备心就会小，我方就容易得到实情。要知道，追求快乐是人的天性，如果你能讨得对方欢心，对方就会听从你的话，按照你的建议行事，甚至给你意外的惊喜。在古代，皇帝一旦龙颜大悦，就会大加封赏。在现代社会，你如果能让对方"龙颜大悦"，同样会路路畅通、有求必应。

"以怒"——用愤怒刺激。

"怒者，动也。"激怒对方，让对方情绪激动，从而暴露内心实情而驾驭他。诸葛亮特别善用此道。在赤壁之战前，诸葛亮到东吴与孙权洽谈联盟，孙权隐藏自己，不露声色。为了让对方情绪激动，诸葛亮先说曹操威猛，说你跟他开战肯定输，奉劝孙权赶紧投降。孙权问刘备为啥不投降，诸葛亮夸赞刘备英才盖世、宁死不降。这样一来，就把孙权给激怒了，情绪激动到极点。等周瑜来了，诸葛亮再次建议开门投降，献大乔、小乔给曹操。大乔是孙策的老婆，小乔是周瑜的老婆。于是孙权和周瑜两个关键人物都被激怒了，孙刘联合抗曹的方针由此达成一致。人在愤怒的瞬间智商为零，所以，在现实生活中，我们运用这一摩术，可以获得更多的实情，获得更多的成功。

"以名"——用名声发扬。

"名者，发也。"名，是为了让对方的名声远播。在捕捉到变化机会以后，马上定出应变的策略，义正词严地告诉对方功过是非、成败利害，观察变化的征兆，再制定应变的策略，告诉对方行动可增加名望，不行动则有损名望，对方就行动了。

"以行"——用行动证明。

"行者，成也"。即采取行动，是为了成就他。如果事情已经发展到可以大胆实施谋略的程度，就要不失时机地大胆实施；确保言必行、行必果。这就是鬼谷子为何要强调行动的重要性，因为它是摩术得以成功实施的根本条件。

"以廉"——用廉洁聚众。

"廉者，洁也。"即讲廉洁，是为了保持他的高洁自律。我们在实施谋略的过程中，要多为别人着想，做到廉洁无私，这样才能受人敬重。廉是清廉，不属于自己的钱财不要贪图；洁是洁白，做人清清白白、干干净净。你树立廉洁的榜样，下属才会兢兢业业。北宋大臣包拯就是这样的人，所以被老百姓称为包青天，从戏台到影视剧，代代传颂。正所谓"如烟往事俱忘却，心底无私天地宽"。

"以信"——用诚信服人。

"信者，明也。"诚信表明人品。人无信不立，对人不要轻易承诺，若承诺就务必做到，世间最可恨的就是"轻诺寡信"之人。日本哲学家池田大作说："信用难得易失。费十年工夫积累的信用往往会由于一时的言行而失掉。"在商业领域，商道无形，商道即人道；商品有形，商品即人品。

"以利"——用利益诱惑。

"利者，求也。"为了更好地摩出对方内心的实情，让对方顺从自己，你可以用利益激发对方的欲望和需求。始终要围绕让别人获得好处这个宗旨，让别人无法拒绝利益的诱惑。诱之以利，胁之以害。"天下熙熙皆为利来，天下攘攘皆为利往。"人性就是如此，谁能满足人们的需求，给人们可以看得见摸得着的实际利益，人们就拥护谁。

"以卑"——用谦卑获取。

"卑者，谄也。"谦卑可以满足对方的虚荣心理。一个人要想获得别人的好感，一方面要慷慨大方，另一方面要学会谦卑，两点都能做到必定受众人拥戴。《易经》谦卦中说："谦：亨。君子有终。""劳谦君子，有终，吉。"即谦卑让人亨通吉利，能够收获一个好结果。如果再加上勤劳努力，就更能迈向成功。不要在别人面前显露出强势，要谦虚低调，不要锋芒毕露。锐气藏于胸，和气浮于面。大海之所以成为百谷之王，就因为它能处下；所以，聪明圣智守之以愚，功高盖世守之以让，勇力振世守之以怯，富有四海守之以谦。

最后，鬼谷子给出"物归其类"的原理。摩术其实并不神秘，关键就在于要与对方建立同理心。鬼谷子说"此物类相应，于势譬犹是也。"即同类事物互相呼应的道理，在揣摩的情势上也必然如此。

鬼谷子善于分析归纳性格的类型，以此作为推测的依据，并从历史经验出发作出判断。怪不得后世算命先生将鬼谷子奉为祖师，其原因亦在于此。因此，摩实际上只有两类，一是以同类的事理旁敲侧击，二是以对方的心理欲求试探。只要有相应的反应，就能达到摩的目的。

如何运用摩术试探实情并掌握对方？"此言内符之应外摩也如是。"即内符回应外摩也是这个道理，即在外部揣摩试探，必然得到内心回应，就好像同类事物会互相应和一样的道理。

善于运用摩术，就能牵动对方的喜怒哀乐，让对方随你而动，犹如"水流就湿，火行就燥"一样。

鬼谷子对此理解非常透彻："摩之以其类，焉有不相应者？乃摩之以其欲，焉有不听者？故曰'独行之道'。"意思是，根据实物同类的共性特征去揣摩试探，哪有不相呼应的道理？顺着对方的欲望去揣摩试探，哪有不被听从的道理呢？所以，揣情摩意之术是唯一直指人心的方法。

鬼谷子认为，以情感共鸣之法游说别人可让人言听计从，这是终极秘诀。正所谓"大道至简"，说服的方法有千万种，但内核其实只是几个字而已。

如果掌握了以上这些秘诀，你就能够让自己做到"谋周密，说悉听，事必成"，无论是谋划、游说，还是做人做事，都将获得巨大的成功。

　　《摩》篇还告诉我们，当你给别人献谋略的时候，一定要学会"正不如奇，奇流而不止者也"。以正治国，以奇用兵，以无为安天下。

　　本篇隐含了琢磨对方、设下诱饵、钓出实情的"操钩临渊术"，使一切都在隐秘中进行、事成天下知的"谋阴成阳术"，以类知之的"燃燥濡湿术"等，实用实效！

　　总之，能发现事物的细微征兆和趋势，而果断行动的人，不会坐失良机。功成名就而不居功自傲，久而久之，就可以达到出神入化的境界。

第九篇

《权》篇逻辑思路及
经典谋略

取予之道在于权衡，权衡的标准在于平衡，平衡之道归于玄德。"权量"乃鬼谷子取舍之道，当取则取，当舍必舍，取舍之前当统揽全局，理清利弊，权量轻重。

【篇题解析】

"权"，本义是秤锤，引申为衡量、斟酌。"权"在本篇中的含义是，对游说之辞要反复衡量，要善于取舍。陶弘景注："权者，反复进却以居当也。"本篇的主旨是：经过既"揣"又"摩"，真正了解和准确把握对方的实际情况以后，就要根据游说对象的特点和情况而反复衡量、修饰游说的言辞再制定对策，以达到游说的目的。

《权》篇旨在告诉我们，在进行游说工作时，我们所必须使用的游说的原理与方法。《权》篇可分为三个部分：

第一部分，由开篇始，至"先分不足以窒非者，反也"。

首先讨论了为何要注意语言修辞和五种修辞的特征。文中提出，游说，即"说者，说之也；说之者，资之也"。游说就是为了说服对方；要说服对方，就要使之明白，你讲的必须要对他有所帮助，他才会听。而要达到目的，必须善于"饰言"，也就是要注意语言的修辞。接下来讲了在应对、问难、申说等对话过程中，都要做到"饰言"。"饰言者，假之也。"修饰自己的语言是为了借助语言说服对方，达成自己的目的。"假之者，益损也。"要对自己的语言精心增减推敲。接下来讲了常用语境下的几种说话艺术："应对者，利辞也。"接应对方的话题，要求思维敏捷，语言明快，才能对答如流，制服对方。"成义者，明之也。"陈述主张，说明道理，要观点鲜明，论述清楚，并要以事实验证。"难言者，却论也。"通过诘难性的语言，揭示对方语言上的疏忽，逻辑上的混乱，观点上的错误，从而挫其锋芒、逼其退却，达到否定对方观点的目的。

既然重视语言修辞，就必须对言辞的特征有所了解。本文接下来把说辞分为佞言、谀言、平言、戚言、静言，这五种言辞要巧妙灵活使用。并说明了具体的要求和目的。可以根据游说对象的情况，依据说辞的形势需要选择不同的语言。

第二部分，由"故口者，机关也"始，至"而谈者亦知其用而用也。"

本部分主要陈述言辞的原理。在论述"饰言"的重要性之后，文章即对说辩的原理作了深入论述。先从身体内外信息交流的通道——口、耳、目的功用讲起，"故口者，机关也，所以关闭情意也"，"耳目者，心之佐助也"。强调三者的协调运用，"参调而应"，用耳、目听取、观察对方的言辞和表情等，然后认真思量之后，通过口表达自己的观点。我方观点、意见传给对方，经过交流，使双方逐步达成共识。所以，游说的过程，就是双向交流的过程，明白了这些，就要注意在游说过程中发挥口、耳、目的作用。

游说必须选对人，"故无目者不可示以五色，无耳者不可告以五音。""故不可以往者，无所开之也；不可以来者，无所受之也。物有不通者，故不事也。"

所以，根据对方的身份、地位、职业，并利用自己的特长去说服对方。"故禽兽知用其长，而谈者亦知其用而用也。"

第三部分，由"故曰辞言有五"，至篇尾。讲述以上游说原理的应用方法。

《鬼谷子》在告诉我们选择辞说的方法的同时，还讲述了选择语言过程中的五种禁忌：病言、怨言、忧言、怒言、喜言，这五种言辞在一般情况下是要禁忌的，但是"精则用之，利则行之"。但如果掌握了它们的特殊妙用，而且对自己有利，在特定场合、特殊情况下使用，却能起到正常言辞所不能起到的作用。

此外，本篇还论述了针对不同性格特点的人游说时要采取的九种不同态度，以及进献言辞"用其长"的方法，如"言其有利者，从其所长也""言其有害者，避其所短也"等。当然，需要提醒的是，鬼谷子主张灵活处世，并不是让我们没有原则、丧失做人的准则。鬼谷子认为，灵活处世是"圆"，做人的准则是"方"，"方圆有致"才是正确的处世之道。

总之，针对不同游说对象和形势去变化游说方法，选择不同的游说方式，设置不同的言辞。通篇上下，贯穿了一个权宜局势、随机应变的主旨。所以在游说时，要随机应变、处处主动，说话主题鲜明、重点突出、条理清晰，才会有说服力。

权

【原文】

说者，说之也^①；说之者，资之也^②。饰言者^③，假之也^④；假之者，益损也。应对者，利辞也；利辞者，轻论也^⑤。成义者，明之也；明之者，符验也^⑥。难言者^⑦，却论也；却论者，钓几也。

佞言者，谄而干忠^⑧；谀言者，博而干智^⑨；平言者，决而干勇^⑩；戚言者，权而干信^⑪；静言者，反而干胜^⑫。先意承欲者，谄也；繁称文辞者，博也；策选进谋者，权也^⑬；纵舍不疑者，决也；先分不足以窒非者，反也^⑭。

【注释】

① 说：游说。说（shuì）之：说服对方。

② 资之：资助于对方，对对方有利。陶弘景注："说者，说之于彼人也；说之者，所以资于彼人也。资，助也。"按："说者，说之也"，陶弘景作"说之者，说之也"，衍一"之"字。

③ 饰，本义为遮掩，引申为装点得好看。《说文解字》："饰，刷也。"饰言，美化言语，即"修辞"。

④ 假之：假，"叚"意为非原本的、借的。"人"与"叚"联合起来表示"借用的人员"。本义：代理人。引申义：代理，借用。假之：凭借语言以打动对方。益损：增加与减少，即调整语言以达到修辞的目的。陶弘景注："说者所以文饰言辞，但假借以求入于彼，非事要也。亦既假之，须有损益，故曰假之者损益也。"

⑤应对：应对问答。利辞：思维敏捷，语言明快。轻论：轻便灵活的论辞。陶弘景注："谓彼有所问，卒应而对之者，但便利辞也。辞务便利，故所论之事，自然利辞，非至言也。"

⑥成义：符合义理的言辞。明：其本义是日月交辉而大放光明，即《说文解字》所谓的"照也"。这里是证明，使明白之义。符验：用事实来验证。陶弘景注："核实事务以成义理者，欲明其真伪也。真伪既明，则符验自著。故曰明之者，符验也。"

⑦难言：诘难对方的言辞。难：责难，诘问。却论：驳论。"却"字，本义是退却，引申为使对方退却。和《中经》篇里的"却语"的"却"意思相同。钓几：诱导出对方隐藏内心的秘密。"钓"，即《反应》篇的"钓语"之"钓"。陶弘景注："言或不合，反复相难，所以却论前事也。却论者，必理精而事明，几微可得而尽也。故曰却论者钓几也。求其深微曰钓也。"

⑧佞：善辩，巧言谄媚。谄而干忠：谄媚以求忠诚之名。"干忠"及下文的"干智""干信""干勇""干胜"，干，谋求。《尔雅·释言》："干，求也。"陶弘景注："谄者，先意承欲，以求忠名，故曰谄而干忠也。"

⑨谀：奉承。博而干智：以渊博求取智慧之名。陶弘景注："博者，繁称文辞以求智名，故曰博而干智。"

⑩平言：平铺直叙的言辞。平：本义是乐声舒缓、气息舒徐，即《说文解字》所谓"语平舒也"。决而干勇：果决不疑的言辞以求勇敢之名。陶弘景注："决者，纵舍不疑以求勇名，故曰决而干勇。"根据文理与后文的顺序，"平言者决而干勇"应该移至"戚言者，权而干信"之后。

⑪戚言：忧愁关切的言辞。权而干信：以权谋求得信任。

陶弘景注："戚者，忧也。谓象忧戚而陈言也。权者，策选进谋，以求信名，故曰权而干信。"

⑫ 静言：平心静气的言辞。反而干胜：反转不足而取胜。反：具有反面、转变的意义。陶弘景注："静言者，谓象清静而陈言。反者，先分不足以窒非，以求胜名，故曰反而干胜。"

⑬ 先意承欲：先曲意奉承以满足对方的欲望。繁称文辞：文辞繁华虚浮。策选进谋：进献计谋时要注意策略的选择。

⑭ 纵：本义是织布时放开机杼任随丝线退回去。这里是放纵、随心所欲之义。《离骚》："纵欲而不忍。"按：任情肆意之谓也。舍：舍弃。纵舍不疑：摒弃陈见，择言而进，毫不迟疑。先分不足：原先的论据或因素不充足。窒非：弥补错漏。窒：本义为阻塞、不通，引申为弥补、堵塞。《说文》："窒，塞也。"非：本义表示相违背，引申为"错误的"，与"是"相对。陶弘景注："己实不足，不自知而内讼，而反攻人之过，窒他为非，如此者反也。"按："纵舍不疑"，陶弘景误作"纵舍不宜"，今从秦恩复的乾隆刊本。

【译文】

游说，就是说服对方；能说服对方，是因为你说的话对他有帮助。对语言修饰（即修辞）是为了借助语言的力量去打动别人；借助语言的力量，必然要对言辞剪裁增减，以适合对方心理。应答别人的疑问诘难，言辞一定要锋利且反应敏捷、语言明快；锋利的言辞就是轻便灵活地讨论问题。符合义理的言辞，就是必须要把道理论证得清晰明白；要想论证清晰明白，就必须用事实案例来验证。诘难的言辞就是反驳别人的言论；反驳的目的，是为了诱导出对方隐藏在内心的秘密。

令色巧言，谄媚讨好以求得忠诚之名；阿谀奉承的语言，是以渊博求智慧之名。平铺直叙的言辞，是通过果断不疑的言辞以求刚勇之名；忧愁关切的言论，以求得信任；平心静气的言辞，因反转不足而取胜。

曲意奉承以满足对方的欲望，就是"谄"；文辞繁华虚浮、堆砌辞藻，以炫耀自己，就是"渊博"；善于选择谋略，然后开口进言就是"权变"，说话时斩钉截铁，摒弃陈见，择言而进，毫不迟疑就是"果决"；发现原先的论据或因素不充足，能弥补错漏，就是"反"。

【原文】

故口者，机关也，所以关闭情意也①；耳目者，心之佐助也，所以窥间见奸邪②。故曰参调而应，利道而动③。故繁言而不乱，翱翔而不迷，变易而不危者，睹要得理④。故无目者不可示以五色，无耳者不可告以五音⑤。故不可以往者，无所开之也；不可以来者，无所受之也。物有不通者，故不事也⑥。古人有言曰："口可以食，不可以言。"言者，有讳忌也⑦。"众口铄金"，言有曲故也⑧。

人之情，出言则欲听，举事则欲成⑨。是故智者不用其所短，而用愚人之所长；不用其所拙，而用愚人之所工，故不困也⑩。言其有利者，从其所长也；言其有害者，避其所短也⑪。故介虫之捍也，必以坚厚；螯虫之动也，必以毒螯。故禽兽知用其长，而谈者亦知其用而用也⑫。

【注释】

①关：本义是门闩，闩门的横木。机关：借指事物的枢

要、关键。关闭情意：宣布和封锁内心的情意。陶弘景注："口者，所以发言语，故曰口者机关也。情意宜否，在于机关，故曰所以关闭情意也。"

②佐：辅助，帮助。窥：窥视。本义是指从小孔或缝里看。间：门缝，泛指缝隙、空隙。陶弘景注："耳目者所以助心通理，故曰心之佐助也。心得耳目，即能窥见间隙，见彼奸邪，故曰窥间见奸邪也。"

③参：通"叁"，即指心、耳、目三者。参调而应：意思是耳、目、口三者相互协调和呼应。利道而动：因势利导发挥作用。利，顺也；道，导也。陶弘景注："耳、目、心三者调和而相感应。则动必成功，吉，无不利。其所以无不利者，则以顺道而动，故曰参调而应、利道而动也。"

④繁言：繁杂的言语。不乱：指思路不乱。翱翔：回旋飞翔。要：关节要害。睹要得理：观察事物的关键得到规律和方法。陶弘景注："苟能睹要得理，便可曲成不失。故虽繁言纷葩而不乱，翱翔越道而不迷，变易改当而不危也。"

⑤五色：指青、黄、赤、白、黑五色，泛指各种色彩。古代以此五者为正色。五音：古代音乐有宫、商、角、徵、羽五个音阶。《周礼·春官》："皆文之以五声，宫商角徵羽。"《孟子·离娄上》："不以六律，不能正五音。"陶弘景注："五色为有目者施，故无目不可得而示其五色；五音为有耳者作，故无耳不可得而告其五音。此二者，为下文分也。"

⑥开：开导，启发。不事：不侍奉。陶弘景注："此不可以往说于彼者，为彼暗滞，无所可开也；彼所以不来说于此者，为此浅局，无所可受也。夫浅局之与暗滞，常闭塞而不通，故圣人不事也。"

⑦讳忌：忌讳，禁忌。陶弘景注："口食可以肥百体，故可食也；口言或可以招百殃，故不可以言也。言者触忌讳，故曰有忌讳也。"

⑧铄金：熔化金属。曲故：巧诈，歪曲事实。《淮南子·修务训》："循理而举事，因资而立权，自然之势，而曲故不得容者。"高诱注："曲故，巧诈也。"陶弘景注："金为坚物，众口能铄之，则以众口有私曲故也。故曰言有曲故也。"

⑨情：常情。欲听：想让对方听从。陶弘景注："可听在于合彼，可成在于顺理。此为下起端也。"

⑩拙：笨拙，不灵巧。工：巧；精。《晏子春秋·问上二四》："任人之长，不彊其短，任人之工，不彊其拙。"陶弘景注："智者之短，不胜愚人之长，故用愚人之长也；智者之拙，不胜愚人之工，故用愚人之工也。常能弃此拙短而用工长，故不困也。"

⑪言其有利者：说出某事物有利的原因。陶弘景注："人能从利之所长，避害之所短，故出言必见听，举事必有成功也。"

⑫介虫：甲虫。螫虫：尾部有毒针可刺人的虫。陶弘景注："言介虫之捍也，入坚厚以自藏，螫虫之动也，行毒螫以自卫，此用其所长也，故能自免于害。至于他鸟兽，莫不知用其长以自保全。谈者感此，亦知其所长而用之也。"

【译文】

所以说，口是人体用来言谈的机关，如同拴好门闩一样，是用来宣布或封锁情意的器官。耳目是心的辅佐，可用来察知事物的矛盾，发现奸邪之人或邪恶之事。所以说，耳朵、眼睛、心三者要协调呼应，因势利导发挥作用。所以，言辞繁多而思路不乱；思绪飞扬而不迷失方向；情况多变化而没有危机。这是因为能够发现事物的关键并能把握其规律。

所以，对没有眼力的人不可展示五颜六色给他看，对没有听力的人不可演奏音乐给他听。因此，有些人是无法交往的，因为他思想不开窍，无法启发诱导他；不能来游说他，是因为他心门紧闭，不愿意接受别人的建议。人事物理不通的人，就不要与之谋事。

古人说过："嘴巴可以吃东西，却不可以乱说话。"这是因为说话有很多的忌讳。俗话说："众人议论，可以把金属熔化。"是因为人们说话，往往会因不同的目的而歪曲事实。

人之常情是，说话总想别人会听从，做事都想把事做成。因此，智慧的人避免用自己的短处，宁肯使用愚笨人的长处；不用自己的笨拙的方面，宁肯使用愚笨人的特长。这样就不会陷于困窘的境地。

说某个事物对我有利，那是因为我们是从它的长处来说的；说其有害，那是因为我们是从它的短处来说的，所以，要避开他的短处。所以，甲虫在捍卫自己时，必定要凭借自己坚厚的外壳；有毒针的昆虫在行动时，必定会凭借自己的毒针。所以，禽兽也知道使用自己的长处，游说的策士当然也应该懂得使用自己该用的长处呀。

【原文】

故曰辞言有五：曰病、曰怨、曰忧、曰怒、曰喜①。故曰：病者，感衰气而不神也②；怨者，肠绝而无主也③；忧者，闭塞而不泄也④；怒者，妄动而不治也⑤；喜者，宣散而无要也⑥。

此五者精则用之，利则行之^⑦。

故与智者言，依于博；与博者言，依于辨；与辨者言，依于要；与贵者言，依于势；与富者言，依于高；与贫者言，依于利；与贱者言，依于谦；与勇者言，依于敢；与愚者言，依于锐^⑧。此其术也，而人常反之^⑨。是故与智者言，将以此明之；与不智者言，将以此教之。而甚难为也^⑩。故言多类，事多变^⑪。故终日言，不失其类，而事不乱^⑫。终日不变，而不失其主^⑬。故智贵不妄^⑭。听贵聪，智贵明，辞贵奇^⑮。

【注释】

① 辞言：言辞。陶弘景注："五者有一，必失中和，而不平畅。"一本以陶弘景的注文为原文。

② 感：感觉。许慎《说文解字》：感，动人心也。衰气：气息虚弱。不神：不精神。陶弘景注："病者恍惚，故气衰而言不神也。"

③ 肠绝：情伤肠断，形容极度悲痛。无主：毫无主张。陶弘景注："怨者内动，故肠绝而言无主也。""怨者"，泰恩复乾隆刊本作"恐者"。

④ 闭塞：抑郁，不顺畅。泄：宣泄。陶弘景注："忧者快悒，故闭塞而言不泄也。"

⑤ 妄动：狂乱，毫无约束。治：有条理，有秩序。陶弘景注："怒者郁勃，故妄动而言不治也。"

⑥ 宣散：散乱。要：要领。陶弘景注："喜者摇荡，故宣散而言无要也"。

⑦ 精：娴熟，精通。陶弘景注："此五者，既失于平常，故用之在精而行之在利；其不精利，则废而止之也。"

⑧依：凭借，依靠。博：广博。辨：明察，明了。势：气势。高：高超，高明，高深。贱：地位低下。敢：果敢。锐：敏锐。

⑨反之：意思是反其道而行之。陶弘景注："此量宜发言之术也。不达者反之，则逆理而不免于害也。"

⑩此：指上面的九大原则。陶弘景注："与智者语，将以其明斯术；与不智者语，以此术教之。然人迷罔日久，教之不易，故难为也。"

⑪类：类别，种类。陶弘景注："言者条流舛杂，故多类也。事则随时而化，故多变也。"

⑫而事不乱：事情不会错乱。陶弘景注："若言不失类，事亦不乱也。"

⑬主：主旨，主张。终日不变：俞樾《读书余录》认为，当作"终日变"。他说："此本作终日变而不失其主，与上文终日言不失其类相对。"

⑭贵不妄：贵在不妄动。陶弘景注："不乱故不变，不变故其主有常。能令有常而不变者，智之用也。故其智可贵而不妄也。"

⑮聪：听得清。明：明智。奇：与众不同。陶弘景注："听聪则真伪不乱，知明则可否自分，辞奇则是非有诠。三者能行，则功成事立，故须贵也。"

【译文】

所以，言辞有五种表达形态：病言，怨言，忧言，怒言，喜言。病言便是感觉气息衰弱而没有精神的语言；怨言便是怨恨肠断而没有主见的语言；忧言便是内心抑郁而不顺畅的语言；

怒言便是狂躁混乱而没有条理的语言；喜言便是开朗散乱而没着要点的语言。这五种言辞，只有精通了它的妙用才能运用，在情况有利时才能实行。

所以，对聪慧的人说话，要凭借渊博的知识；对渊博的人说话，要凭借思路明晰；跟思路清晰的人说话，要简单扼要；跟尊贵的人说话，要凭借强大的气势；跟有钱的人说话，要凭借雅致高洁；跟贫穷的人说话，要讲究实际利益；跟地位低的人说话，要注意低调谦和；跟勇敢的人说话，要果决敢为；跟愚笨的人说话，要直接敏锐。这便是说话的原则，但人们常常违反了这个原则。

所以，跟明智的人交谈，就运用这些方法来启发他；跟不聪慧的人讲话，就要用这些方法反复不断地教导。然而，这是很难办到的。总之，游说辞令有很多类，事情又多有变化。如果整天游说，能不失其基本法则，事情就不会错乱。言语整天都随着事物变化而变化，却能不失掉自己的主旨。所以，智慧的人的可贵之处在于思想镇定不妄动。听话贵在听得清楚明白，智慧贵在明智通达，言辞贵在奇特巧妙。

【新解】

军事外交中的权衡之道

摩术，就是对收集来的外部信息，通过分析、整理和揣摩，进而摸清楚对方的真实意图。之后，还须权衡利弊来制定相对应的策略。所以，本篇的主旨是：经过"揣"和"摩"，真正了解和准确把握对方志意之后，根据游说对象的特点和情况而反复衡量，修饰游说的言辞再制定对策，以达到游说的目的。

"权"的本义是秤锤，在古代是称量的砝码，在此篇当中为衡量、比较、权宜、变通等意思。本篇论述的主要内容就是在论说过程当中，如何权宜局势、随机应变地选择恰当的说辞。善于把握形势的人，必须要首先衡量各种力量的轻重，揣摩对手的实情。

鬼谷子强调："牧之不审，得情不明"（语出自《鬼谷子》之《反应》篇）。研究不透，得到的实际情况就不明了。"得情不明，定基不审"（语出自《鬼谷子》之《反应》篇），你制定策略的根基就不稳固。《战国策》中也指出："故，事有简而成功者，因也！"也就是说，形势是必须要顺因的，要敏感地抓住事物可能发展壮大的微小因素，准确地分析其走势，即使极为细小的事情也应该觉察到。

在东汉末年，诸葛亮未出茅庐而三分天下。在天下大乱的时候，能够联合东吴以弱取胜。他制胜的法宝就是：通过量权，对形势的发展进行准确的判断。他在实施过程中，就用到了精彩的揣摩之术。

《权》篇旨在告诉我们，在进行游说时，必须使用游说的原理与方法。《权》篇可分为三个部分：

第一部分，讲纵横策士要注意语言修辞。

文中提出："说者，说之也；说之者，资之也。"游说就是为了说服对方；要说服对方，就要使之明白，你讲的话必须要对他有所帮助。而要达到此目的，就必须善于"饰言"，也就是要注意语言的修辞。接下来讲了在应对、问难和申说等对话过程中，都要做到"饰言"。"饰言者，假之也"，修饰语言是为了借助语言说服对方，达成自己的目的。为了更好地说服对方，有时我们需要对言辞加以修饰，借助修辞手法或寓言故事，比如"鹬蚌相争，渔翁得利""庄周贷粟"等，以拐弯抹角的方式晓喻对方，使对方领悟，从而改变其思维方式和行为趋势。这是运用"饰言"的方式来感染说服人心。

传说清乾隆年间王翰林的母亲过生日，同僚们前来拜寿，纷纷作诗，多是"福如东海，寿比南山"之类。这个时候，大才子纪晓岚来了，大家请他现场作祝寿词。纪晓岚毫不推辞，脱口而出："这个老太不是人。"堂上老太大惊失色，王翰林怒目圆睁，众人议论纷纷。紧跟着纪晓岚作出第二句："九天玄女下凡尘。"这下老太、王翰林转怒为喜。谁知纪晓岚又作出第三句："生个儿子去做贼。"此言一出，全场哗然。正当纷纷指责之际，纪晓岚高声喊出第四句："偷来仙桃献母亲。"于是全场欢呼，皆夸此诗最妙。

纪晓岚的这首祝寿词就利用了鬼谷子的"饰言"法则，以语不惊人死不休的创新手段来修饰言辞，使之更能打动人心。"假之者，益损也。"根据具体情况，我们可以增益或损减言辞，从而让言辞更具说服力和感染力。原本是贬义骂人的话，经过修饰，就能变成另类赞美的语言。由此可见，一个人如果不懂"饰言"，一昧心直口快就略显愚蠢。

学习"饰言"，必须对言辞的特征有所了解。本文接下来把说辞分为：佞言、谀言、平言、戚言和静言，这五种言辞要巧妙灵活使用，要根据游说对象的情况，依据说辩的形势需要，选择不同的语言。

"佞言者，谄而干忠"。话如果说得好听了，大家会认为你很忠诚。"谀言者，博而干智。"花言巧语就会给人以渊博与智慧的感觉。"平言者，决而干勇。"话说得直白果断，大家会认为这个人很勇敢。"戚言者，权而干信。"你向领导说一些你担心的话，替领导忧虑，领导会认为你这个人可信、忠诚。"静言者，反而干胜。"镇静的言论，是通过改正原来的不足，以图取得胜利。

第二部分，主要陈述言辞的原理："故口者，机关也，所以关闭情意也""耳目者，心之佐助也。"此为强调这几者的协调运用。

"参调而应"，用耳、目听取，观察对方的言辞和表情等，认真思量之后，通过口表达自己的观点。将自己的观点、意见传给对方，经过交流，使双方逐步达成共识。所以，游说的过程，就是双向交流的过程，明白此理，就要注意在游说过程中发挥口、耳、目的作用，根据对方的身份、地位和职业，并利用自己的特长去说服对方。"禽兽知用其长，而谈者亦知其用而用也。"

古时候，有个县令是远近闻名的断案高手，不管多棘手的案子都能找到破解之法。

一天，两个人厮打着来到县衙，口里叫着"是我的！""是我的！"这到底怎么回事？原来这两个人为争一匹绢布打起来。他们都说这绢布是自己的，然而到底是谁的？县令让他们各自陈述，自己在一边仔细听，等他们二人说完，县令给出了解决之道："既然你们都说是自己的，那干脆把绢布从中间剪开，你们一人一半，这样不是很好吗？"就这样，绢布一分为二，两人各自拿着绢布回家了。

不过，故事还没结束，如果这样，这个县令还算什么断案高手，分明是昏庸无能嘛！接下来，县令唤来密探说："你们去监视这两个人回家以后的一举一动。伤心叹气的那个才是绢布的主人，心花怒放的那个必是诓骗之人，立即将其抓捕！"密探们前去监视，果然发现一个人叹气，另一个人得意洋洋，就抓了得意的这个人。经过审讯，他果然是那个贪婪奸诈的偷布之人。

这个故事里的县令就是一个真正的聪明人。他懂得运用鬼谷子的"耳、目和心"互相调和的智慧来断案，先是听，接下来用心分析和权衡，设下一个巧妙的圈套，让坏人无意中钻进去，然后再通过密探的监视，最后"窥间见奸邪"，从而让奸人伏法、好人昭雪。作为领导者，更要懂得运用耳、目和心调和统一的智慧，做到眼观六路、耳听八方，心明如镜，这样才能把内部管理得滴水不漏。

游说必须还要注意选对人，人不对，说再多话都是白费：必须要看清对象和环境，因人制宜、因时制宜、因事制宜。牛听不懂你的琴声不怪牛的理解力，而要怪你找错了对象。"故无目者不可示以五色，无耳者不可告以五音。"即对没有眼力的人，没有必要展示五颜六色给他看，对没有听力的人，没有必要演奏音乐给他听。"故不可以往者，无所开之也；不可以来者，无所受之也。物有不通者，故不事也。"因此，有些人是无法交往的，因为他思想不开窍，无法启发诱导他；不能来游说他，是因为他心门紧闭，不愿意接受别人的建议。人事物理不通之人，就不要与之谋事。

第三部分，讲述游说原理的应用方法。

《鬼谷子》在告诉我们选择辞说的方法的同时，还讲述了选择语言过程中的五种禁忌："病者，感衰气而不神也；怨者，肠绝而无主也；忧者，闭塞而不泄也；怒者，妄动而不治也；喜者，宣散而无要也。"

（1）病言便是感觉气息衰弱而没有精神的语言。没有感染力。

（2）怨言便是怨恨肠断而没有主见的语言。语无伦次，让人摸不着要领，抓不到关键点。

（3）忧言便是内心抑郁而不顺畅的语言。说话吞吞吐吐，给人忧心忡忡、精神抑郁的感觉。

（4）怒言便是狂躁混乱而没有条理的语言。说话条例不清晰，缺乏逻辑性，像急火攻心一样。

（5）喜言便是开朗散乱而没有要点的语言。语言散漫没有要点，"东一榔头，西一棒槌"。

（6）病言、怨言、忧言、怒言、喜言，这五种言辞在一般情况下是要有禁忌的，但是"精则用之，利则行之。"但如果掌握了它们的特殊妙用，而且对自己有利，在特定场合、特殊情况下使用，却能起到正常言辞所不能起到的作用。

下面让我们看看司马懿是如何利用"病言"伪装自己的。

魏明帝曹叡十分器重司马懿。曹叡死后，其子曹芳即位。根据魏明帝曹叡的遗诏，大将军曹爽和太尉司马懿共同辅佐小皇帝。

曹爽是皇室宗亲，感到司马懿的威胁日益强大。于是为了跟司马懿夺权，挖空心思要架空司马懿。其先是夺去司马懿的太尉兵权，随后准备对司马懿痛下杀手。司马懿嗅出了危险的气息，假装生病，躲在家里逃避是非。

曹爽看到对手主动退却了，心中暗喜。不过他并没有放松警惕，专门派自己的心腹李胜前去探听司马懿的动静。此时正值李胜将出任荆州刺史，便借机向司马懿辞行告别。司马懿这只"老狐狸"，早就知道李胜前来的目的。看到李胜，司马懿哆嗦着手去拿衣服，但衣服从手中滑落。丫鬟端来粥让他喝，粥汁从嘴边流到前胸。李胜见司马懿衰老病弱至此，不禁悲哭："现在皇上还小，天下人都依赖您来辅助，没想到您病得这么严重啊！"司马懿上气不接下气，半天长吁了一声，断断续续地说："我又老又病，生命垂危。听说你要到并州任职，并州距胡人很近，你要多当心啊。唉，这一别，恐怕我们再也不能相见了！"

李胜听到司马懿把荆州说成了并州，纠正说："我要去的地方是本州，不是并州。"司马懿假装耳聋，昏沉地点了点头说："嗯，这次去并州，一定要好好干啊！"李胜再次提升声音纠正道："我去的是荆州，不是并州。"司马懿这次终于听清楚了，回应道："原来你是到老家荆州做刺史，你年富力强，好好建功立业啊！"说完，他又把自己的儿子司马师和司马昭叫来拜见李胜，让他们互相交朋友，并请求李胜等自己死后一定要好好照顾他们。断断续续地说完这些，司马懿突然莫名地哭起来。

看到这一切，李胜确信司马懿病入膏肓，恐将不久人世，回去如实报告给曹爽。这让曹爽对司马懿放松了逼迫和攻击，从而为司马懿的反扑赢得了时间和机会。

一般来说，病言都是负面的说话形态，但司马懿却能反而用之，且收到了良好的成效。"感衰气而不神也"，司马懿对鬼谷子"病言"的领悟和实践真是出神入化，一言一行都严格按照这个标准来执行，堪称典范。所以，病言的具体运用要视情况而定。这就是智者的行事宗旨——法无定法，运用之妙，存乎一心。

此外，本篇还论述了游说不同性格特点的人要采取的九种不同策略，以及进献言辞"用其长"的方法，如"言其有利者，从其所长也""言其有害者，避其所短也"等。扬长避短是智者说话和做事的有效秘诀。苏秦、张仪在施展合纵连横之策的时候，游说不同的国君都从对方有利的地方去谈，多谈对方的长处和优势，从而促使对方采纳和行动。当然，需要提醒的是，鬼谷子主张灵活处世，并不是让我们没有原则、丧失做人的准则。鬼谷子认为，灵活处世是"圆"，做人的准则是"方"，"方圆有致"才是正确的处世之道。

鬼谷子的九种游说策略，直击人性：

第一，"与智者言，依于博"。和有智慧的人沟通、交流，你需要广博的知识！让他能够从你的言谈当中有所收获或受到启发，让对方知道你也是智者，不要让对方小看了你，一旦对方小看了你，你就没办法与其进行公平的沟通。同流才能交流，交流才能交心，交心才能达成交易；身份对等的时候才容易推心置腹，才能够交换思想。

第二，"与博者言，依于辨"。与渊博的人沟通、交流，你需要思路清晰，靠严谨的逻辑思维。

第三，"与辨者言，依于要"。跟思路清晰的人说话，要单刀直入、简明扼要。

第四，"与贵者言，依于势"。如果对方高高在上、气势逼人，你需要具备充分的自信，表现得气宇轩昂，切忌在气势上输给对方。苏秦和张仪出身都很贫寒，但他们在庙堂之上与大国诸侯沟通的时候，旁征博引、气势磅礴，丝毫没有唯唯诺诺、低人一等。说服就是夺气攻心，攻心为上。

第五，"与富者言，依于高"。富者一般比较尊重有学养的人，你可以聊聊琴棋书画、诗酒花茶、《易经》风水、奇门遁甲，谈高雅、论慈善、讲艺术。

第六，"与贫者言，依于利"。跟穷人沟通交流的时候，来点实际的小恩小惠比较实在，可以讲一讲生财有道的建议。

第七，"与贱者言，依于谦"。与地位比较低的人沟通交流的时候，应当谦和、平易近人，不要高高在上。

第八，"与勇者言，依于敢"。就是与勇敢直率的人沟通交流，应该表现出你的勇敢、直率和魄力，为他鼓而呼。在性格直率的人面前不要扭扭捏捏、装斯文。

第九，"与愚者言，依于锐"。跟愚笨的人说话，要以敏锐为原则。就是简洁直白，不要说含蓄绕弯、让人费思量的话。

所以，说话是一门学问，"口乃心之门户"，要想说话说得好听，能说到人的心里去，必须要加强自身的修为！多积累，饱读诗书语自华；多练习，梅花香自苦寒来；勤实践，绝知此事要躬行。

第十篇

《谋》篇逻辑思路及经典谋略

谋定而动，动则必成；未谋而动，晕头苍蝇！谋乃成事之本。孙子说："多算胜，少算不胜"，智者须知时、明理、顺势，权衡利弊，辩证思维。设谋更要观人内外，知其好恶，审其远近，不能交浅言深，反受其害。

【篇题解析】

谋，就是谋略。本篇论设谋、进谋。本篇与《权》篇是姊妹篇，故人们往往"权""谋"并提。这两篇各有侧重，《权》篇主要讨论如何游说对象衡量游说之词。《谋》篇主要讨论如何讲究谋略、出谋划策，涉及计谋的原理、标准、流程、法则、定义、特点、原则、使用方法等，这是揣、摩、权、谋、决整个说服过程中的重要环节，也是成事之关键。《谋》篇亦分作三个部分：

第一部分，由开篇至"故百事一道，而百度一数也"，主要阐述计谋的原理。

鬼谷子认为："凡谋有道，必得其所因，以求其情。"凡谋划策略，皆有一定之规律可循。首先一定要追寻当前问题产生的原因，然后掌握其实际情况，即"审得其情"，这是内因；再者，人与事的外部关系也呈复杂状态，有同情、同恶的，有相亲、相疏的，有俱成、偏害的，其观点同异，关系亲疏，好恶利害，都要仔细分析，准确地把握其外因。鬼谷子认为，说人处事要"度其材，量其能，揣其情"，只有把握其因由与指向，才不会迷失方向。

计谋的标准：考察并掌握实际情况之后，确立计谋的标准，"乃立三仪"。计谋分上策、中策和下策，然后经权衡确定最合适的一个，或吸取各种计策之优点，奇计就产生了。这是最基本的谋划原则。

计谋产生的流程："变生事，事生谋，谋生计，计生议，议生说，说生进，进生退，退生制，因以制于事。"形势的变化是事物发展的必然，因此我们要筹谋何以把态势引向有利于我的方向，进而产生了解决问题的计策，计策产生后要分析论证，论证后觉得宜行，就去付诸实践，并在具体的实践中拿回来合理调整，形成切实可行的法则，用以制约事物的发展。

第二部分，由"夫仁人轻货"始，至"故阴道而阳取之也"，主要讲述"计谋"的定义以及使用"计谋"的核心法则。

计谋的核心法则：在计谋实施过程中，鬼谷子强调"善因"，即要因人而异，因事制宜。

（1）因人品而决策，让仁者出费，让勇士据危，让智者立功。贪者以利诱之，愚者哄骗之，不肖者恐吓之。

（2）因亲疏关系决策，外亲内疏，说内；内亲外疏，说外。

（3）因人决策，说人主言奇，说人臣言私；因人因事而裁之。则谋无不成，事无不可！

计谋的定义："因其见以然之，因其说以要之，因其势以成之，因其恶以权之，因其患以斥之"，就是要善于依凭并利用客体的实际情况，因势利导，因人因事而权变。按照"因"的方法，结合抵巇术击其危险之处，采用"摩而恐之，高而动之，微而正之，符而应之，拥而塞之，乱而惑之"，这就是"计谋"。

第三部分，由"故去之者，纵之"始，至篇末。主要阐述"谋"的规则。就是设计筹谋应该遵循的原则和参考的指南、尺规。

用人方面，不以貌相取人，可知者可用；谋事方面："事贵制人"而不"见制于人"；贵阴，事易，贵智。本篇最后讲到"非独忠信仁义也，中正而已矣"。计谋不在于表面讲忠、信、仁、义，而是要寻求到合乎事理的中正之道而已。

本篇隐含了对付不同性格的人，要用不同的手段的"因性制人术"，取信、壅塞、惑乱的"三步制君术"，掌握主动、把控关键的"握权制人术"，想要除掉对方而要先纵容他的"欲擒故纵术"，暗下功夫，明里取得的"阴道阳取术"，谋定而动的"为事贵智术"，处于劣势的弱者要善于调动一切积极因素，而由弱变强的"积弱为强"等等。

谋

【原文】

为人凡谋有道，必得其所因，以求其情①。审得其情，乃立三仪②。三仪者，曰上、曰中、曰下。参以立焉，以生奇。奇不知其所拥，始于古之所从③。故郑人之取玉也，必载司南之车④，为其不惑也⑤。夫度材、量能、揣情者，亦事之司南也。

故同情而俱相亲者⑥，其俱成者也；同欲而相疏者，其偏成者也⑦。同恶而相亲者，其俱害者也；同恶而相疏者，偏害者也⑧。故相益则亲，相损则疏，其数行也。此所以察异同之分，其类一也⑨。故墙坏于其隙，木毁于其节⑩，斯盖其分也⑪。

故变生事，事生谋，谋生计，计生议⑫，议生说，说生进，进生退，退生制，因以制于事⑬。故百事一道，而百度一数也⑭。

【注释】

① 所因：所因循的理论、缘由。因，原因。情：实情。陶弘景注："得其所因，则其情可求。见情而谋，则事无不济。"

② 审：详究、考察。仪：法度，准则，等级。《说文解字》："仪、度也。"

③ 参以立焉：三仪互相参照。生奇：产生奇谋。所拥：被壅塞的地方。"拥"，通"壅"。所从：所遵循的方法。陶弘景注："言审情之术，必立上智、中才、下愚，三者参以验之，然后奇计可得而生。奇计既生，莫不通达，故不知其所壅蔽。然此奇计，非自今也，乃始于古之顺道而动者，盖从于顺也。"

④取玉：指挖掘玉石。载：乘坐。《说文》："载，乘也。"司南之车：即指南车，古代用来测方向的仪器。《晋书·舆服志》："司南车，一名指南车，驾四马，其下制如楼，三级，四角金龙衔羽葆，刻木为仙人。衣羽衣，立车上，车虽回运而手常南指。"

⑤惑：疑惑迷乱，无法选择。《说文解字》："惑，乱也。"

⑥事之司南：办事成功的"指南车"。同情：情感与心意相同。相亲：互相亲近。

⑦俱成：都有成效。同欲：共同的欲望。相疏：相互疏远。偏成：利益偏重于某一方。陶弘景注："诸同情，谓欲共谋立事，事若俱成，后必相亲；若乃一成一害，后必相疏。理之常也。"

⑧同恶：同被人憎恶。俱害：双方都受到了损害。偏害：损害偏重于某一方。陶弘景注："同恶，谓同为彼所恶。后若俱害，情必相亲；若乃一全一害，后必相疏，亦理之常也。"

⑨数（shuò）：频繁，屡次。陶弘景注："异同之分，用此而察。"

⑩节：竹子或草木茎分枝长叶的部分。

⑪斯：假借为"此"，这，这些。《尔雅·释诂》："斯，此也。"盖：用作副词，表示推测性判断相当于"大概""因为"等。陶弘景注："墙、木坏毁，由于隙、节。况于人事之变，生于异同。故曰斯盖其分也。"

⑫谋：考虑，谋划。计：计策。《韩非子·存韩》："计者，所以定事也。"议：讨论，商议。《说文解字》："议，语也。"

⑬说：说辞。进：进言。退：返回。制：限定，约束，管束。陶弘景注："言事有根本，各有从来。譬之卉木，因根而有枝条花叶，故曰变隙，然后生于事业；生事业者，必须计谋；

成计谋者，必须议说；议说者，必有当否，故须进退之。既有黜陟，须别事以为法。"

⑭百事：各种事物。百度：各种法度。数：道理，法则。《商君书·算地》："故为国之数，务在垦草。"。陶弘景注："而百事百度，何莫由斯而至，故其道数一也。"

【译文】

凡是为人谋划事情，都有一定的规律和法则。一定要了解到事情的缘由，从而寻求到问题的实情。通过详尽地审察实情，可设定三仪即三类标准来区分计谋的等级。三个等级就是：上、中、下。三仪互相参验，相互吸收互补，最终确定出最恰切的那一个，奇谋就产生了。奇妙的谋略顺从天道事理，运用起来就没有什么壅蔽的地方。这是始于古代的事例的启示。

所以，郑国人入深山采玉的时候，为了不迷失道路，必定要乘坐司南车。那么，揣度别人的才干、衡量其能力，揣摩实情，也就是谋划成事的司南。凡是思想情欲相同而互相亲近的人，是因为这个计谋对双方都能获得成效；凡是思想情欲相同而互相疏远的人，是因为利益偏重于某一方。凡是同时被人憎恶而关系亲密，是因为双方都受到了损害；凡是同时被人憎恶而关系疏远的人，是因为损害偏重于某一方。所以说，相互有益就亲近，相互损害就疏远，这是经常出现的事情，也是用来审察同异之分的依据。同类事物道理都是一样的。因此，墙从有裂缝处倒塌，树木从有节的地方折毁，这些危亡的产生大概就是源自事物的异同点。

所以，事态发生了变化，就会产生新的事端，有了新的事端就要有谋略应对；深谋远虑就会产生应对之计；应对之计，必须要与人商议；商讨议论就产生了新的说辞；新的说辞要向事主进言；采纳执行中有不完善的地方，就要返回来加以完善提高；完善提高后确立正确的方案，可以用来指导、制约事物的发展。可见，一百种事情有同一个道理，一百种法度共用一个法则。

【原文】

夫仁人轻货，不可诱以利，可使出费[1]；勇士轻难，不可惧以患，可使据危；智者达于数，明于理，不可欺以不诚，可示以道理，可使立功，是三才也[2]。故愚者易蔽也[3]，不肖者易惧也，贪者易诱也。是因事而裁之[4]。

故为强者，积于弱也[5]；为直者，积于曲也；有余者，积于不足也。此其道术行也[6]。故外亲而内疏者，说内；内亲而外疏者，说外[7]。故因其疑以变之，因其见以然之[8]，因其说以要之，因其势以成之[9]，因其恶以权之，因其患以斥之[10]。摩而恐之，高而动之[11]，微而正之，符而应之[12]，拥而塞之，乱而惑之。是谓计谋[13]。

计谋之用，公不如私，私不如结；结而无隙者也[14]。正不如奇；奇流而不止者也[15]。故说人主者，必与之言奇；说人臣者，必与之言私[16]。其身内，其言外者，疏；其身外，其言深者，危[17]。无以人之所不欲而强之于人，无以人之所不知而教之于人[18]。人之有好也，学而顺之；人之有恶也，避而讳之[19]。故阴道而阳取之也[20]。

【注释】

① 轻货：轻视财货。《说文解字》："货，财也。"出费：拿

出费用。《说文解字》："费，散财用也。"

②轻难：轻视患害灾难。据危：据于险危之地。三才：三种人才。陶弘景注："使轻货者出费，则费可全；使轻难者据危，则危可安；使达数者立功，则功可成。总三才而用之，可光耀千里，岂徒十二乘而已。"

③蔽：这里是被动用法，被蒙蔽。

④不肖：不成材。《韩非子·功名》："尧为匹夫，不能正三家，非不肖也，位卑也。"惧：被恐吓。裁：决定，判断、处理。陶弘景注："以此三术，驭彼三短，可以立事、立功也。谋者因事兴虑，宜知之而裁之。故曰：因事而裁之。"

⑤积：使逐渐增多，积累。《说文》："积，聚也。"

⑥行：运行，体现。陶弘景注："柔弱胜于刚强，故积弱可以胜强；大直若曲，故积曲可以为直；少则可以得众，故积不足可以为有余。然则，以弱为强，以曲为直，以不足为有余，斯道术之所行。故曰道术行也。"

⑦外：外表，表面。内：内心。说内：通过适宜的言辞打动其内心。说外：通过游说改变其表面态度。陶弘景注："外阳相亲，而内实疏者，说内以除其内疏也；内实相亲，而外阳疏者，说外以除其外疏也。"

⑧因：因者，顺也。变之：改变策略，使之疑心改变。见：同"现"，表现。然之：肯定他。使对方的看法得到肯定。陶弘景注："若内外无亲而怀疑者，则因其疑而变化之；彼或因变而有所见，则因其所见而然之。"

⑨要之：归纳概括。陶弘景注："既然见彼或有可否之说，则因其说以要结之；可否既形，便有去就之势，则因其势以成就之。"

⑩权之：为对方权衡利弊。斥：排斥，排除。陶弘景注："去就既成，或有恶患，则因其恶也为权量之。因其患也为斥除之。"

⑪摩：揣摩。高：指高远的言论。陶弘景注："患恶既除，或恃胜而骄者，便切摩以恐惧之，高危以感动之。"

⑫正：通"证"，证明。符：验证。符而应之：由外在的表象推测出他的内心想法，然后应和他。俞樾《读书余录》："正，本作证。"陶弘景注："虽恐动之，尚不知变者，则微有所引，据以证之，为设符验以应之也。"

⑬拥：通"壅"，堵塞。陶弘景注："虽有为设引据、符验，尚不知变者，此则惑深不可救也。使拥而塞之，乱而惑之，因抵而得之。如此者，可以计谋之用也。"

⑭私：私下，秘密。结：结交，建立牢固的关系。陶弘景注："公者，扬于王庭，名为聚讼，莫执其咎，其事难成；私者，不出门庭，慎密无失，其功可立。故曰公不如私。虽复潜谋，不如与彼要结。二人同心，物莫之间，欲求其隙，其可得乎？"

⑮正：常规，正法。奇：独特，殊异。《说文》："奇，异也。"引申为出人意外，使人不测。陶弘景注："正者，循理守常，难以速进；奇者，反经合义，因事机发。故正不如奇。奇计一行，则流通而莫知止也，故曰奇流而不止者也。"

⑯陶弘景注："与人主言奇，则非常之功可立；与人臣言私，则保身之道可全。"

⑰内：关系近。外：圈子之外。陶弘景注："身在内，而言外泄者，必见疏也；身居外，而言深切者，必见危也。"

⑱人之所不欲：人们所不想要的。强：勉强，强加。陶弘

景注："谓其事虽近，彼所不欲，莫强与之，将生恨怒也。教人当以所知；今反以人所不知教之，犹以暗除暗，岂为益哉！"秦恩复乾隆刊本云："别本作无以身之所不欲。"

⑲ 好：爱好。讳：忌讳。

⑳ 阴道：在隐秘中进行的方式。阳取之：以公开的方式获得。陶弘景注："学顺人之所好，避讳人之所恶。但阴自为之，非彼所逆，彼必感悦，明言以报之。故曰阴道而阳取之也。"

【译文】

仁人君子轻视财货，不可用利益诱惑他，却可以叫他捐助财物；勇敢的人自然轻视危难，所以，不可用祸患恐吓他，却可让他据于险危之地；智慧的人通达天道事理，不可用不诚信的言行来欺骗他，可向他讲明道理，使他有机会建立功业。这是所谓仁人、勇士、智者三种不同类型的人才的对待方法。愚蠢的人容易被蒙蔽，不肖之辈容易被恐吓，贪婪的人容易被诱惑。这就是因人因事而异，来裁决不同的待人处事之法。

所以，强大，是从弱小积累起来的；正直，是由弯曲积累起来的；富余，是从不足积累起来的。这都是由于实行道术而得到的具体的表现。所以，如果对方表面亲近，而内心疏远，就要通过适宜的言辞打动其内心；如果对方内心与你亲近，而表面疏远，就要从改变他的外部状态入手，从而使其对你的态度上也亲近起来。

要依据对方的疑虑之心，改变游说的方法，以打消他的顾虑；依据对方的表现来认同他、鼓励他；顺着对方的说法来做个归纳总结，理解他的本意；依据对方目前的形势来帮他、成就他；面对对方所厌恶的事情，而为他权衡利弊，做好参谋；

面对对方所担心的问题，而为他设法排除。

要揣摩透他的心意，然后恐吓他，叫他产生戒惧心理。要用立意高远的议论，使他内心产生震动。要微妙地引用先例和相应的实事来证明你的论断；还不能奏效，就由外在的表象推测出他的内心想法，然后应和他；然后闭塞他的视听，隔绝他的信息；最后打乱他的思维，迷惑他的理智，进而完全控制他。这就叫计谋。

计谋的运用，公开商讨不如私下筹谋；私下密谋，又不如结成死党；结成了死党，生命利益与共，别人便无可乘之机了。循常规不如出奇计，奇计异谋如同流水般变化无穷、奔腾不息。所以，游说君主时，一定要跟他讲奇策；游说大臣时，一定要跟他讲私人的切身利害。自身处于亲密地位时，如说话见外，便会被逐渐疏远；自身处于外围时，如说话介入太深，便会招来危险。不要把别人不情愿的事强加给人家；也不要用别人无法了解的事说教他。别人有什么爱好，要学习仿效而迎合他；别人有什么厌恶，要避开他的忌讳以免引起不快。要用隐秘的方式谋划准备，用公开的方式获取。

【原文】

故去之者，纵之；纵之者，乘之[①]。貌者不美又不恶[②]，故至情托焉[③]。可知者[④]，可用也；不可知者，谋者所不用也。故曰事贵制人，而不贵见制于人。制人者，握权也；见制于人者，制命也[⑤]。

故圣人之道阴，愚人之道阳[⑥]。智者事易，而不智者事难。以此观之，亡不可以为存，而危不可以为安；然而无为而贵智矣[⑦]。智用于众人之所不能知，而能用于众人之所不能见[⑧]。

既用，见可，择事而为之，所以自为也；见不可，择事而为之，所以为人也⑨。

故先王之道阴。言有之曰："天地之化，在高与深；圣人之制道，在隐与匿。"非独忠信仁义也，中正而已矣⑩。道理达于此义者，则可与言⑪。由能得此，则可以毂远近之义⑫。

【注释】

①去：除去。纵：放纵。乘：乘机。陶弘景注："将欲去之，必先听从，令极其过恶。过恶既极，便可以法乘之。故曰纵之者乘之也。"

②貌：外表的形象，外观。例：唐代魏征《谏太宗十思疏》："貌恭而心不服。"貌者不美又不恶：在外表看不出欣赏和厌恶的态度。

③至情：极其真实的思想感情；真情。《六韬·文师》："言至情者，事之极也。今臣言至情不讳君，其恶之乎？"托：委任，托付。陶弘景注："貌者，谓察人之貌，以知其情也。谓其人中和平淡，见善不美，见恶不非，如此者可以至情托之。故曰至情托焉。"

④可知：可以知心知底的。陶弘景注："谓彼情宽密，可令知者，可为用谋，故曰可知者可用也。其不宽密，不可令知者，谋者不为用也，故曰不可知者谋者所不用也。"

⑤制：控制。见：表示被动。握权：掌握事情的主动权。制命：命运被别人操控。陶弘景注："制命者，言命为人所制也。"

⑥阴：暗中进行，不显山露水。阳：公开，张扬。陶弘景注："圣人之道，内阳而外阴；愚人之道，内阴而外阳。"

⑦事：做动词用；事易：做事成事容易。事难：做事成事困难。陶注认为"事"为"侍奉"，为上下文似不吻合。无为而贵智：遵循规律而崇尚智谋。陶弘景注："智者宽恕，故易事；愚者猜忌，故难事。然而，不智者必有危亡之祸。以其难事，故贤者莫得申其计划。则亡者遂亡。危者遂危。欲求安存，不亦难乎？今欲存其亡，安其危，则他莫能为，唯智者可矣。故曰无为而贵智矣。"

⑧众人：普通人，民众。陶弘景注："众人所不能知，众人所不能见，智独能用之，所以贵于智矣。"

⑨既用：既用智谋。见可：发现可以。陶弘景原作"见可否"。陶弘景注："亦既用智，先己而后人。所见可否，择事为之，将此自为；所见不可，择事而为之，将此为人。亦犹伯乐教所亲相驽骀，教所憎相千里也。"

⑩中正：意谓要合于中正之道。陶弘景注："言先王之道，贵于阴密。寻古遗言。证有此理，曰：天地之化，唯在高深；圣人之制道，唯在隐匿。所隐者中正，自然合道，非专在仁义忠信也。故曰非独忠信仁义也。"

⑪道理达于此义者：能够通达这个道理。道藏手抄本作道"理通达此义之"。秦恩复乾隆刊本云："原本作之，据别本改正。"陶弘景注："言谋者晓达道理，能于此义，达畅则可与语，至而言极矣。"

⑫由能得此：如果能得到此道。穀：同"谷"，引申为生长、养育。陶弘景注："谷，养也。若能得此道之义，则可与居大宝之位，养远近之人，诱于仁寿之域也。"

【译文】

所以，想要除掉某人，先要放纵他任其非为；放纵他正是为了抓住其把柄乘机一举除掉他。如果某人见善不美，见非不恶，不喜怒于色，那便说明他内心深沉、处事冷静、修为到家，因此才可以把大事重任深情相托。可以知心知底且能够掌握的人，便可重用他；不可以知心交底、不能掌握的人，智谋之士是不会重用他的。所以，办事贵在能控制别人，而不是被别人控制。所谓控制别人，便是自己要掌握事情的主动权；所谓被别人控制，便是身家命运被别人操控。

所以，圣人处世的法则是隐密进行；愚笨的人做事公开张扬。智慧的人成事容易，不愚笨的人成事比较困难。由此看来，愚蠢的败亡者做的事情是没办法使其生存的，他们造成的危急的局势是无法使其转危为安的。而此时无为才是大智慧。也就是不妄为、不乱为，顺应客观态势，尊重自然规律的意思！智谋和才能应该应用于无形，做到众人不知，众人不见而获得成功。在使用过程中，如果可以做到隐秘，那么就选择应该做的事来悄悄去实施，这是为了确保实现自己的目的；如果在使用过程中，智慧、才能不能够做到隐秘，那么就选择可以公开实施自己的谋略主张，向对方表明自己这样做，是有利于他的。

所以，古圣先王的处世行事之道是隐密的。有句话是这样说的："天地运行变化，在高深玄妙；圣人处事之道，在隐密藏匿。"不单独在于表面讲忠、信、仁、义，而是寻求到合乎事理的中正之道而已。

能够通达此道理之精义的人，就可以跟他谈论谋略。如果他能够懂得这个道理，就可以用道义感召培养远近四方民众。

【新解】

如何运筹帷幄、出谋划策？

权与谋相连，是为权谋。"运筹于帷幄之中，决胜于千里之外"，说明谋划的价值。前面几篇更多是停留在分析总结阶段，可以说是事前的思考与准备，而本篇则是计谋的实施阶段，讲述了计谋的原理、产生以及使用的要点。

第一部分，主要阐述计谋的原理。

关于谋划，《说文解字》的解释是："虑难曰谋。"《左传》认为："咨难为谋。"考虑困难的事，并寻求解决之道，这就叫谋。由此来看，谋是人们处理难题的必备手段。鬼谷子在《摩》篇告诉我们，"故谋莫难于周密，说莫难于悉听，事莫难于必成。"即天下三件事情最难做到：第一做谋划必定周密；第二计策建议必定被对方所采纳；第三做事情必定成功。而这一切要想做成功，必须要事先做好充分的准备和谋划。

（1）谋划要遵从规律。《鬼谷子》开篇就说："凡谋有道必得其所因，以求其情。"对任何一个人来说，凡是筹划计谋，都要遵循一定的法则，一定要弄清楚事情的原委、规律，以便于研究实情。毛泽东说："没有调查，没有发言权。"就是说，在谋划之前必须经过调查，弄清缘由和实情，否则别说出谋划策，就连发言权都没有。首先"审得其情"即一定要追寻当前问题产生的原由，然后掌握其实际情况，这是内因；再者，人与事的外部关系也呈复杂状态，有同情、同恶的，有相亲、相疏的，有俱成、偏害的，其观点同异，关系亲疏，好恶利害，都要仔细分析，这是外因。鬼谷子认为，郑国玉工到旷野去采玉，需"载司南之车"才不会迷失方向，同样，说人处事也先要"度其材，量其能，揣其情"。把握其因由与指向，这是筹谋的指南。

所以，得知对方的内心实情是"谋"的前提。构思谋的策略，采取有效的方法，这是付诸实施的阶段。

（2）计谋的原则：考察并掌握实际情况之后，确立计谋的标准，"乃立三仪"。设计出上、中、下三策，然后经权衡确定最合适的一个，或吸取各种计策的优点，奇计就产生了。这是最基本的谋划原则。

为什么是三仪呢？鬼谷子认为，我们在处理问题的时候，一般应推出三种解决方案——上策、中策、下策，便可根据具体情况的变化，加以灵活运用，参照补充，从而使得方案更加周密完善。有的时候，上策并不能如愿以偿，这个时候就需要中策，中策也不可行，只好采取下策。这三个方案都各有其侧重。《孙子兵法·谋攻篇》中说："上兵伐谋，其次伐交，其次伐兵，其下攻城；攻城之法为不得已。"在战争中，上策是通过谋略手段不战而屈人之兵，正如北平和平解放一样。中策是通过外交手段平息战争。下策是发生战争，杀敌一千自损八百，以武力实现目标。下下策是攻打城池，使将士拼死奋战，从而挫败对方。下策和下下策都是无奈之举。很多时候，三种方案是融合运用的，一边武力进攻，一边外交谈论，这种情况在历史上最常见。

这是一种科学方法。一次提出三个方案，一个为正，一个为奇，一个为补。如此正奇结合，既符合正道规律，又能出奇制胜。正是稳健，是为了避免风险；奇是为了突破平庸，剑走偏锋，出人意料；补是为了周密严谨。

（3）计谋产生的流程："变生事，事生谋，谋生计，计生议，议生说，说生进，进生退，退生制，因以制于事。"

开会要一个好的流程，计谋亦然。鬼谷子计谋产生的流程是：形势变了，新问题出来了，是为"变生事"；当新问题出来了，必须要考虑对策，是为"事生谋"，找到解决问题，认真思虑，形成方案，是为"谋生计"；计策出来了，让大家议论一下，集思广益，一方面可以丰富和完善方案，另一方面也能体现民主原则，各方的诉求都能在计划、方案中得到集中体现，这样在后期实施中就会减少怨言，是为"计生议"；参考大家意见，形成说辞，是为"议生说"；有了说辞要实践，是为"说生进"；试验一段时候以后，根据实际情况去完善提高，是为"进生退"；完善提高了以后，再形成方案，是为"退生制"。形成切实可行的法则，用以制约事物的发展！

第二部分，主要讲述"计谋"的定义以及如何使用"计谋"的核心法则。

当计谋出来了以后，鬼谷子告诉大家，谋划难于周密，把所有的问题都考虑到叫"周"，不泄露出去叫"密"，最忌讳的就是，我方的计谋还没有实行呢，对手就知道了。该怎么办？鬼谷子定出了组织原则："公不如私，私不如结，结不如党。"事以密成，语以泄败。所以，公开不如私谋，私谋不如结党。结党就是一起密谋的人生死攸关，利益与共，结成命运共同体，一生俱生、一亡俱亡。这时候大家都心在一起，身在一起，命在一起，信息自然就不会泄露了，这是事以密成的组织原则。

在实施阶段要注意，谋略因人而异，对症下药。人分"三才"和"三不肖"。仁人、勇士、智者是三才，"夫仁人轻货不可诱以利，可使出费"；"勇士轻难，不可惧于患"，可让其"据于危"，因为这是其价值所在；而"智者达于数，明于理，不可欺以不诚"，你不能欺骗他，你把自己的真诚拿出来，可以跟其讲道理，"可使立功"。这是对待三才的办法。

接下来是如何统御"三不肖"。"愚者易蔽也",愚者心直不灵活,听不懂道理哄着他干就行了;"不肖者易惧也",就是说不成器的人,最害怕失去目前所拥有的安逸,你应该以此来恐吓他,"贪者易诱也",如果这人贪心,就用钱财名利去诱导他。

所以,用计,首先要因人而异,因为每个人的需求不一样,要"因事而裁之"。其次要把握好亲疏关系。决策的原则,切不可与亲近人说见外的话,关系远的人说知心的话。否则,"其身内其言外者疏"。本来关系很近的说外话,闹生分,本来关系不够亲密,而介入太深,就有危险。还要根据游说的对象的品行来制定策略,能够顺应对方的需要,避免触及对方的缺点,而且要在不知不觉中抓住对方的弱点,并以此来制定策略。

第三部分,主要阐述"谋"的规则。就是设计筹谋应该遵循的原则和参考的指南、尺规。

用人方面,"貌者不美又不恶","可知者可用也";谋事方面,"事贵制人"而不"见制于人",贵阴,事易,贵智。鬼谷子谋事成事之道是"中正而已矣"。寻求到合乎事理的中正之道而已。"中"即不偏不倚,恰到好处,"正"即正当、正道、正义。"中、正"是我们做事的指南、尺规,也是鬼谷子追求的最高境界。常人认为《鬼谷子》论谋略乃唯利是图,不顾道德约束,纯属不懂鬼谷子而产生的误解。

第十一篇

《决》篇逻辑思路及经典谋略

能谋善断是军事将领及纵横策士必备的功夫，也是最难做到的。何也？非谋之难，而断之难也。谋者尽事物之理，达时势之宜，意见所到不思其不精也，然事有两可，断斯难矣。故谋者较尺寸，断者较毫厘；谋者见一方至尽，断者会八方取中。故贤者皆可与谋，而断非圣智不能也。

【篇题解析】

决，决断。决断主要是针对各种有疑虑的事情，找出最佳方案。故本篇的中心是"决情定疑"四字，本篇的主要内容是为王公大人们决断疑难。

从现存的文字来看，本篇论述了决断的起因、原则、方法和意义等方面，篇幅虽短，但对后人的科学决策具有重要的指导意义。

决断的起因："决物，必托于疑者"，有疑难才需要决断，因此，有疑难是决策的起因。决策的目的是通过决策而避开祸患，取得利益而达到自己想要的结果。

决断的原则："善其用福，恶其有患害"。所以，决断的关键是"趋利"与"避害"。因此，"趋利避害"是决策者行动的原则。

决断的方法：包括成事的五种方法，四种具体方式，五种可以立即决断的情况。

鬼谷子列举了圣人成事的五种方法：

"阳德之者"，就是公开地施加恩德，感化对方；"阴贼之者"，暗中实施，以便无形中破坏对方；"信诚之者"，仁义至则天下化，真诚至则金石开，示人以诚，取人以信；"蔽匿之者"，不能光明正大的，就在佯装下暗中进行；"平素之者"，对于常人、常事、常理，以通常方法断事。

四种具体方式：即"平素""枢机"（即关键时候）的阳德、阴贼、信诚、蔽匿四种手段和阴、阳二手，这四种方式都要微妙地交互使用。

鬼谷子提出了决断的客观依据问题。决断要综合考虑，包括过去、现在与将来的情况。鬼谷子注重从动态过程中，即从前后联系发展中去作决断。一要以往事来度量。注重往事，即注重经验。经验是认识的基础，决策的依据，即"度以往事"。二要以来事来验证。人总是从自身经验中去寻找未来的趋势的。瞻前顾后，是人的思维本能。要善于觉察未来的前期征兆，以作出符合发展趋势的决断，即"验之来事"。三要以现实来参照，即"参以平素。"

可以立即决断的五种情况。其一，能够获得好的名声；其二，不用费多少力，事情就能办成功的；其三，虽然此事做起来需要付出艰苦努力，但迫不得已而不得不做；其四，能够为对方去除祸患的；其五，能够替对方招来福祉的。

决

【原文】

为人凡决物，必托于疑者。善其用福，恶其有患害^①。至于诱也，终无惑偏。有利焉，去其利，则不受也^②。奇之所托，若有利于善者，隐托于恶，则不受矣，致疏远^③。故其有使失利，有使离害者，此事之失^④。

【注释】

① 决：决断，决策。托：依托，善其用福：喜欢有幸福。恶其有患：厌恶有祸患。陶弘景注："有疑，然后决，故曰必托于疑者。凡人之情，用福则善，有患则恶。福患之理未明，疑之所由生。故曰：善其用福，恶其有患。然善于决疑者，必诱得其情，乃能断其可否也。"

② 诱：诱导对方说出实情。惑：疑惑。偏：偏颇。陶弘景注："怀疑曰惑，不正曰偏。决者能无惑偏，行者乃有通济，然后福利生焉。若乃去其福利，则疑者不受其决。更使托意于奇也。趋异变常曰奇。"俞樾《读书余录》认为应该这样断句："至于诱也，终无惑。偏有利焉，去其利，则不受也。"亦通。

③ 奇：指奇妙的策谋。托：寄托，凭借。隐托于恶：隐藏在恶的表面之下。陶弘景注："谓疑者本有利善，而决者隐其利善之情，反托之于恶，则不受其决，更致疏远矣。"

④ 失利：丧失利益。离害：遭遇祸害，"离"，通"罹"。遭受。事之失：决断事情的失败。陶弘景注："言上之二者，或去利托于恶，疑者既不受其决，则所行罔能通济，故有失利，

罹害之败焉。凡此，皆决事之失也。"

【译文】

凡是给人决断事情，一定要根据那人心里存在的疑虑。人们以得到福祉为善，害怕自己有灾患。

善于决断的人，通常先诱导对方倒出实情，最终决断事情才不至于使对方感到疑惑而产生偏见或误解。事物总是存在利益点，如果决断不能带来利益，人们就不会接受。

决定奇谋的根据，是让对方获得某种利益；如果这种利益隐藏在恶或祸患的表面之下，对方就不会接受，就可能招致疏远。

所以，在决策方面如果使对方丧失某种利益，或者使对方遭受灾害，这便是决断事情的失策。

【原文】

圣人所以能成其事者有五：有以阳德之者，有以阴贼之者，有以信诚之者，有以蔽匿之者，有以平素之者①。**阳励于一言，阴励于二言，平素、枢机以用。四者微而施之**②。

【注释】

① 以阳德之：就是公开地施加恩德，感化对方。以阴贼之：用计谋暗中破坏对方。贼：本义是破坏。《说文》："贼，败也。"以信诚之：待之以诚信，使人诚服。以蔽匿之：用欺瞒蒙蔽对方。以平素之：按平常的办法对待对方。陶弘景注："圣人善变通，穷物理，凡所决事，期于必成。事成理著者，以阳德决之；情隐言伪者，以阴贼决之；道成志直者，以信诚决之；

奸小祸微者，以隐匿决之；循常守故者，以平素决之。"

②励：勉也。这里意思是追求。阳励于一言：阳德的手段以始终如一的语言。阴励于二言：用阴贼的手段要用两种不同的话语，使对方真假难辨。平素：平时、通常。枢机：关键。枢，门的旋转轴；机，弩上的发箭装置。陶弘景注："励：勉也。阳为君道，故所言必励于一。一，无为也。阴为臣道，故所言必励于二。二，有为也。君道无为，故以平素为主；臣道有为，故以枢机为用。言一也，二也，平素也，枢机也，四者其所施为，必精微而契妙，然后事行而理不壅也。"

【译文】

圣人能够成就大事的原因和方法有五种：公开地施加恩德，感化对方；用计谋暗中破坏对方；待之以诚信，使人诚服；用欺瞒蒙蔽对方；按平常的办法对待对方。

如果用阳德的手段，要用始终如一的语言，讲究信誉；用阴贼的手段，要用两种不同的话语，使对方真假难辨。平常的手段，加上关键时候的特殊手段和阴、阳二手，这四种方式都要微妙地交互使用。

【原文】

于是度以往事，验之来事，参之平素，可则决之①。王公大人之事也：危而美名者，可则决之②；不用费力而易成者，可则决之③；用力犯勤苦，然不得已而为之者，可则决之④；去患者，可则决之；从福者，可则决之⑤。故夫决情定疑，万事之机，以正治乱，决成败，难为者⑥。故先王乃用蓍龟者，以自决也⑦。

【注释】

①度：度量。验：验证。参：参考。陶弘景注："君臣既有定分，然后度往验来，参以平素，计其是非。于理既可，则为决之。"

②危：高，高尚，高雅。美名：使名声美好。陶弘景注："危，由高也。事高而名美者，则为决之。"秦恩复校订本云："美，一本作变。"

③陶弘景注："所谓惠而不费，故为决之。"

④犯：遭受。不得已：无可奈何。陶弘景注："所谓知之所无奈何，安之若命，故为之决。"秦恩复乾隆刊本说："这段注释一本引作原文。"

⑤去患：排除忧患。从福：能得到好处福报。陶弘景注："去患从福之人，理之大顺，故为之决也。"

⑥机：枢机，关键，要点。陶弘景注："治乱以之正，成败以之决，失之毫厘，差之千里，枢机之发，荣辱之主，故曰难为。"

⑦先王：指古代英明的君王。蓍（shī）：草名，古人采取它的茎作为占卜的工具，用以推测吉凶。《周易》六十四卦，即用蓍茎反复排列组合而成。龟：指龟甲，古人用烧灼龟甲的办法占卜吉凶。商朝盛行龟卜，现代发现的殷墟甲骨文大多数是占卜的记录。陶弘景注："夫以先王之圣智，无所不通，犹用蓍龟以自决，况自斯以下，而可以专己自信，不博谋于通识者哉！"

【译文】

在决断事情时，要用过去的事来衡量，推演未来的发展趋势，用平素的常识来参考佐证。如果可行的话，就可作出决断。

王公大人的事情，有五种情况可以立即决断：

如果事情崇高又能获得美好声誉，只要能实行，就可以作出决断；

如果事情不用花费太多的财物与精力便可以轻易地获得成功，就可以作出决断；

虽然事情办起来很费力受苦，但是又不得不做，只要能实行，就可以作出决断；

事情能排除忧患的，只要能实行，就可以作出决断；

事情能得到好处福报的，只要能实行，就可以作出决断。

总之，决断事情与消除疑虑，是办好各种事务的关键，可以拨乱反正，决定兴衰成败，是很难做到的。

所以，古圣先王遇到重大问题，也要借用蓍草和龟甲占卜，从而使自己作出正确的决断。

【新解】

如何趋吉避凶、决胜千里？

不管从事军事指挥还是外交活动者都应该有决断力。智者事前知之，庸人事后诸葛，决物乃万事之先机。智者之所以能够决断正确、处事成功，源于深知事理，善于变通，因人而决，因事而断。

《史记·淮阴侯列传》："贵贱在于骨法，忧喜在于容色，成败在于决断，以此参之，万不失一。"事情总会有疑惑不定，疑暗难明，疑乱不清之处，这就要仔细分析，并作出判断，这就是决。决为"万事之机"，关系到治乱、成败、祸福，影响深远。决策正确则建功立德，决策失误则招灾致祸。决断及时，当即立断，事半功倍；优柔寡断，丧失良机，反受其乱。决即决断。决断主要是针对各种有疑虑的事情，找出最佳方案。故本篇的中心是"决情定疑"四字，本篇的主要内容是为王公大人们决断疑难。

本篇论述了决断的起因、原则、方法和意义等方面。文中也强调了"决"的作用性，认为善于决断是万事成功的关键。大事需要决断，小事也需要决断。

一、决断的起因

有疑难才需要决断。决策是领导者最大、也是最严肃的挑战。所谓"将失一令，兵败身死"。为什么要决策？"凡决物必托于疑者"，凡是为别人决断事情，都是受托于有疑难的人。

二、决断的原则

"善其用福，恶其有患害。"决断的关键是"趋利"与"避害"。因此，"趋利避害"为决策者行动的原则。

一般来说，人们都希望遇到有利的事情，不希望遇到祸患或者被骗诱。"至于诱也，终无惑偏。"人们都希望能够排除隐患，作出最合适的选择。"若有利于善者，隐托以恶，则不受矣，致疏远"。大多数人都认为它是有利的，但往往有害的隐藏于有利之中。我们都知道一个决策的道理，就是"两害相权取其轻，两利相权取其重"。但遗憾的是很多情况是你中有我、我中有你的。利中有害，害中有利。这时，决策能力就显得尤为重要。

三、五个成事方法

成事方法一："阳，德之者"。

对于光明正大、合乎道德规律的事情，重在肯定鼓励对方，用道德感化他，让他大张旗鼓地做事情。

鲁定公10年，鲁国同齐国讲和，鲁定公和齐景公在祝其（山东莱芜东南）会见。孔子担任傧相。犁弥对齐景公说："孔丘懂得礼仪，但是没有勇气，如果派莱夷人用武力劫持鲁侯，一定能够如愿。"齐景公听从了犁弥的话。

会见期间，莱夷人突然出现，欲劫持鲁侯。孔子带着鲁定公往后退，并说："士兵们快拿起武器冲上去！两国国君友好会见，而华夏之地以外的莱夷人却用武力来捣乱，这不是齐国国君会合鲁侯的本意。华夏以外的人不得图谋中原，莱夷人不得触犯盟会，武力不能逼迫友好。这样做对神灵是不吉祥的，对德行也是伤害，对人更是丧失礼仪，国君一定不会这样做。"齐景公听了这番话后无地自容，急忙叫莱夷人避开。

所以，遇到问题，应该说在明处、做在明处，当仁不让。

成事方法二："阴，贼之者"。

对于有些事情并非能够理直气壮的，有难言之隐，就应该暗中做手脚，而且要悄悄隐秘地去进行。你来阴的，我就用同样的方法来惩治，以牙还牙，以阴还阴。

东晋时，始兴太守徐道覆是卢循的妹夫，二人曾密谋起事，为建造船只，他们雇人在高康山伐木。为防事机外泄，伪称为木材商，对人说："本想将木材运到京城，但财力不够，只好在本州贱价出售。"当地的百姓生活贫苦，觉得有利可图，于是争相抢购，屯放家中。几次交易后，造船所需的船板已积够了。等到起事之时，徐道覆照当初买木材的订单到各民家收购，于是十天之内就造好所需的船只。

这就是"阴，贼之者"。尽管他们的道德不怎么样，是谋反者，但是这个策略非常有效。

成事方法三："信，诚之者"。

一人难成事，独木难成林。一个人要做大事，一定要会利用别人的力量。利用别人的力量，最好的办法就是坦诚相交，真诚以待，用信义来感化他。做事情必须要有肝胆相照的几个兄弟在一起才行。刘备是卖草鞋的出身，发现关羽是忠义之士，就与他结交。他为什么相中了张飞？张飞是杀猪卖肉的，《三国演义》上说其颇有资财，一个人要想建团队，必须要有团队经费。所以，桃园三结义，一磕头，有力的出力，有钱的出钱，不能同年同月同日生，但愿同年同月同日死，就把两个人牢牢地拴在了自己的身边。所以，用信义来感化义士。

成事方法四："蔽，匿之者"。

对于有些不能公开的问题，一定要保密，甚至要用隐瞒的手段去解决问题。信息必须要分层级，这个议题在《抵巇》篇和大家分享过。

　　明朝时，一位御史得罪了一个属员，该属员怀恨在心，偷了他的大印。官印丢了，这事千万不能让别人知道，这是要掉脑袋的大事。御史怀疑是这位属员干的，但苦无证据，所以不敢张扬，按朋友谋划，他制造了一场火灾，众人救火时，御史乘机就把空印盒交给他怀疑的那位属员保管，其他人都去救火，救完火回来看时，印盒中已有大印了。想一想这个隐匿术的奥妙何在？请各位参悟！

所以，有些事情如果不能光明正大去做的时候，要尽量用让别人不知道的方法，往往能取到非常好的效果。有时候公众场合广播东西丢了，他不说这东西丢了或者说东西被偷了，说某某先生有什么东西不小心遗失，可能是哪个朋友错拿了，请您还回来。你要说偷了，这东西肯定还不回来了，说拿错了就等于给拿东西的人一个台阶下，还回来的可能性就大了。

成事方法五："平，素之者"。

对于平时常识性的事情，就以一般的常识性的原则来作决策。

总体上来说，这五种方法或光明正大，或阴谋诡计，两者可以互相转换，但要根据不同的情况，作出不同的应对。

四、决策的五大方略

方略一："危而美名者，可则决之"。

能够让我方组织和团队主要领导人的地位更高、名声更好的事情，就马上去做决定。

方略二："不用费力而易成者，可则决之"。

对于不费多大力气或资财就容易成功的事情，马上作决断。就建功立业并成就美名而言，范蠡是值得学习的榜样。《国语·越语》如此评价："用力甚少，而名声章明，种亦不如蠡也。"意思是，从花费力气少而名声彰显荣明这点来看，文种远远不如范蠡做得好。文种和范蠡一起帮助越王勾践谋划决策，最后兔死狗烹，文种迷恋权利最终被杀，而范蠡则及时功成身退，远离权力争端，泛舟江河湖海，只留美名在人间。

方略三："用力犯勤苦，然不得已而为之者，可则决之"。

虽然很费力气、花费也很多，但是万不得已必须要这样做，就马上作决策。"消财免灾"，如果省了点小钱，可能以后会带来更大的祸患，万不得已必须花的钱，果断地把它花出去。

根据《史记·货殖列传》记载，范蠡二儿子因杀人被囚禁在楚国。于是范蠡派小儿子带黄金千镒到楚国打通关系，以救出二儿子。可是大儿子执意要去。走之前，范蠡特别嘱咐他把钱和信给庄生以后，一句话都不要多说，然后等你弟弟放出来，也不要问任何过程，直接带他回家！

庄生向楚王进言："我夜观天象，发现有颗灾星对楚国不利。"楚王问他有什么破解之法。庄生说："积德行善可以消除灾祸，国君可以大赦囚犯，如此可破灾星之象。"楚王听从。范蠡的大儿子也听到了这个消息，他直接找到庄生，委婉地暗示庄生把钱归还自己。

庄生是个特别爱面子的人，加上跟范蠡又不是至交，他哪里受到过这样的侮辱？于是就找到楚王说："我前日谈论星象，大王打算修德行善，可是今天我出门听见众人纷纷议论，说囚犯中有个人是范蠡的二公子，因为杀人被关在牢狱，他们家上下贿赂，所以大王之所以大赦囚犯不是为了修德，只是为了借机放走范蠡的儿子。"楚王听后大怒，派人专门把范蠡的二儿子提出来立刻杀掉，然后再大赦囚犯。

就这样，大儿子只好带着黄金和二弟的尸体回家了。

所以鬼谷子在此给我们的忠告是——该花力气的不要怕吃苦，该面对的难题不要怕麻烦，该花的钱不要吝啬，有胆有识，能谋善断。

方略四："去患者，可则决之"。

如果某些事情可以让我们消除灾难，或可以避免危险，就马上作决策。人无远虑必有近忧，中国文化到处充满忧患意识。《周易·系辞》说："作易者，其有忧患乎！"孔子说在这里发表读后感，他认为写作《周易》这本书的人，忧患意识很强。如果某件事做了可以帮你解决忧患，而且没有什么副作用，就可以果断决策。

方略五："从福者，可则决之"。

如果这件事情能够为大众谋幸福，对大家都有好处，就可以作决策。只要对大家有利的事情，还有投资比较少回报多，立刻作决策。

最后，"乃用蓍龟者，以自决也"。如果有大事，权衡再三还下不了决心，而且必须要作决策，怎么办？鬼谷子告诉我们，借用蓍草、龟甲。古代的人没办法决策的时候，就借着蓍草叫"占"、用龟甲叫"卜"来作决策。现在也是一样，当没办法作决策的时候，抓阄也是一个好方法。或者拿一枚硬币，预先设定正面"做"、反面"不做"，向天一扔作决策，这也是一个办法。但要明白，求神灵，实际上不过是给自己一个精神寄托，给自己一个精神力量而已。

下卷

内炼

内圣而后外王。鹰立如睡，虎行似病，正是它攫鸟噬人的法术。故君子要内敛内坚，才华不逞，才有任重道远的担当！良贾守之以谦、深藏若虚；君子温润如玉、容貌若愚。人要有猛虎伏林、蛟龙沉潭那样的伸屈变化之胸怀，让人难以预测，而自己则在此间从容行事。内炼，包藏，稳健，安详，从容，沉静！《鬼谷子》上卷四篇专论内炼之道，习之可修、齐、治、平。

第十二篇

《本经阴符》篇逻辑
思路及经典谋略

中华道学追求，用儒家一语要之，即"修己以安人"，其学问最高目的，可以《庄子》"内圣外王"一言概之。修己的功夫，做到极处，就是内圣；做安人的功夫，做到极处，就是外王。

至于条理顺序，以《大学》所述最简明："格物致知诚意正心修身"就是修己内圣的功夫；所谓"齐家治国平天下"，就是安人及外王的功夫。

【篇题解析】

"本"，本义指树根，这里是根本的意思；"经"，本义是"织布机上的纵线"，引申为常道、准则、法则。尹桐阳曰："经，常也，法也。""本经"，主要讨论如何修炼内在精神。主张以修炼内在精神为本，故曰《本经》。"阴符"，强调谋略的隐蔽性与变化莫测。李筌曰："阴，暗也；符，合也。天机暗合于行事之机，故曰阴符。"本篇言纵横家如何养炼自己内在的精神、意志、智慧，以调动自身因素，运用自身力量去解决外部问题。陶弘景和《四库全书》本的篇题解析云："阴符者，私志于内，物应于外，若合符契，故曰阴符；由本以经末，故曰本经。"

鬼谷子对纵横家的素质提出了严格的要求：气质神采，意志坚定，思维敏捷，捭阖有度，多谋善断，知机权变等。那么如何练就这些特质呢？

《本经阴符七术》则集中于养神蓄锐之道。《本经阴符七术》由七篇组成。前三篇《盛神》《养志》《实意》讲如何充实意志，涵养精神。后四篇《分威》《散势》《转圆》《损兑》讲修己以经外的策略，讨论如何将内在的精神运用于外，如何以内在的神明去处理外在的事物。

盛神主张合道炼神，效法五龙，静和养气，神归其舍，使身体强壮，精神饱满，思维敏捷，神采奕奕，拥有无穷的魅力，这是成事之基础。

盛神须养志，养志主张效法法灵龟、寡欲少动，从而反应敏捷，思理通达，内以养志，外以知人。

实意就是要求充实思想和精密审虑，准确收集信息充实意志，让思维能力得到充分的发挥，明理合道，保障算无遗策。

分威和散势训练的是通过加强自身的能量和气场修炼，提高威势和影响力，从而提高对付别人的技能，贵在发现对方的漏洞，实施有效的攻击，就能化对方的优势为我方的优势。

转圆训练的是谋略产生的策略。要查事物的原委，以求使用相符的策略去解决问题，并把握事物间的共性与个性的区别关系，从中总结经验，归纳原则，然后按照内在规律办事，以提高决策的效率。

损兑就是讲述遇到危机时，如何作决断。这是处理遇到危险征兆问题时的关键。"兑者知之也"，如何搜集更多的信息，是为了增进对事物的了解；"损者行之也"如何去粗存精，把握事态的规律，是有利于下面的行动。践行"分威""散势"两篇的行为策略，"乃为之决"，做好决断。

战国时期各诸侯国之间内外部关系与形势十分复杂，处理这些复杂的问题，不能以单一的僵直态度来对待，而应追求方式的多种变化。此七节内容紧密联系，具有相当完善的系统性，体现出《鬼谷子》独特的理论性。

一、盛神法五龙——军事外交官的精神内修之道

炼精以化气，炼气以化神，三宝具备，内修而知之，从而超凡入圣；德养五气，威势存而舍之，归与身而合道成真。

盛神法五龙

【原文】

盛神法五龙①。盛神中有五气②，神为之长③，心为之舍，德为之人④；养神之所，归诸道。道者⑤，天地之始，一其纪也。物之所造，天之所生，包宏无形化气⑥，先天地而成，莫见其形，莫知其名，谓之神灵⑦。故道者，神明之源，一其化端。是以德养五气⑧，心能得一⑨，乃有其术⑩。术者，心气之道所由舍者，神乃为之使⑪。九窍、十二舍者⑫，气之门户，心之总摄也⑬。

【注释】

①盛神：使人们的精神旺盛。法：效法。陶弘景注："五龙，五行之龙也。龙则变化无穷，神则阴阳不测。故盛神之道法五龙也。"

②五气：五脏的精气。指心、肝、脾、肺、肾等五脏之气，即神、魂、意、魄、志。心藏神，肝藏魂，脾藏意、肺藏魄、肾藏志。五脏之气，也是五行之气的体现。

③长：君长，领袖，首领。《类经》有："心为脏腑之主，而总统魂魄，并赅意志。"所以，神、魂、意、魄、志五神均为心神所主宰。舍：房屋、居所。

④ 德为之人："人"字是"大"字之误。"德为之大"，就是道德可以使精神伟大。诸：之于。陶弘景注："五气，五脏之气也，谓神、魂、魄、精、志也。神居四者之中，故为之长；心能含容，故为之舍；德能制邪，故为之人；然则养神之宜，归之于道。"陶弘景所注，五脏之气为"神、魂、魄、精、志"，有误，应为"神、魂、意、魄、志"。

⑤ 道：为中华哲学独有的哲学思想，道家认为，道是宇宙的本原和普遍规律。纪：丝的头绪，开端。《老子》曰："道生一，一生二，二生三，三生万物。"陶弘景注："无名，天地之始，故曰道者天地之始也。道始所生者一，故曰一其纪也。"

⑥ 包：容纳在内，总括在一起。宏：本义指房屋幽深而有回响，后引申出广大、广博、高远等义。

⑦ 神灵：一般是指古代传说、宗教及神话中天地万物的创造者和主宰者，或指有超凡能力、无所不知、无所不能、可以永恒不死的人物。这里指宇宙在"一"之前的状态为"○"，又称太极，属形而上道，不可致诘，所以成为神灵。陶弘景注："言天道混成，阴阳陶铸，万物以之造化，天地以之生成，包容弘厚，莫见其形。至于化育之气，乃先天地而成，不可以状貌诘，不可以名字寻，妙万物而为言者也。是以谓之神灵也。"

⑧ 德养五气：用道德涵养五气。

⑨ 得一：得道。《道德经》曰："天得一以清；地得一以宁；神得一以灵；谷得一以盈；万物得一以生；侯王得一以为天下正。"严灵峰《老子达解》曰："一者，道之数。得一，犹言得道也。"

⑩ 术：思想方法。《广雅》曰："术，法也。"陶弘景注：

"神明禀道而生，故曰道者神明之源也。化端不一，有时不化，故曰一其化端也。循理有成，谓之德。五气各能循理，则成功可致，故曰德养五气也。一者，无为而自然者也。心能无为，其术自生，故曰心能得一，乃有其术也。"

⑪心气之道：心气合乎自然之道。所由舍：所经由的路径与归宿。神乃为之使：精神是术的使者，意即通过思维活动才能产生并运用术。陶弘景注："心气合自然之道，乃能生术；术者，道之由舍，则神乃为之使。"

⑫九窍：两眼、两耳、两鼻孔、口、前后阴。十二舍：十二脏腑，包括五脏即心、肝、脾、肺、肾，六腑即胆、膻中、胃、大肠、小肠、三焦、膀胱。

⑬总摄：主宰，总管。陶弘景注："十二者，谓目见色、耳闻声、鼻受香、口知味、身觉触、意思事，根境互相停舍，舍有十二，故曰十二舍也。气候由之出入，故曰气之门户也。唯心之所操秉，故曰心之总摄也。"

【译文】

要使精神旺盛充沛，应效法五龙。旺盛的精神中包含着五脏的精气，神是五脏精气的君主，心是神的依存之所。只有德才能使精神伟大，养神的办法是让心与大道合一。

道是天地的开始，道生于一，一是万物的开端。万物的创造，天地的产生，都是从道而衍生的。道包容着广博的无形的化育万物之气，在天地生成之前便形成了。无法看到其形状，无法知道它的名称，于是就称其为"神灵"。所以说，道是神明的本源，一是变化的开端。因此，人们只有以道涵养五气，心能无为守一，方法才能产生。这种方法，就是把心气从所居之所导引出来。神也受心气的支使。人体的九窍、十二脏腑，都是气进出的门户，都由心所统领。

【原文】

生受于天①，谓之真人②；真人者，与天为一而知之者。内修炼而知之③，谓之圣人；圣人者，以类知之④。故人与生一，出于化物⑤。知类在窍⑥，有所疑惑，通于心术；术必有不通⑦。其通也，五气得养，务在舍神⑧，此谓之化⑨。化有五气者，志也、思也、神也、德也；神其一长也⑩。静和者⑪，养气。养气得其和，四者不衰，四边威势⑫，无不为，存而舍之，是谓神化归于身，谓之真人。真人者，同天而合道⑬，执一而养产万类⑭，怀天心，施德养，无为以包志虑思意，而行威势者也。士者通达之，神盛，乃能养志⑮。

【注释】

①生：通"性"。《中庸》曰："天命之谓性，率性之谓道，修道之谓教。"

②真人：道家称存养本性、修真得道的人。《文子》：得天地之道者为真人。知之：得道。陶弘景注："凡此皆受之于天，不亏其素，故曰真人。真人者，体同于天，故曰与天为一也。"

③内修炼：自我修炼。

④以类知之：以一般知通性，触类旁通。《黄帝阴符经》中说："知之修炼，谓之圣人。"陶弘景注："内修炼，谓假学而知之也。然圣人虽圣，犹假学而知，假学即非自然，故曰以类知之也。"

⑤人与生一：人生在天地之间，最初的天性是一样的。出

于化物：出生之后随环境事物不同而改变。陶弘景注："言人相与生在天地之间，其得一也。既出之后，随物而化，故有不同也。"

⑥ 知类在窍：通过九窍了解事物。类：事物因习性相近而形成的类别。陶弘景注："窍，谓孔窍也。言知之事类，在于九窍。"

⑦ 通于心术：通过心的思考。术必有不通：根据前后文及陶弘景注释，应该是"心无其术，必有不通"。陶弘景注："然窍之所疑，必与术相通。若乃心无其术，（术）必不通也。"

⑧ 舍：安置住宿。舍神：使神得其所，心神合一。

⑨ 化：外在事物通过九窍的感知和心术的加工，使自己通神而升华了，这叫"化"。《庄子》中说"化而为鸟，其名为鹏"。陶弘景注："心术能通，五气自养。故养五气者，务令神来归舍。神既来舍，自然随理而化也。"

⑩ 化有五气：由五气化育而出。神其一长：精神是其领导。陶弘景注："言能化者，在于全五气。神其一长者，言能齐一志思而君长之。"

⑪ 静和：心静气和。

⑫ 四边威势：向四方发出威势。存而舍之：集聚并储存。存：从才从子，正从地下向上萌发（才）的生命（子）。意为存在，停聚，怀有。陶弘景注："神既一长，故能静和而养气；气既养，德必和焉。四者，志、思、神、德也。四者能不衰，则四边威势，无有不为常存而舍之，则神道变化，自归于身。神化归身，可谓真人也。"

⑬ 同天合道：跟天同体，与道合一。

⑭ 执一：即坚守自然之道。陶弘景注："一者，无为也。言真人养产万类，怀抱天心，施德养育，皆以无为为之。故曰

执一而产养万类。至于志意、思虑、运行威势，莫非自然循理而动，故曰无为以包也。"

⑮士者：指纵横策士。陶弘景注："然通达此道，其唯善为士者乎？既能盛神．然后乃可养志也。"

【译文】

本性由上天直接授予的人，叫作真人。所谓真人是与天地自然融为一体而得道的人。通过修身养性、假以学习而得道的人，叫作圣人。圣人是学习研究、触类旁通而悟道的。人虽然从一而生，内在本性是一样的，但各自出生之后随事物、环境不同而改变，即因积习不同而显得性格各异。人类认识各类事物，都是通过九窍。如果有疑惑不解的地方，要通过心的思考运用适宜的方法来解决；如果没有适宜的方法，必然不会通达。心术通达之后，五脏精气得到涵养，这时要努力使心神合一，精神集中。这便叫作"通神而化"。五脏精气达到了通神而化的境界，便产生宏大的志向、清澈的思想、旺盛的精神、高尚的道德，精神是统一管理这四者的首领。

养神须先静心，静心才能养气，养气才能气和，气和才能使神得养，神得养，则志、思、神、德就不会衰落，威势不散便能无所不为。如能将此威势存藏于内心，这便叫作达到了神化的境界，这种人便叫真人。真人能与天同体、与道合一，能够坚守"一"，即把握自然之道，以此养育万物；怀着上天自然之心，施行恩德；用无为的思想指导意志、思虑，而自然能使威势远播。

纵横家通晓了这一点，才能精神旺盛充沛，才能培养高远宏大的志向。

【新解】

心神合一，英明出焉

鬼谷子主张成就大事业者，要合道炼神，使身体强壮，精神饱满，神采奕奕，拥有无穷的魅力。"神"是人的精神。更具体一点说，是神采。神采是精神的风采。盛神，就是精神饱满旺盛。其实，一个人的言语、行动，随时飘逸着一种令人神往的风采，无形中具有一种力量，能使人们心甘情愿地跟从他或效忠他。

历史上对唐太宗有以下评价：光彩照人，谈笑风生，语惊四座，言服八荒。光彩照人证明其具有出众的外表形象。谈笑风生，说明其具有非常强的人格魅力，很擅于和群众打成一片，说明其有很强的亲和力。语惊四座，说明其具有很强的演说能力。言服八荒，说明其有很强的说服能力。所以，鬼谷子要纵横策士"盛神法五龙"。

一、为什么要向"龙"学习

传说中"龙"有两个特点，自身能善变如神，能兴风作浪，对自然有巨大的作用力。人也要像"龙"一样，要有强盛的精力，富于阴阳变化，开合裕如，对客观世界有影响力、渗透力和推动力。

领导者的外在形象有可能会影响到属员的信心，而神采能给其外在形象加分，能增加其磁场。所谓的磁场和能量，就是一个人的信赖感、亲和力、活力、激情、吸引力和影响力。所以，感召力、吸引力、无法抗拒的人格魅力是一个领导者必须具有的基本素养。日本推销之神原一平说过："当你和别人在一起的时候，如果你没有魅力，你将毫无前途可言。"没有人愿意追随一个品位不高的人，没有人愿意和一个没有格调、没有吸引力的人打交道。一个有魅力的领导者能控制组织的气氛，他的磁场和能量能在他所到之处进行辐射和传播，让所有遇到他的人为之痴迷。

《三国志·吴书·周瑜传》裴松之注引《江表传》中载，老将程普尝云："与周公瑾交，如饮醇醪，不觉自醉。"与周瑜交往，如畅饮甘醇的美酒，自己不知不觉地就被感染陶醉了。和其在一起共事，让人不觉陶醉，是一种享受。这是多大的领导魅力！

鬼谷子说"盛神法五龙"。"法"就是学习、仿效。神采不是天生的，而是可以通过学习和修炼而得到的。一个人的容颜可以随着岁月的更迭而逐渐衰老，但一个人的气质是可以随着个人修为和内涵的提升而变得越来越好的。

神采是由内到外的流露。重要的是身体内在各个器官要健康协调。"天有三宝日月星，人有三宝精气神。"精神重在身体的调理、保养，使五脏六腑达到调和。

二、五气的工作原理

《鬼谷子》解释说："盛神，中有五气，神为之长，心为之舍，德为之人。养神之所，归诸道。"五龙就是："五气"。为什么鬼谷子不直接说五气，而说五龙呢？陶弘景说是因为取其变化无穷像"五行之龙"的意义。

《黄帝内经》是这样论述人体内的五脏之气的："心者，君主之官也，神明出焉。"心是君主，神明从这里显出。神明两个字，一个是神，一个是明，包括神采、聪明、睿智。表现在外的是"喜"。健康的心脏，其人比较乐观，积极；"脾者，仓廪之官，运化出焉。"脾的神明为"意"，主意念、联想从这里显出；"肺者，宰辅之官，治节出焉"，肺是宰相，运作节制从这里显出；"肝者，将军之官，谋虑出焉"，肝是将军，思维谋略从这里显出。"肾者，作强之官，技巧出焉"，肾是作强之官，等于是技术制作，创作技巧从这里显出。《内经》强调说："君主"（心脏）必须"神明健康"，因为它是十二舍之首长，统帅。它要是健康，以下器官才能顺次安顿，正常运作。《内经》说：依此道理养生，则会健康长寿；依此管理天下国家，才能昌盛。良医可以为良相，良相亦可为良医。

在中医看来，一个人的情绪特质与五脏有关系。比如，喜相对应心，怒相对应肝，悲相对应肺，忧相对应脾，恐相对应肾。肝不好的人爱发脾气，爱发脾气反过来会影响肝，比如一个人容易发怒，他可能肝脏有毛病，这时就应该先补肝，益肝。如果一个人每天很忧郁、悲观，可能肺上有毛病了。比如林黛玉，得的是痨病，痨就是肺结核。如果肾有毛病，人易恐惧。志就藏在肾脏里，肾脏的健康会影响人的志向。志向决定心态，心态决定状态，状态决定做事的结果。如果是烦恼过度、失眠，就应从健脾开始。

三、涵养五气的方法

鬼谷子在这里提出一个"养"字，以德养五气；养"神"之所，归诸道！他为纵横家素养的完善，提出了解决的方案。根据宇宙的真理，人类身体的五脏六腑也必须按照规律运行。运行合乎规律，就能平衡强健，使其具有正当的合理性与存在性。从内在的脏腑正当机能运行，就可能相应产生适当的聪明才智。

人内在的修为在于养，要有旺盛的神采则必须使五脏六腑运行平衡，功能强健。而种种情绪都会影响到一个人的内脏，内脏反过来也会影响到一个人的外在情绪。五脏六腑得到调理以后，五气得养，人的心术就通了。心术通了，人会有充沛的精神，思虑就会精纯，能获得真知灼见。

养气必先养心，养心必先静心。道家入定，修炼的秘诀是"致虚极，守静笃"。《太上老君说常清静经》曰："人能常清静，天地悉皆归"；佛家坐禅，强调修炼的秘诀是戒定慧。戒，控制自己的欲望不要随心所欲，控制欲望是为了顺应规律，然后达到定，心定则生静，静则生慧；儒家坐忘，修炼的秘诀是"知止而后有定，定而后能静，静而后能安，安而后能虑，虑而后能得"。就是知道自己追求的目标，就能让自己定下来，定下来才能心静，心静才能心安，心安才能够认真思虑，认真思虑才能得到真知灼见。

顺应规律的人叫作真人，"真人者与天为一"，最高境界就是自然而然。主动去了解规律、见微知著、总结规律、顺应规律的人叫圣贤，从凡人到贤人到圣人再到真人，就是了解规律、顺应规律的过程。凡人就是老子所说的众人，是不研究规律，不适应规律的人，随心所欲，浑浑噩噩，顺应自己的欲望而不顺应规律的人。

"养神之所归诸道"，归了道，顺应了规律，涵养了五气，五气调和则术通，术通则神盛。"四边威势，无不为，存而舍之，是谓神化；归于身，谓之真人"，"四边威势"，即由"志、思、神、德"四大心术所产生出的效能。"存而舍之"，即如果将"四边威势"涵养于人的身体，就是真人了。

最后，鬼谷子告诉我们，"盛神法五龙"的效能：

如果达到"真人"的境界，能产生出什么样的效果呢？真人能与天同体、与道合一，能够坚守"一"，即把握自然之道，以此养育万物，怀着上天自然之心，施行恩德，用无为的思想指导意志、思虑，则自然能使威势远播。

"士者通达之，神盛，乃能养志"，纵横策士"通达之"，通晓了这一点，精神才能旺盛充沛，进而能培养高远宏大的志向。

二、养志法灵龟——军事外交官如何培养意志力？

人各有命，源自人各有志。志是欲之使，欲望太多，就会导致心力分散、意志消沉；如果能做到心神合一，欲望就无机可乘，没有了欲望，就会心力集中、意志坚强。因此，我们要做到对内养气，对外明察各种事物，致功成业就。

养志法灵龟

【原文】

养志法灵龟①。养志者，心气之思不达也②。有所欲，志存而思之。志者，欲之使也。欲多则心散，心散则志衰，志衰则思不达也③。故心气一，则欲不惶；欲不惶，则志意不衰；志意不衰，则思理达矣④。理达则和通，和通则乱气不烦于胸中⑤。故内以养志，外以知人。养志则心通矣，知人则分职明矣⑥。将欲用之于人，必先知其养气志。知人气盛衰，而养其志气，察其所安⑦，以知其所能⑧。

【注释】

①养志：培养志气。志：心之所之。内心的趋向。灵龟：古人认为乌龟是一种长寿而灵验能预知吉凶的动物。也有静心养气的性格。故称龟为"灵龟"。陶弘景注："志者察是非，龟者知吉凶，故曰养志法灵龟。"

②心：古人认为心是主思维的器官。《孟子·告子上》："心之官则思，思则得之，不思则不得也。"气：气机。指人体内气的正常运行机制，包括脏腑经络等的功能活动。达：流畅通达。

陶弘景注："言以心气不达，故须养志以求通也。"

③志者，欲之使也：志向是人欲望的使者。心散：心神散乱，思想分散。陶弘景注："此明纵欲者不能养气志，故所思不达者也。"秦恩复校订本云：一本无"志"字。

④徨：心神不安。《正韵》曰："彷徨，犹徘徊也。"陶弘景注："此明寡欲者能养志，故思理达矣。"

⑤和通：和谐畅通。陶弘景注："和通则莫不调畅，故乱气自消。"

⑥知人：认识人、了解人。分职：与身份等同的职责。分：工作、职责和权限等的范围。《忤合》篇：明名。陶弘景注："心通则一身奉，职明则天下平。"

⑦察其所安：了解其所安心于何处，意思是由外在的行为和情趣进而了解其人。参看前文《捭阖》篇："随其嗜欲，以见其志意。"

⑧知其所能：知道其所能做哪些事情，即了解他的能力大小。陶弘景注："将欲用之于人，谓以养志之术用人也。养志则气盛，不养则气衰。盛衰既形，则其所安、所能可知矣。然则善于养志者，其唯寡欲乎！"

【译文】

培养远大而坚定的志气要效法灵龟。之所以需要培养志气，是因为如果不培养志气，心神思虑便不能畅达。如果有了某种欲望，老是放在心里思虑，那么，志向便被欲望所役使。如果一个人的欲望太多，就会心神散乱。心神散乱，意志就衰弱了，意志衰弱，思想就会不清晰、畅达。所以，心神专一，欲念就不彷徨；欲念不彷徨，意志就不会衰退。意志不衰退，就能事理明达；事理明达，就能感到身体和谐通畅；和谐通畅，乱气杂念就不会烦扰于胸中。

因此，对内要培养志气，对外要了解他人。培养志气，心气就会畅通无碍，了解他人就会职责明确清晰。要用它来考察人，一定要先知道其是如何培养志气的。了解其志气的盛衰，然后通过其志气的培养，观察其安心于何处，从而了解其才能如何。

【原文】

志不养，则心气不固；心气不固，则思虑不达；思虑不达，则志意不实；志意不实，则应对不猛；应对不猛，则志失而心气虚；志失而心气虚，则丧其神矣[①]。神丧，则仿佛；仿佛，则参会不一[②]。养志之始，务在安己；己安，则志意实坚；志意实坚，则威势不分，神明常固守，乃能分之[③]。

【注释】

①固：坚固，稳固。实：坚实，坚定。猛：本义指健壮的狗，引申为突然、快速，迅猛之义，这里指反应敏捷。陶弘景注："此明丧神始于志不养也。"

②仿佛：心意彷徨，精神恍惚。参会：志向、思维、精神三者交会。参，通"叁"。不一：不专一。陶弘景注："仿佛，不精明之貌。参会：谓志、心、神三者之交会也。神不精明，则多违错。故参会不得其一也。"

③安己：使自己心神安定。分之：分散威势。引申为散发威势力，陶弘景注："安者，谓寡欲而心安也。威势既不分散，神明常来固守，如此则威积而势震动物也。上分。谓散亡也；

下分，谓我有其威而能动彼．故曰乃能分也。"

【译文】

如果志气得不到培养，那么心气就不稳固；心气不稳固，思虑便不通达；思虑不通达，则志与意就不充实，应对就不敏捷；应对不敏捷，就会态失和心气虚。志丧失和心气虚，就会导致神失，使人精神恍惚；精神恍惚，志、心、神三者就不能集中、协调、专一。

由此可见，养志的开始必先使自己安定；自己安定了，志和意便会充实坚定；志和意充实坚定了，威势就不会分散。神明能够一直固守不动，就能分人之威。

【新解】

内以养志，外以知人

纵横策士必须要有旺盛的神采，这是纵横策士给人的第一印象，所以，鬼谷子把它排在首要位置。接着第二个要素，要求纵横策士必须意与志坚定充实，这是纵横策士给人的第二印象。鬼谷子要求纵横策士"养志法灵龟"。

纵横策士要意志坚定充实，绝不能随意动摇。《说文》曰："志者，心之所之也"。志就是心向往的地方。养志，是指确立自己的志向，培养实现志向的能力。即明确自己的追求与目标，而且对目标执着追求、孜孜不已。养志也包括涵养主见，能达到思不"烦"，心不"乱"，不被迷惑，不受干扰。如果耳根子软，别人说一句话就改变了坚定的志向，就难成大事。少些欲望才能保持灵活多变、通达事理的头脑。这样才能做到意志如钢！所以，鬼谷子在本篇谈到了"养志法灵龟"。

乌龟有什么地方值得效法学习呢？

第一，灵龟寿极长。俗语有"千年王八万年龟"。中国文化里认为寿命长的人阅历深、见识广。所以，我们认为乌龟见多识广、有智慧，中国民间一直有"龟丞相"的传说。

第二，灵龟的壳甲厚实坚固，一看就有坚实、厚重和稳健感。乌龟踏实、稳重，而不浅薄、浮躁。鬼谷子在此告诉我们，要想成就非凡事业，要像乌龟一样具备踏实稳重的特质。

第三，灵龟喜静，耐得住寂寞。一个人只有坐得住冷板凳，才能做得出好学问。只有耐得住寂寞，才能坚持到最后。每个成功人士都有一段回想起来能把自己感动至落泪的经历，在那段时光里，会有人不解，会有人嘲讽，会有人劝他放弃，但他坚持下来，于是才有成就。

第四，灵龟具有超强的意志力。灵龟不轻于行动，在一个地方可待上几年、几十年甚至几百年，不容易受干扰，由此可见乌龟有坚韧的性格。龟以静制动，性情稳定，具有很强的意志，不容易受干扰。凡此，都象征着一个杰出领导者应该具备的特点。

1941年6月22日凌晨，战争狂魔希特勒率330万德军、200多万仆从国军队进攻苏联。面对希特勒军队的进攻，苏联前线部队被击溃，1941年10月，180多万德军向莫斯科逼近，斯大林手里只有不到70万士兵可用。10月10日，莫斯科近郊莫扎伊斯克防线被攻破，很多人准备放弃战斗、缴械投降。

此时，斯大林没有被希特勒的气势吓倒。他认为军队成败的关键在于是否拥有钢铁般的意志力，因此当务之急是重塑军队抗战的意志，他说："军队已丧失斗志，局势在恶化，必须恢复军人的勇气。"接下来，斯大林颁布史上最严军令："军队绝不能容忍一丝懦弱，任何胆怯都将遭到最严厉的惩罚。"凡是逃跑的士兵，必遭枪决，其家属将被流放，战友和长官一同遭受惩罚！斯大林就是要让士兵知道，他们已经别无选择，唯有与德军血战到底，战死沙场！在这一军令下，战士视死如归，平民也穿上军装走向战场。同时，紧急调动东部边防部队增援莫斯科，希特勒的军队终于被挡在了莫斯科城郊，钢铁意志竟然显示出强大的威力。

10月底，莫斯科下起了连阴雨，道路泥泞，希特勒军队的后勤保障出现大问题。11月27日，气温一下子降到零下30摄氏度，希特勒军队被迫撤退了。苏军随即展开反攻，双方在斯大林格勒进行了一场历史上最残酷的战斗。此战以德军被全歼而告终。此战成为第二次世界大战的转折点。就这样，希特勒称霸世界的野心崩溃于斯大林的钢铁意志前。

"养志"乃明志、坚志的内炼之道。明志是指明确自己的志向；坚志是指执着于自己的目标。鬼谷子认为，做人要养志，看人要看志。

鬼谷子曰："志者，欲之使也！"志向是一个人欲望的代表。但是，"欲多则心散，心散则志衰。志衰则思不达也！"欲望太多人就分心了，精力和时间也会不够用，人的内心感到疲惫，思想不明确，导致无法行动。人能养志，才能心境和通，思虑畅达，神气稳固，反应敏捷，能明察是非善恶。那么，该如何养志？鬼谷子认为养志的关键在于"去欲"和"安己"。

一要去欲。欲，从谷从欠。是指人的需求如山谷没有被填满，心心念念。是人就会有欲望，有欲望就会有需求，有需求就会有被人一击即破的弱点。这是人性的弱点。所以，养志的过程，就是克服俗念、俗欲的过程。有了志，才不会心烦、气虚、神衰、思乱，才能执着、坚强、敏捷、明智。

二要安己。在现实生活中，要达到"养志"的目的，首先要安定自己的内心，努力做到心神合一，这样，欲望便无机可乘。世界上的事情纷繁复杂，只要意志坚定，心神合一，反复实践，就能顺利掌握其中的规律，处事之法也就变得得心应手、运用自如。心安才能养志，所以，养志的起点在于安己。鬼谷子更强调："志不养，则心气不固；心气不固，则思虑不达；思虑不达，则志意不实；志意不实，则应对不猛。"

鬼谷子还强调了言辞应对重要作用，他告诉纵横策士，除了自身素质之外，成功的关键还在于能调动大家的积极性。把干部发动起来，要靠领导的动员能力。需要领导者在言谈、沟通、演说、激励方面有很强的能力，而领导艺术第一要紧的就是言词应对艺术。

"应对不猛，则志失而心气虚；志失而心气虚，则丧其神矣。"如果没有神气了，人就会恍恍惚惚，神、志、心就不能合一。神、心、志不集中，就不能作出英明的决断。而要安己，关键在于寡欲，寡欲才能动机纯正，目标专一。养志之后还要安己，安己才能不受干扰，神明常在，专一不二，固守不移。安己才能高度凝聚精神力、思维力，形成爆发力，就会产生震物之威。

其实，领导有两件最重要的事情：第一件事情是定战略、定方向；第二件事情是知人善任，把合适的人安排到合适的位置上。如果没有明确的思考，方向自然定不对，如果没有明确的思考，自然也不会知人善任。方向错了，人又用错了，目标当然达不成。当领导者能知人的时候，他就会去了解员工的禀赋志趣，把合适的人放在合适的岗位上。职责分明，让每个人都恪守职责各安其道，组织才能够正常地运转。鬼谷子说："察其所安，以知其所能。"于是各人的"分、职"，就明明白白、清清楚楚、有条不紊。这样的管理，就是最上乘、最不费力气、最成功的管理。

三、实意法腾蛇——军事外交官如何深谋远虑？

只有意志、思虑安定，才能使心境保持安详；心境安详则精神愉悦，精神愉悦则精力集中，这样就可避免差错。"心安静则神明荣，虑深远则计谋成。"静心是安心的前提，只有静心，五脏六腑才能和谐与平衡，才能精力充沛、思想充实和审虑精密。

实意法腾蛇

【原文】

实意法腾蛇①。实意者，气之虑也②。心欲安静，虑欲深远。心安静则神明荣，虑深远则计谋成。神明荣则志不可乱，计谋成则功不可间③。意虑定则心遂安，心遂安则所行不错，神自得矣，神得则凝④。识气寄，奸邪得而倚之，诈谋得而惑之，言无由心矣⑤。故信心术、守真一而不化，待人意虑之交会，听之候之也⑥。

【注释】

①实：充实。意：藏在脾内，是脾脏之气，体现脾脏的精神状态，主思虑。实意：指脾之气充沛而思虑精确。腾蛇：传说中一种能飞的神蛇，是与龙同类的神物，能兴云驾雾。腾蛇多与神龟并称，因此被视为玄武的分身。陶弘景注："意有委曲，蛇能屈伸，故实意者，法腾蛇也。"

②气：气机。气之虑：这里指脾的气机，思维、谋虑活动。"气"是古代的哲学与医学概念，在生理上是指神经与器官

的功能。陶弘景注："意实则气平，气平则虑审，故曰实意者气之虑也。"

③荣：草木的花，引申为繁盛。《楚辞·橘颂》："绿叶素荣，纷其可喜兮。"这里指精神旺盛。《素问·五藏生成论》："此五藏所生之外荣也。"神明荣：精神生机勃勃，旺盛充沛。间：离间，隔阻。陶弘景注："智不可乱. 故能成其计谋；功不可间，故能宁其邦国。"

④遂：顺遂。错：错乱。得：得意。《说文》："行有所得也"。凝：精神集中。陶弘景注："心安则无为而理顺，不思而玄览。故虽心之所行不错，神自得之，得之则无不成矣。凝者，成也。"

⑤识气：智识，心气。寄：本义是托付、委托。《说文》："寄，托也。"《论语·泰伯》："可以托六尺之孤，可以寄百里之命。"引申有依附、客居之义。识气寄：心思游离不定，不得其所。得：（借此）可以，能够。倚：凭借。言无由心：说出的话未经思考脱口而出。陶弘景注："客，谓客寄。言识气非真，但客寄耳，故奸邪得而倚之，诈谋得而惑之。如此则言皆胸臆，无复由心也。"

⑥信：信守。信心术：信守心气的运行规律，使之澄清明朗。真一：道家哲学名词。本指道的唯一性，保持道之本性，自然无为。意虑之交会："虑"是思索，"意"是运化、联想，由此及彼的联想。所以说"意虑之交会"。即意念、思虑相互交感、互动。听：繁体为"聽"，古字形从口从耳，本义指耳朵听见口中所言。听取别人的意见之后，必然在思想行动上顺从、服从，故引申为听从、接受。候：守望，观测。陶弘景注："言心术诚明而不亏，真一守固而不化，然后待人接物，彼必输诚

尽意。智者虑能，明者献策，上下同心，故能谋虑交会也。用天下之耳听，故物候可知矣。"

【译文】

若要充实意念，必须效法螣蛇。充实意念，是脾脏之气的思维活动。心要安静平和，思虑要深邃长远。心若安静，神便会充沛旺盛；思考若深远，谋划事情便能成功。神澄清明朗而且旺盛充沛，心志就不会受到干扰紊乱；谋划周详，事业的成功便不可阻挡。意志思虑安定，心境便会顺遂安泰；心境顺遂安泰，所行就不会有差错。神气就自然而然地获得充实，神气自得便会精神集中。如果心思游离不定，奸邪就会乘虚而入，欺诈阴谋也就会乘机迷惑人心，说出的话便没有过心而言不由衷。

所以，要信守心气的运行规律，坚守真一无为之道而不改变，安神静心，待人精力高度集中，"意"与"虑"之间产生了相互交感互动的"实意"状态，做到了这一步就听从自己内心的声音，静候时机，而从容应对。

【原文】

计谋者，存亡之枢机①。虑不会，则听不审矣；候之不得，计谋失矣。则意无所信，虚而无实②。无为而求。安静五脏，和通六腑，精神、魂魄固守不动③，乃能内视、反听、定志，虑之太虚，待神往来④。以观天地开辟，知万物所造化，见阴阳之终始，原人事之政理。不出户而知天下，不窥牖而见天道。不见而命，不行而至。是谓"道知"⑤。以通神明，应于无方，而神宿矣⑥。

【注释】

①枢机：关键。陶弘景注："计得则存，计失则亡。故曰计谋者存亡之枢机。"

②审：周密，详细。陶弘景注："虑不合物，则听者不为己听，故听不审矣，听既不审，候岂得哉？乖候而谋，非失而何，计既失矣，意何所信，惟有虚伪，无复诚实也。故计谋之虑，务在实意。实意必从心始，故曰必在心术始也。"根据注释，原文最后应该遗漏了"故计谋之虑务在实意，实意必在心术"。

③五脏：心、肝、脾、肺、肾。六腑：胆、膻中、胃、大（小）肠、三焦、膀胱。精神：精藏在肾里，肾的神明为志。神藏在心里，心的神明为神。魂魄：魂藏在肝里，主谋虑，魄藏在肺里，即魄力。

④内视、反听：观之用心不用目，听之用心不用耳。司马迁《史记·商君列传》："反听之谓聪，内视之谓明，自胜之谓强。"思之太虚：指头脑达到毫无杂念的虚空境界。《老子》："致虚极、守静笃"。陶弘景注："言欲求安心之道，必寂澹无为。如此则五脏安静，六腑通畅，精神魂魄各守所司，澹然不动。则可以内视无形，反听无声，志虑定．太虚至，神明千万往来归于己也。"

⑤万物所造化：所造化万物的规律。原：推究，考究。政理：为政的道理。牖：上古的"窗"专指开在屋顶上的天窗，开在墙壁上的窗叫"牖"。不见而命：没有看到事物却可以给出指示或告诫。道知：凭借"道"来了解一切事物。《老子》："不出户，知天下。不窥牖，见天道。其出弥远，其知弥少。"陶弘景注："唯神也，寂然不动，感而遂通天下之故，能知于不知，

见于不见。岂待出户窥牖之然后知见哉！固以不见而命、不行而至也。"

⑥无方：没有极限。陶弘景注："道，无思也，无为也。然则，道知者岂用知而知哉！以其无知，故能通神明，应于无方，而神来舍矣。宿，犹舍也。"

【译文】

计谋策略是关系国家存亡成败的关键。如果意与虑不能相互交会，听到的情况便不周详；所期待的东西就得不到，计谋就不会成功。这样，意就会无所依靠，变得空虚而不实在了。

意与虑之交会，必以无为之道求之，安静五脏，让六腑之气运行和谐通畅，精神魂魄固守不动，便可以内视反听，感知洞察外在一切事物。这样便可以凝神定志，使头脑达到毫无杂念的空灵境界，等待神明往来。

达到这种境界，就可以观察天地的开辟，了解造化万物的规律。发现阴阳变化的消长，探究出治国平天下的道理。这便叫作足不出户而知天下，不把头探出窗外便可了解自然界的变化规律；没有见到事情发生便可给出指示或告诫，不需身临其境而心就能体会。这便叫作"道知"。诚如此，就可通达神明，可以应对万事万物，就能使神明长驻心中。

【新解】

深谋远虑如有神助

"意"主要是指意识、回忆或未成定见的思维，脾藏意就是体现了脾主运化水谷，化生营气，以营养意的生理，即"脾藏营，营舍意"。意为脾所主，因此脾气盛衰直接影响意的活动正常与否，脾虚易引起健忘、注意力不集中、思维不敏捷及智力下降。所以，鬼谷子强调"实意法螣蛇"。

实意就是丰富自己的内涵，充实自己的意，是使自己思虑精纯的内炼之道。只有内心充实，精神兴盛的人，才能动静协调、收放自如。螣蛇静则蛰伏不动，隐形不现，而一旦动作，则果断迅猛。人也一样，意念坚实，考虑周详，就能动静自如、所立不败。

鬼谷子之所以要纵横策士向螣蛇学习，是因为螣蛇有以下几个特点：

第一，考虑周密。螣蛇会藏在一个隐秘的、不容易被侵害的地方，极具耐心，且十分机警。

第二，快速出击。一旦有猎物侵入，它可以用极快的速度准确地出击。

第三，稳、忍、准、狠。稳，稳健、安静。忍，隐忍、忍耐，等待时机。准，一旦抓住时机，确定准确的策略。狠，一击即中，使猎物猝不及防。

如何才能把警觉变成自己的本能，从而像螣蛇那样稳、准、狠呢？

首先，训练。就是按照标准的动作一再重复，重复到潜意识，重复到成为本能的一种反应。一是滴水石穿，不断地学习总结。二是大量演练，提高自己的实践经验。三是内视反听。内视反听是潜意识在作决定。训练自己的警觉，训练自己的直观。自我反省，自我审察，头脑清醒，思路精纯，然后才能探究人世间的为政之道。怎样才能达到内视反听？就需要"安静五脏，和通六腑，精神魂魄固守不动"。

其次，心静。鬼谷子说："心欲安静，虑欲深远。心安静则神明荣，虑深远则计谋成。神明荣则志不可乱，计谋成则功不可间。意虑定则心遂安，心遂安则所行不错，神自得矣，神得则凝。"就是说，我们要搜集更多的信息充实自己，让自己的思路更清晰。心安静下来了，才能够思考得长远。心安静下来，精神饱满，深谋远虑，行为符合事理，达到以心知物、通灵天下的境界，心静到"无为而求"。寂澹无为，淡泊宁志，不是先入为主，而是虚己待物，处于自然状态。这样，才能神明归于胸中。志虚始于太虚，即老子所言"致虚极，守静笃"。思维得到深化。达到神心自得，注意力高度集中，才会有较强的思考力，想得深，想得远。无欲而求，倒空自己，不要让一切的烦恼缠绕自己的内心，才能够静下来，静能生慧，思路也就出来了。

再次，要意虑交会。"虑不会，则听不审矣；候之不得，计谋失矣。"如果意与思虑不能相互交会，听到的情况便不周详，所期待的东西就得不到，计谋就不会成功。要以无为来求得意虑交会，安静内脏，通畅之气，静心等待神明的到来。

鬼谷先生提出一个超越从九窍、十二舍而来的真知灼见的"知"，名为"道知"。什么是"道知"？"……思之太虚，待神往来。以观天地开阖，知万物所造化，见阴阳之终始，原人事之政理。不出户而知天下，不窥牖而见天道。不见而命，不行而至。是谓道知。"这需要观、知、见、原，即观察、认识、发现、推究，观察天地开合之道，认识万物造化之理，发现阴阳变化的规律，推究社会政治经济的复杂关系，从直接经验中去寻求对规律性的把握。如果不尊重客体，不重视直接经验，就会意虑无信，虚而不实。这样便可以精神内敛来洞察一切，便可以志向坚定，使头脑达到毫无杂念的空灵境界，等待神妙的灵感的闪现，无为而道知和灵光就会接踵而至！

四、分威法伏熊——军事外交中如何韬光养晦？

威要外分，先要内盛，"分威"乃先伏后击、一击而成的行事法则。分威的本质在于强调不鸣则已、一鸣惊人的效果，关键在于先积蓄优势，善于运用优势，并且善于装傻示弱、藏拙内敛，等待良机。

分威法伏熊

【原文】

分威①法②伏熊③。分威者，神之覆也④。故静意固志，神归其舍，则威覆盛矣⑤。威覆盛，则内实坚；内实坚，则莫当；莫当，则能以分人之威而动，其势如其天⑥。以实取虚，以有取无，若以镒称铢⑦。

【注释】

①分威：分，分散；散发。威，其古字形像女子拿着象征权威的斧钺，形容强大的力量和令人敬畏的气势。分威在本篇之义有二：一是发挥自己的威势；二是分散对方的威势。

②法：效法。

③伏：从人、从犬，表示犬趴伏在人身旁。此处为趴下、俯伏之义。伏由"匍匐"或"俯伏"之义引申而有"守候"之义，所以，《说文解字》说"伏，司也"；本义是"伺机狙击"。无论是人还是动物，想隐藏自己的时候，一般会趴下不动，所以又引申指潜藏、埋伏。伏熊：意谓要想发挥威势和影响力，应该像准备出击的熊，必须俟隙而入，待机而动，所以分威之

道，首先在于"养志伏意"，然后再"视间"而动。陶弘景注："精虚动物，谓之威；发近震远，谓之分。熊之搏击，必先伏而后动，故分威法伏熊也。"

④覆：覆盖，笼罩。发挥威势，是威势在外而神在内。陶弘景注："覆，犹衣被也。神明衣被，然后其职可分也。"

⑤静意固志：使自己思虑镇静，志向坚固。神归其舍：使神气凝聚在心中。指心神合一。舍：房屋，指居住之地。陶弘景注："言致神之道，必须静意固志，自归其舍，则神之威覆隆盛矣。舍者，志意之宅也。"

⑥内：内心，内在。实坚：充实而坚固。莫当：无法阻挡。如其天：如同天威。陶弘景注："外威既盛，则内志坚实，表里相副，谁敢当之。物不能当之，则我之威分矣。威分势动，则物皆肃然，畏敬其人之若天也。"

⑦实：坚实。虚：空虚。以镒称铢：用重的砝码称量轻物，比喻以重驭轻，轻而易举。镒、铢：古代重量单位。一镒相当二十四两，一两相当于二十四铢。称：称量轻重。陶弘景注："言威势既盛，人物肃然，是我实有而彼虚无，故能以我实取彼虚，以我有取彼无。其取之也，动必相应。犹称铢以成镒也，二十四铢为两，二十四两为镒也。"

【译文】

发挥自己的威势，必先积蓄威势，要效法准备出击的熊，先伏后击。若要发挥威势，其实是威在外而神在内。所以，要静意而固志，神就会归其舍，威势覆在神之上，就会产生巨大威力。

威力盛大，就能使自己的内心充实而坚定；内心充实坚定，威力发出便无法阻挡。无法阻挡，就能以发出的威力撼动别人，其势如同天威。那么，我们要想发挥威力、影响别人，就要用己方之实来攻取对方之虚，以己方之优势去攻对方之劣势。这就好像拿"镒"和"铢"比较一样，优势巨大，强弱悬殊。

【原文】

故动者必随，唱者必和。挠其一指，观其余次，动变见形，无能间者①。审于唱和，以间见间，动变明，而威可分②。将欲动变，必先养志、伏意，以视间③。知其固实者④，自养也。让己者，养人也。故神存兵亡⑤，乃为之形势。

【注释】

①唱，同"倡"，倡导。和：应和，附和。挠：弯曲。余次：剩下的，其他的。动变见形：所有的动作变化都能表现出来。间，间隙。这里指没有机会逃得掉。陶弘景注："言威分势震，靡物犹风，故能动必有随，唱必有和。但挠其指以名呼之，则群物毕至。然徐徐以次观其余，众循性安之，各令得所。于是风以动之，变以化之。犹泥之在钧，群器之形自见。如此，则天下乐推而不厌，谁能间之也？"

②间：间隙、矛盾或可利用的机会。陶弘景注："言审识唱和之理，故能有间必知。我既知间，亦既见间，即莫能间，故能明于动变，而威可分也。"

③养志：培养心志。伏意：隐藏自己的意图。视间：观察、等待可利用的机会。陶弘景注："既能养志、伏意，视之其间。则变动之术可成矣。"

④固实：使信念坚固，意志充实。

⑤让己：谦让自己。兵亡：不需要动用外在的力量了。兵，兵器。陶弘景注："谓自知志意固实者，此可以自养也；能行礼让于己者，乃可以养人也。如此，则神存于内，兵亡于外，乃可为之形势也。"

【译文】

所以，威力所及，只要我们有所行动，便一定有人跟随，有所倡导便一定有人附和。就像触动他一个指头，便可看到他的其他指头的动向一样，对方的所有的动作变化都会明显地呈现在我们面前，没有任何遗漏。仔细地研究观察言行的唱和应对情况，通过捕捉对方的蛛丝马迹去寻找对方的缺陷、矛盾或可利用的机会，待对方的举动和应变的局势明晰之后，就可以发挥自己的威势了。但是，自己要想有所举动或采取应变举措，一定先要培养心志、隐藏意图，观察对方缺陷和空档的出现。

能够坚固自己的信念、充实自己意志的人，这是在修养自己；能够做到谦退礼让的人，这是在成就别人。能如此，对内，神存心中，精神旺盛；对外，不战而屈人之兵，这便是为发挥威势或影响力所营造的最好的形势。

【新解】

积蓄实力，静候良机

一个真正有学问的人，往往谦逊，不会逢人就教；真正有财富的人，往往低调，不会逢人就炫；真正有德行的人，往往慧心，不会逢人就表；真正有智慧的人，往往圆融，不会显山露水；真正有品味的人，往往自然，不会矫揉造作；一个真正有修为的人，往往安静，不会争先恐后，挑战真正强大的一方，往往不会耀武扬威。

当年，秦始皇出巡，刘邦夹在人群中，看到了始皇帝，叹道："大丈夫当如是也！"一个人的形象，让人看到就情不自禁发出赞叹，如果其没有神采飞扬的架势，是办不到的！这就是《鬼谷子》前文所言的"盛神法五龙"。在本章里，鬼谷子来了个急转弯，要求领导者，除了必要时亮一亮相外，绝大部分时间必须隐藏，效法伏熊。

熊的体重和所能发出的威力是非常惊人的，但是，它在发动攻击之前，却是分外小心地隐藏和潜伏着的。这就告诉我们，时机未到的时候一定不要张扬。鬼谷子认为智者"谋之于阴，故曰神；成之以阳，故曰明"。私下谋划，别人都没有察觉到，这叫神，大家只看到了其成功，不知道其背后的努力，就会认为这个人是天才，所以认为其高明。鬼谷子定义"分威"："分威者，神之覆也。"就是把自己的神采和实力覆盖起来。

君子立身行事要识时务。识时务者为俊杰！怎样去识时务？就是要"分威法伏熊"。对我们来说，如果看到一个机会，就要积极做事建功立业。时机不成熟的时候，一定不要张扬。鬼谷子要纵横策士有像伏熊一样的素养，要深藏不露。

陶弘景认为，分威就是"精虚动物""发近震远"，讲的是张扬声势，扩散影响力，熊往往先伏后击，人之"分威"也要善于蛰伏，蓄势，而后才能做到爆发迅猛，所以分威要效法伏熊。

分威，分为两方面：发挥自己的威势，同时要分散对方的威势。

第一，发挥自己的威势，应该注意两点：

首先，要蓄势，要盛威于内。威要能外分，先要内盛。"内实坚，则莫当"。这就要在意、志、神上下功夫，即"静意固志，神归其舍"。意念安静不躁动，心志要坚固不浮虚，精神要守舍集中不散乱。意、志、神相互涵容，才能威壮盛于内，既能"动物"又能"震远"，产生较强的影响力和辐射力。

在讲到纵横策士的精神风貌的时候，鬼谷子说：盛神法五"龙"。五龙本是五行，为什么先生特别用一个"龙"字呢？这就是鬼谷先生高明的地方，他在话语中，早已埋下了伏笔。所谓：神龙见首不见尾，龙出现的时候，总是在四面八方雷击电闪、半云半雾之中。曹操给英雄下了定义："夫英雄者，胸怀大志，腹有良谋；有包藏宇宙之机，吞吐天下之志者也。"鬼谷先生要领导绝不能轻易亮相，要亮相，也要选择（安排）好亮相的妥善环境——雷、电、云、雾，一样都不得少。

其次，要善于发挥优势，扬长避短、以实击虚。先要知己知彼，分析彼此优劣，"以实取虚，以有取无，若以镒称铢"，可轻易取胜。《孙子·虚实》中说："兵之形，避实而击虚。"即避开对方来势，而打击对方的薄弱之处。《拳经拳法备要·审势》记载："与人对敌之时，总要攻击空处，空处何？两肘胸腰与腋，并腿心腿腕是也，能攻空处则敌人无所用力，自能百发百中，则所谓避实击虚之法也。""实"就是勇、强、治、众、有备等优势；"虚"就是怯、弱、乱、寡、无备等弱点。如果你用自己的长处去对付别人的短处，用自己的优势去对付对方的弱点，必能胜券在握。

所以，在你自己有长处、有优势的时候，就可以直接打败对方，如果不具有长处和优势，怎么办？你可以分威，通过分散和削弱对方的威势和力量，让对方的实力弱于自己。整体不占优势，争取局部优势。然后再集中优势兵力，各个歼灭之。

同时，要注重蓄势造势，一定要做到不举事则罢，一旦行动，天下响应。

第二，分散对方的威势，即分对方之威，要注意三点：

首先，要善于"伏意""视间"。要用最小的代价，寻求最大的效果。必须潜居抱道，精心准备，以待其时。其次，要把握时机，营造舆论。再次，要加强自身修为，扩大自身影响力。

"知其固实者，自养也。让己者，养人也。"什么叫大树理论？要想开花结果，其种子必先受得了在地底下被埋没时的寂寞，先生根发芽，而后才会开花结果。任何成就、任何成功都不会一蹴而就，"十年寒窗无人问，一朝成名天下知。"要想一朝成名，必须要十年寒窗，积蓄实力，抓住时机，待机而动。

所以，成事者贵在能屈能伸，不因一时之成败而自满或消沉，能一飞冲天的人必定在不飞则已的时候用心观察，能一鸣惊人的人必定在不鸣则已的时候不断地养精蓄锐。就是我们在面对不利环境的时候必须要发挥自己的积极主观能动性，给自己积蓄实力，以待发展的机会，当机会来的时候要抓住机会高调做事，化险为夷、转危为安！这既是捭阖之道，也是忤合之道。

五、散势法鸷鸟——军事外交该如何果断出击？

冷眼旁观，静观其变，一旦发现对方的出现致命弱点，竭尽全力发出关键一击。要想实现这点，不能被动地等待，必须善于发现机会，等待机会，创造机会，更重要的是要能够当机立断，随机权变。

散势法鸷鸟

【原文】

散势法鸷鸟[①]。散势者，神之使也[②]。用之，必循间而动[③]。威肃[④]，内盛[⑤]，推间而行之[⑥]，则势散。夫散势者，心虚志溢[⑦]。意衰威失，精神不专，其言外而多变[⑧]。故观其志意，为度数[⑨]，乃以揣说图事[⑩]，尽圆方[⑪]，齐短长[⑫]。

【注释】

①势：事物所蕴含的力量或力量的惯性趋向。这里指威势。后文鬼谷先生自定义："势者，利害之决，权变之威。"散势：利用强大的势能，果断迅猛出击。鸷鸟：凶猛而善于搏击的鸟类，如鹰、隼之类。《说文》："鸷，击杀鸟也。"陶弘景注："势散而后物服，犹鸟击禽获，故散势法鸷鸟也。"

②神之使：由精神主宰，驱使。陶弘景注："势由神发，故势者神之使。"

③间：《说文》："间，隙也。从门中见月。会意。"门有间隙，从门内可以看到月光之意。本义指缝隙。由缝隙、间隙引申为人与人或国与国之间的嫌隙、隔阂。《左传·昭公十三年》：

"诸侯有间矣。"由嫌隙、隔阂，引申为寻找空子，故意造成别人之间的嫌隙，即挑拨、离间。这里指间隙，矛盾，可乘之机。陶弘景注："无间则势不行，故用之必循间而动。"

④威肃：气势威严让人敬畏。肃：恭敬，引申指庄重、威严。威，强大的力量和令人敬畏的气势。

⑤内盛：内力强盛，内心强大。

⑥推间：推动间隙的发生。推，指"使事情开展"。陶弘景注："言威势内盛行之，又因间而发，则其势自然而散矣。"

⑦心虚：思想虚静，没有杂念，才能客观思虑。溢：多者盈者，本义为水多而满而涌出。这里指充满、充沛。志溢：意志充盈、饱满。陶弘景注："心虚则物无不包，志溢则事无不决，所以能散其势。"

⑧意衰威失：意志衰微，威势丧失。陶弘景注："志意衰微而失势，精神挫衄而不专，则言疏外而谲变也。"

⑨度数：规则，标准。

⑩揣说：揣摩和游说。图事：谋划事情。图，其本义是古代在皮、绢等材料上标画城邦乡邑及边界的示意资料，后引申为思虑、谋求、谋划。

⑪尽：甲骨文的右上方是一只手（又），手中拿一把刷子，下部是食器（皿），表示刷洗食器；洗刷干净即为"尽"。《说文解字》："尽，器中空也。"所以"尽"字的本义应为"完"或"没有了"。"器中空"也表示全部用出、努力完成。圆方：指圆谋方略。本书《反应》篇曰："未见形，圆以道之；既见形，方以事之。"

⑫齐，本义就是谷穗整齐。齐，理也。也引申为"整治、整理"之义。《礼记·大学》：欲治其国者，先齐其家。"短长：

是非、得失、长短、优劣，借指纵横游说之术。《史记·平津侯主父列传》："主父偃者，齐临淄人也。学长短纵横之术。"陶弘景注："知其志意隆替，然后可为之度数。度数既立，乃后揣说之图其事也。必尽圆方之理，变短长之用也。"

【译文】

散发自己的威势，要效法寻机而动、迅猛出击的鸷鸟。向外散发威势，是由内在的精神力量驱动的。要散发威势，一定要抓住可乘之机采取行动。如果自己的威势充盈，内气强盛，并能推动对方出现间隙进而采取行动，那么，威势便可以发散出去。向外散发威势的人，自己的内心一定要虚静而无杂念；意志要充盈，从而能够冷静决断。如果意志衰微，便会丧失威势，加上精神不能专一，那么，说起话来便会不切合情理，词不达意，变化无常。

所以，要观察对方的真实的思想意志，并以此为行事标准，一旦得到对方真实的意志，就可以据此而进行揣摩游说，进而谋划各种事情，充分使用圆与方的处事艺术，灵活运用纵横游说的策略方法。

【原文】

无间则不散势[①]。散势者，待间而动，动而势分矣[②]。故善思间者，必内精五气，外视虚实，动而不失分散之实[③]。动则随其志意，知其计谋[④]。势者，利害之决，权变之威。势败者，不以神肃察也[⑤]。

【注释】

①无间则不散势：如果没有可利用的机会，就不随便散势。

②动而势分也：一旦行动，就能把对方的威势分散瓦解。陶弘景注："散不得间，则势不行。故散势者待间而动。动而得间，势自分矣。"

③善思间者：对间隙和有利机会能准确分析和把握的人。五气：五脏的精气。实：实效。陶弘景注："五气内精，然后可以外察；虚实之理不失，则间必可知。有间必知，故能不失分散之实也。"

④随：跟随。陶弘景注："计谋者，志意之所成。故随其志意，必知其计谋也。"

⑤败：衰败。陶弘景注："神不肃察，所以势败也。"

【译文】

如果对方没有出现我方可利用的间隙或漏洞，那么，我方就不能散势。散势，一定要等到有可乘之机的时候才能对对方采取行动，不动则已，一旦行动，必使对方的威势分解。所以，对间隙和有利机会能准确分析和把握的人，一定要对内精炼五气，对外观察虚实，才能把握时机。一旦采取行动，便不会失去散发威势的实效。我们要行动就必须紧紧跟随对方的志意，了解对方的计谋。

总之，势是决定利害的关键，也是权变的威力所在。威势衰败，往往是因为不能够集中精神去严谨地审察事物。

【新解】

果断出击以收实效

从事军事外交的人要善用威势，发挥影响力，出手要果断有力，谓之"散势"。

鬼谷子告诉我们散势要效法鸷鸟。散势，就是散发威势，即利用权威和有利形势采取行动，就像鹰一样，能抓住时机，一举捕得猎物。

势是优势、形势和气势形成的爆发性冲击力。散势即是利用巨大的势能发散冲击力，这就像凶猛的鸷鸟那样，一旦发现到目标或遇到强敌，或利害攸关，或遇到突变，就要反应迅猛厉捷，运用爆发性的冲击力使之慑服，一举取胜。为什么要法鸷鸟？鸷鸟中最凶猛的是鹰，我们就以鹰为代表说明一下鸷鸟的优势。

《列子·黄帝篇》中记载："黄帝与炎帝战于阪泉之野，帅熊、罴、狼、豹、虎为前驱，雕、鹖、鹰、鸢为旗帜。"像鹰一类的鸷鸟被黄帝标于旗帜之上。我们来看一下鹰有哪些特征：

第一，超越。鹰有强壮的翅膀，可以翱翔于万丈高空。关于鹰的高飞能力，毛泽东在《沁园春·长沙》中写道："鹰击长空，鱼翔浅底，万类霜天竞自由。"因为飞得足够高，高到别的鸟类达不到的高度，所以没有天敌。现在我们要反思的是，我们的实力和技术及竞争力，高到没有竞争者了吗？

第二，高贵。鹰很稀少，稀为贵，不像老鼠那样繁殖旺盛、让人生厌。此外，鹰不屑与一般鸟类为伍，一般不会吃死的东西，只吃自己捕捉的东西。

第三，明察。鹰有一双犀利的眼，飞得高，看得远，眼界开阔。即便在万丈高空之上，它对地上的猎物都能明察秋毫。

唐代诗人王维在《观猎》中写道："草枯鹰眼疾，雪尽马蹄轻。"说的就是鹰的观察力。纵横策士也要像鹰一样高瞻远瞩看未来，明察秋毫看现在。高瞻远瞩看未来，说的是战略；明察秋毫看现在，说的是捕捉当前的机会。如果具备了这两种明察能力，何怕出手不力、事业不成？

第四，凶猛。鹰有一张刀子般锋利的嘴，一双金刚爪。在万丈高空之上，鹰一旦发现猎物，即刻猛扑直下，使出全身力量捕猎，这个势能不啻天威。用爪抓，用嘴叼，猎物无从逃脱。我们做事也要如此，一旦锁定目标，就迅猛贯彻，立即行动，执行到底。

鸷鸟之击，必飞于高空，然后俯冲而下，其势险，其节短，有高度才能有势能。所以，行动时首先要有势能，象鸷鸟一样，非遇一击而擒的机会而不出手，行必果功必成。故曰散势法鸷鸟。

用兵或外交之道，该如何散势？

第一，要循间而散。"间"是什么？间是空隙，是矛盾。因顺空隙、矛盾和机会来行使威势。要做到有间必知，料间必准。古人云：善战者，见利不失，遇时不疑。讲的就是要善于捕捉战机，看准对方在移动中出现的漏洞，抓住对方最薄弱的地方，乘虚而入，最终取得胜利。

第二，要待间。即等待合适的空隙、矛盾和机会来行使权威。当客体中的矛盾没有激化、弱点没有外显、有利时机尚未出现时，不可贸然发动攻势，"无间则不散势"，要冷静观察，以待变化。要达到散发威势的目的，就要善于利用对方的间隙采取行动，只有这样，威势才能发散出去。

像司马懿与诸葛亮对决，因为他找不到诸葛亮的间隙和漏洞，所以，不管诸葛亮如何挑战，司马懿都不出城迎战。为什么他不敢散发自己的威势？因为对手不是一般人，决定了他不能任性而为。诸葛亮送女人衣服和女人胭脂，骂他没血气之勇，不是男人，司马懿一点都不生气。这就是高手。他在干什么？待间而动。很多人都急了司马懿也不急，弟弟司马孚写信探问军情，司马懿回信说："亮志大而不见机，多谋而少决，好兵而无权，虽提卒十万，已堕吾画中，破之必矣。"从这句话来看，司马懿对诸葛亮的性格心理、做事风格都揣摩得十分透彻，在见机行事、杀伐决断方面，自己是胜过诸葛亮的。见机是什么？就是鬼谷子所说的"待间而动"。果然，没过多久诸葛亮病死五丈原，蜀军开始战略撤退，司马懿终于等来了反攻的机会，于是率领大兵追击，诸葛亮历时七年的北伐由此终结。诸葛亮的大军在撤退中，魏延和杨仪发生内讧，元气大伤。这就是司马懿活用鬼谷子"待间而动"策略的体现，且对方的威势也随之分散瓦解。蜀国自此国力衰弱、一蹶不振。

　　第三，要思间，矛盾或时机一旦出现，就要仔细甄别，因为间隙有不同，时机有区别，要善于依照问题本身的情况去行事，尽圆方之理，齐短长之用，要"随其志意"。思间是分析认识什么才是真实的空隙、矛盾和机会。对人对事要仔细观察动静虚实，力求能正确认识，正确判断，看准间隙，抓住有利时机，避免盲目性。善于分析把握机会的人，需要内炼五脏之气。五脏是心、肝、脾、肺、肾，对应的五气是神、魂、意、魄、志。如果你把五脏润养得健全安康，那么神、魂、意、魄、志就自然随之旺盛饱满，这样你观察外界事物就更准确了，对机会、情报的感知就更敏锐了，各种虚实变化，必将一辨而知。这就叫"外视虚实"。在这种情况下，一旦行动，所发散的威势必将取得很大实效。

为什么诸葛亮做不到像司马懿那样"待间而动"和"外视虚实"？因为诸葛亮操劳过度，导致心、肝、脾、肺、肾五脏病变，进而神、魂、意、志、魄的动力不足，无法精准分析机会和把握机会，从而落了个"出师未捷身先死，长使英雄泪满襟"的下场，令人唏嘘不已。

第四，要当机立断，随机权变。决不能心慈手软、坐失良机。情况有所变化时，要权宜机变，临机善处。

第五，要推间。推就是推引、推导的意思。推间，是寻找，制造空隙、矛盾和机会来行使权威。当主观条件已经具备，而客观条件尚不成熟时，要善于想办法，去推引出一些可以利用的条件，创造出一些有利的机会。

纵横策士能善于思间，"动而不失"。这是一番知己、知彼的重大功夫。如何做到？

第一，要心虚志溢。鬼谷子说："夫散势者，心虚志溢。"心虚是完全客观，不主观，不自以为是。不先入为主，实事求是。志溢是志向远大坚定。如果志向不远大坚定，则视角偏狭，犹豫不决，整个方向都可能迷失。在散发威势的过程中，要保持思绪稳定，才能保证考虑周到；要让意志充沛，才能顺利地进行决断。假如出现意志衰弱的现象，就会导致威势的丧失；假如精神上不能够做到专一，那么，在说话的时候就会出现断断续续甚至前后矛盾的情况。所以，要运势、散势，先要善于蓄势，做到"心虚志溢"。做到"威肃内盛"，内盛就是精力充盈，心志饱满，底气十足，做事一气到底，能贯彻始终，决不虎头蛇尾。不能因任何情势发生、感情用事而半途软化、妥协或出卖原先宗旨。反之，如果意志衰微，精神不专，就谈不上

"势"，就不会有爆发力。

第二，领导者对人，要明察动静。鬼谷子说："意失威衰，精神不专，其言外而多变。故观其志意，为之度数。乃以揣说图事，尽方圆，齐长短。""动，则随其志意，知其计谋。"就是说：注意观察对方的意志、思想及精神状态，尽量收集其前后言论变化情况，来作为自己全方面的思考依据。因为其意志言论，可能会透露其计算谋划。只有确实掌握其计算谋划，才能把其一举歼灭。

鬼谷子说："败者，不以神肃察也。"就是说：那些失败的人，都是因为没有做好全面、明确和严谨的观察。鬼谷子的态度，对此也是非常严肃的！

六、转圆法猛兽——如何让自己的谋略层出不穷?

谋划要圆,贵在考虑周详,可以上穷碧落下黄泉,不受局限。方是做事的原则、行事的规矩,要方正具体不能骑墙。这就是圆谋方略。方是做人的底气,圆是谋事的指针;方是做人的脊梁,是壮士立志平天下的气度和操守;圆是处世的锦囊,是智者协调乾坤的行为准则。为人处世要方圆有度,在方中做人,在圆中归真,智者内方外圆,以无穷智慧应对事物,将方与圆双剑合璧的人,才能做到纵横捭阖、千变万化、圆润通达。

转圆法猛兽

【原文】

转圆法猛兽①。转圆者,无穷之计也②。无穷者,必有圣人之心③,以原不测之智;以不测之智而通心术④。

而神道混沌为一⑤。以变论万类,说义无穷⑥。智略计谋,各有形容⑦,或圆或方,或阴或阳,或吉或凶,事类不同⑧。故圣人怀此之用,转圆而求其合⑨。故,与造化者为始⑩,动作无不包大道⑪,以观神明之域⑫。

【注释】

① 转圆:纵横策士的谋略,要像圆环旋转一样,连环发动、层出无穷。陶弘景注:"言圣智之不穷,若转圆之无止。犹兽威无尽,故转圆法猛兽。"

② 无穷:没有穷尽。

③ 圣人之心:圣人的心、智、术。《老子》曰:"圣人无常

心，以百姓之心为心"，圣人之心惟精惟一，博大慈悲，客观平等。

④不测：无法测量。原，推究本源。心术：心机，心的思维原理。陶弘景注："圣人若镜，物感斯应。故不测之智可原、心术之要可通也。"

⑤神道：指天道，神奇奥妙之道。《易·观》："观天之神道，而四时不忒，圣人以神道设教，而天下服矣。"混沌为一：浑然成为一体。《易乾凿度》云："太易者，未见气也。太和者，气之始也。太始者，形之似也。太素者，质之始也。气似质具，而未相离，谓之混沌。"

⑥以变论万类，说义无穷：既有圣人的心、智、术，就可以针对万事万物的复杂变化，作出不同的分析论述，说出无穷无尽的道理。陶弘景注："既以圣心原不测、通心术，故虽神道混沌，妙物杳冥，而能论其万物之变，说无穷之义也。"

⑦形容：形状，模样。《易·系辞上》："圣人有以见天下之赜，而拟诸其形容，象其物宜，是故谓之象。"

⑧事类不同：不同的事物归类也不同。陶弘景注："事至然后谋兴，谋兴然后事济。事无常准，故形容不同。圆者运转无穷，方者止而有分。阴则潜谋未兆，阳则功用斯彰。吉则福至，凶则祸来。凡此事皆反覆，故曰事类不同也。"

⑨怀此之用：即牢记这种道理而运用不同的智略。求其合：寻求计谋与事物的实际情况相吻合。陶弘景注："此谓所谋圆方以下六事，既有不同，或多乖谬，故圣人法转圆之思，以求顺通合也。"

⑩造化者：指天地万物的创造者。

⑪动作无不包大道：一举一动无不合乎自然大道。

⑫ 神明：本义是指人修炼到了很高的程度，内外如一到了彻底的境界。陶弘景注："圣人体道以为用，其动也神，其随也天，故与造化其初。动作先合大道之理，以稽神明之域。神道不违，然后发施号令也。"

【译文】

纵横策士的谋略，要像圆环旋转一样，连环发动、层出无穷，必须效法猛兽。所谓转圆，是指计谋像圆环那样圆转灵活没有穷尽。要能使计谋无穷，必须要有圣人的心胸，从而探究高深莫测的智慧，以这种高深莫测的智慧来通达思维谋略的原理。

然后，把自己的思维谋略与神妙的自然之道混合为一。当你的思想合于大道，去用事物变化之理来论述万事万物，就可以把无穷事物的精微大义阐述得清晰明白。智慧策略，各有各的特征：有的灵活圆转，有的方正具体，有的暗中实施，有的公开透明，有的可带来吉祥，有的会产生凶险，因此必须运用智慧根据事物情形的不同而采取不同的谋略。

所以，圣人秉持这种道理而运用不同的智略，在处理事情时就像不停转动的圆一样，不断找出合适的智略，求得顺合事理，解决问题。所以，从创造万事万物的神圣开始，圣人的所作所为无不合于大道，并且能看到只有神明才能看到的境地。

【原文】

天地无极①，人事无穷，各以成其类②。见其计谋，必知其吉凶成败之所终也。转圆者，或转而吉，或转而凶。圣人以道先知存亡，乃知转圆而从方③。圆者，所以合语；方者，所以错事^④；转化者^⑤，所以观计谋；接物者^⑥，所以观进退之意。皆见其会，乃为要结，以接其说也^⑦。

【注释】

①极：繁体为"極"，本义是房屋的正梁，又叫脊檩，是最高处的檩。因此引申为最高点、顶点。最高点就是尽头，故"极"又引申为"尽头"。比如"南极"就是南的尽头，"北极"就是北的尽头。

②各以成其类：各自按照自然属性而形成不同的类别。终：其古字形像两头打结的丝绳。本义指终端、末端、结局。陶弘景注："天地则独长且久，故无极；人事则吉凶相生，故无穷。天地以日月不过、陵谷不迁为成；人事以长保元亨、考终厥命为成。故见其事之成否，则知计谋之得失，则吉凶成败之所终，皆可知也。"

③陶弘景注："言吉凶无常准，故取类转圆。然惟圣人坐忘遗鉴，体同乎道，故能先知存亡之所在，乃后转圆而从其方，弃凶而趋吉。方，谓存亡之所在也。"

④合语：符合语境，恰到好处的语言。错事：处理事务"错"，通"措"。

⑤转化：变易，转变。《国语·越语下》："得时无怠，时不再来，天予不取，反为之灾，嬴缩转化，后将悔之。"韦昭注："转化，变易也。"

⑥接物：接触外物。与人交往。《汉书·司马迁传》："教以慎於接物，推贤进士为务。"陶弘景注："圆者，通变不穷，故能合彼此之语；方者，分位斯定，故可错有为之事。转化者，转祸为福，故可观计谋之得失；接物者，顺通人情，故可观进

退之意、是非之事也。"

⑦会：会聚，这里指融会贯通。要：重要。结：关键。接其说：迎合对方需要的游说。要结：指事物或思想的关键。陶弘景注："谓上四者，必见其会通之变，然后总其纲要以结之，则情伪之说，可接引而尽矣。"

【译文】

天地是无边无际的，人事是吉凶相生、变化无穷的，各自按照其自然的属性而形成不同的类别。观察一个人的计谋特征，便可预测他的最终结局的吉、凶、成、败。

计谋就像圆一样运转变化，有的转化为吉，有的转化为凶。圣明的智者通晓大道，凭此能够预知事物的成败存亡，因此能够在无穷的计谋中找到最合情理的计谋来制定切实可行的方案措施。

圆是，善于变通，所以说话合乎当前语境；方是，稳妥具体，是为了正确地制定措施、处理事务。转化，因应变通，是为了观察计谋的得失；接物，就是指与人交往，要多方详查，是为了观察进退的想法是否合宜。

这四个方面要融会贯通，合理运用，这是设谋成事的关键，必须凭此去进行游说。

【新解】

把握规律，妙计无穷

江山盛文藻，天地皆吾师。昔者，老子观道，孔子观水，张衡观天地，陆羽观茶茗，司马迁观史海沉浮，徐霞客观山川纵横，曹雪芹观人情厚薄，鬼谷子观阴阳捭阖，……但有如兰之心，如炬之眼，世间万物，莫不可观，每观一物，莫不有所得。有大格局的人、高境界的人、有仁爱之心的人，必有大智慧。大智慧者必有无穷之计。

鬼谷子曰："转圆者，无穷之计也。""无穷之计"就是：以一连串的妙招，连锁发动，层出不穷，令人目不暇接，难以招架。领导人要具有这种无穷的智慧如铁环转圆不止，就像猛兽捕猎连环不断，威势不尽。

无论兵家或者纵横策士，计谋和玄机都要层出而不穷。比如《三国演义》里描述的赤壁之战，周瑜当时只有五万人马，曹操号称八十万大军，实际亦有二十多万。怎么应对？周瑜先利用蒋干使离间计，促使曹操把水军都督蔡瑁、张允杀掉，让他没有内行的水军将军。蒋干推荐庞统给曹操。庞统献一计，把船钉在一起。接下来，让黄盖诈降，再放火烧船。这个计，一个连一个，计里套计，连环不断。最后，赤壁之战创造出以少胜多的经典案例。谋划就应该这样，别人走棋看一步，纵横策士要知道二步三步以后的棋是什么。一环套一环，像铁环一样不断旋转，计策层出不穷，让人难以招架。

转圆，是指谋事和说服技巧中的一种灵活性，转圆法猛兽，训练的是谋略产生的技巧，要查事物的原委，以求使用相符的策略去解决问题，并把握事物间的共性与个性的区别关系，从中总结经验，归纳原则，然后按照内在规律办事，以提高决策的效率。

圆，是一个圆圈。圆圈没有棱角，圆通滑润。圆圈没有始点，也没有终极。老子形容大道："独立而不改，周行而不殆。迎之不见其首，随之不见其后。"大道无始无终，一阴一阳，变化不测，无穷无尽。《鬼谷子》曰："故，兴造化者为始，动作无不包大道，以观神明之域。"古希腊哲学家们把"圆"视作精神的标志，精神包括思想、意志、感情，凡不受时空局限的东西，都属精神、灵性。圆圈便是它们代表的图形。与之相对的是方形，是人世间"正义"的标志。正方形有棱有角，与别人碰撞不可避免，因为真理、正义是绝对的，无所通融。所以，方的代表是实际的世间法，而圆的代表是天马行空的非世间法。

圆所代表的是精神境界，人们的思想、意志和感情，不受时空所局限。人心像孙悟空的筋斗云，一筋斗就是十万八千里。人的思想、幻想，上穷碧落下黄泉，都可以在一刹那之间发生，而且无穷无尽。世间法是实实在在的，必须老老实实地因循，所以取经的路要一步一步地走。

一个人不免会碰到不利的环境，顽强的对手、复杂的情态、事态，而要巧做周旋，圆熟应付，因此就要心、智、术综合运用。这要有圣人的明澈心境、难以为人所预料的智慧、玄奥的心计，使主观之谋与客观之道混为一体，才能转圆无穷。

"无穷者，必有圣人之心"，什么是圣人之心？惟精惟一，博大慈悲，客观平等。《老子》曰："圣人无常心，以百姓之心为心。"要想有大智慧首先要有圣人的胸怀，大智慧来自大胸怀。《老子》接着讲："善者，吾善之；不善者，吾亦善之，德善。信者，吾信之；不信者，吾亦信之，德信。圣人在天下，歙歙焉为天下浑其心，百姓皆注其耳目，圣人皆孩之。"意思是，圣人没有恒常不变之心，而是以百姓之心为心。善良的人，我以善良待之；不善良的人，我也以善良待之。这样一来，天下人的品德都会善良。诚信的人，我以诚信待之；不诚信的人，我也以诚信待之，这样一来，天下人的品德都会变得诚信。圣人生活于天下，要内敛谨慎，让天下人的心都回归混沌纯朴，每个百姓都专注自己的耳目视听，圣人让他们都呈现出孩童一样的天真状态。

由此，我们可以看出圣人之心的特点有：博爱、无私、仁善、诚信、纯朴、天真。鬼谷子认为，我们要想通过"转圆法猛兽"，以此让自己计谋无穷，前提就是要具备上述所列举的这些优良品德。唯有博爱、宽宏，才不会被私欲熏心、私利牵挂，才能客观地看问题，直达问题核心，解决问题的办法就会不断出现。当然，如果不具有圣人之心，自私无底线，不择手段地修习和运用计谋，就可能沦为诡计多端的"奸诈恶人"，即使智慧超群、聪明绝顶，诡计如转圆层出不穷，最后仍将无法避免身败名裂的下场。

如何让谋略层出不穷呢？"智略计谋，各有形容。"计谋各自有外在的形态，或圆、或方、或阴、或阳、或吉、或凶。"事类不同"，根据不同的类别进行不同的决断。万事万物拿过来做归纳总结，就能找到共性和规律。

《反应》篇中谈到："古之大化者，乃与无形俱生。反以观往，覆以验来；反以知古，覆以知今；反以知彼，覆以知己。"意思是：古代化育众生的圣人，其作为是与大道共同生存的。他返过去观察既往的历史，翻过来察验将来；返过去考察古代，翻过来审视当今：返过去探究别人，翻过来认识自我。

"动静虚实之理，不合于今，反古而求之。事有反而得覆者，圣人之意也。不可不察。"意思是：事物动静虚实的道理，如果与今天的现实和将要发生的情况不合，便返回去研究古代的历史，从而寻求出正确答案。事情往往有反求于古代而得到成功的。

鬼谷子说"转圆而从方"，转圆的目的是什么呢？

第一，以圆求合。合即合适、顺通、融洽。所谓"转圆以求合""圆者所以合语"，这都是说要用转圆的灵活办法使主客双方思想沟通语言融洽，关系和谐。这样就使游说、进谋和处事都能顺遂。由此才可"辩论万类""说义无穷"，游说的方法层出不穷。

第二，以圆求方。方是方案、方略，是要坚守的原则和既定的方针。以圆求方，即以灵活的办法求得原则的贯彻、目标的实现、事情的成功，这是以变求不变。所谓"转圆而从方"还有一层意思是，圆是应变的需要，但这并非只是苟且，而也是为了求得进展与深化。所谓"转圆而从方"，圆是运智，方是行事。运智周圆，说话圆润。行事要方正具体。

鬼谷子说："圣人以'道'先知存亡，乃知转圆而从方。"这是说圣哲之士通晓大道，凭此可以预知成败存亡，所以，能从无穷计谋中选出最适合的计谋来制定可行的措施，"转圆而从方"。就是把人们从天马行空的思维里，拉回到现实里来，用世间法去实施。

鬼谷子说："天地无极，人事无穷，各以成其类。见其计谋必知其凶吉成败之所终。"

所以，善于纵横捭阖者，不管天下万事万类如何变化，都要胸有成竹、自有主见。看到人家的行动，就能判断他们最后的结局是好是坏、是成是败。善于因事权变，随物而转，随势而化，富于智慧，敏于细微，思维圆熟，说话圆润，处事圆通，以圆应物，以圆趋时，不会因阻而折、因困而穷，不会固执成见、拘泥成规。因为天地是无极限的，人事是无穷尽的，事无常准，说无定法，只能随物而转，以圆应变。

转圆之谋略与天地万物同在，是一种客观的规律，包含着宇宙的真理，从这里可以看到整个神明聪睿的开阔领域。

七、损兑法灵蓍——如何收集分析信息作出决断？

损益略：同是风雷雨露，发育成长，固由于是，摧残削弱，亦由于是，明时、审势、持枢是说人成事之道，达到"明者远见于未萌，智者避免于未形"的境界。故智者执此为术，先以益之，后再损之，水落石出，故能决之。而愚者不知，处处受制于人。

损兑法灵蓍

【原文】

损兑[①]法灵蓍[②]。损兑者，机危之决也[③]。事有适然[④]，物有成败，机危之动[⑤]，不可不察。

故圣人以无为待有德。言察辞，合于事[⑥]。兑者，知之也；损者，行之也[⑦]。损之说之[⑧]，物有不可者，圣人不为之辞也[⑨]。故智者不以言失人之言[⑩]，故辞不烦[⑪]而心不虚[⑫]，志不乱而意不邪。当其难易[⑬]，而后为之谋；因自然之道以为实[⑭]。

【注释】

①损兑：损益。损卦、兑卦是《易经》中的两个卦象。损卦：上卦为艮（山）、下卦为兑（泽），人们称为山泽损。兑泽主要有江河湖海，大泽冲击山根，必定造成水石的损失。所以，"损"有损失、减损、损耗等含义。兑卦代表什么？泽为水，即江河湖海。上泽下泽叠加意味着什么？意味着上下水源互通，兑是增加、增益、开源之义。鬼谷子认为损兑之道有助于预测未来趋势和正确决断。用兑之道尽可能多地搜集信息、用损之

道去粗存精，最终把握大道和规律，预测未来趋势的走向。

②灵蓍：占吉凶的蓍草。陶弘景注："《老子》曰：塞其兑。河上公曰：兑，目也。《庄子》曰：心有眼。然则，兑者谓以心眼察理也；损者谓减损他虑，专以心察也。兑能知得失，蓍能知休咎，故损兑法灵蓍也。"损兑连用，很明显是折损与增益之意，陶弘景理解有误。

③几危：机危，危险的征兆。陶弘景注："几危之理，兆动之微，非心眼莫能察见。故曰损兑者，几危之决也。"

④适然：偶然。《韩非子·显学》："故有术之君，不随适然之善，而行必然之道。"

⑤动：萌发，变化。《周易·系辞上》："六爻之动，三极之道也。"陶弘景注："适然者，有时而然也。物之成败，有时而然；几危之动，自微至著。若非情识远深，知机玄览，则不能知于未兆。察于未形。使风涛潜骇，危机密发，然后河海之量埋为穷流，一篑之积叠成山岳。不谋其始，虽悔何追，故曰不可不察。"

⑥有德：指有德行者。《礼记·礼器》："是故昔先王尚有德，尊有道，任有能。"孙希旦集解："有德，谓有德行者。"《周礼·春官·大司乐》："凡有道者有德者，使教焉。"郑玄注："德，能躬行者。"陶弘景注："夫圣人者，勤于求贤，密于任使，故端拱无为，以待有德之士。士之至也，必敷奏以言，故曰言察辞也；又当明试以功，故曰合于事也。"

⑦兑者知之：兑，搜集更多的信息是为了增加对事物的了解。损者行之也：损，就是减少排除不利的信息和杂念，从而善断吉凶，而有利于实施。陶弘景注："用其心眼，故能知之；减损他虑，故能行之。"

⑧ 说，通"兑"。

⑨ 物有不可者：即客观事物的本然与主观不相符的。为之辞：为之辩解。陶弘景注："言减损之说，及其所说之物，理有不可，圣人不生辞以论之也。"

⑩ 不以言失人之言：不因为自己的言论主张而失掉对对方言辞信息的获得。

⑪ 烦：本义，指头痛发热。《说文》："烦，热头痛也。"引申为厌烦、繁多杂乱的意思。

⑫ 虚：本义为大山丘。《说文》："虚，大丘也，昆仑丘谓之昆仑虚。"大则空旷。故引申为空虚。《尔雅》："虚，空也。"再引申出虚假、虚空、虚心等。这里指心虚，不自信。陶弘景注："智者听舆人之讼，采刍荛之言，虽复辨周万物，不自说也。故不以己能言而弃众人之言。既用众言，故辞当而不烦；还任众心，故心诚而不伪。心诚言当，志意岂复乱邪哉？"

⑬ 当：遇到，面对着。

⑭ 实：实践，实行。陶弘景注："夫事变而后谋生，改常而后计起。故必当其难易之际，然后为之谋。失自然之道，则事废而功亏。故必因自然之道，以为用谋之实也。"

【译文】

要想知道损益得失，就要效法用来预测吉凶的灵蓍。所谓损兑（即损益），是在遇到危险征兆时，作出决断的关键。事物的发展都会有偶然性，任何事物都有或成或败的可能性。即使是极细微的危险征兆，也不可不详察。

所以，圣人用顺应自然的无为之道来处理事情，虚其位以等待贤德之人。要考察对方的言辞，看是否与事物相吻合。方法是运用损兑之术。兑（即增益），是增加对事物的了解；损（即损减），就是减少排除不利的信息和杂念，从而善断利弊吉凶，而有利于下一步的行动。如果用"损"和"兑"这两种方法之后，我们发现事物的客观情况与主观要求依然不相符，圣人不会强加辞令进行辩说。所以，智慧的人不因为自己的言论主张而忽视对对方言辞信息的获得，因而能够做到语言得当而不烦琐，内心充实而自信，志向坚定而不迷乱，意念纯正而不邪恶。

面临问题，必定要先审度难易程度，再进行谋划决断；顺应自然之道来制定实施措施。

【原文】

圆者不行，方者不止，是谓大功①。益之损之，皆为之辞②。用分威、散势之权，以见其兑，威其机危，乃为之决③。故善损兑者，譬若决水于千仞之堤，转圆石于万仞之谿④。而能行此者，形势不得不然也。

【注释】

①圆：圆谋。方：方略。陶弘景注："夫谋之妙者，必能转祸为福，因败成功，追彼而成我也。彼用圆者，谋令不行；彼用方者，谋令不止。然则，圆行方止，理之常也。吾谋既发，彼不得守其常，岂非大功哉？"

②益之、损之：增益、减损。陶弘景注："至于谋之损益，皆为生辞，以论其得失也。"

③见其兑：发现对方的损益变化。余椒认为"威"字衍。陶弘景注："夫所以能分威散势者，心眼之由也。心眼既明，机

危之威可知矣，既知之，然后能决之。"

④决水：挖开堤坝放水。仞：古代长度单位，周制八尺，汉制七尺。谿：《说文解字》认为谿本义指山谷。陶弘景注："言善损虑以专心眼者，见事审，得理明，意决而不疑，志雄而不滞。其犹决水转石，谁能当御哉？"

【按】一本把注文"雄而不滞。其犹决水转石，谁能当御哉？"误作《持枢》篇的原文。

【译文】

圆的计谋实施不利，方的谋略就不能停止。这是"成就大功"的方针。或者增益，或者减损，都是为了使言辞能够合适地表达。要善于利用"分威""散势"的权变之法。观察对方的损益变化，从而发现对方的损益变化，增加威势以使对方的危机呈现，如此就可以为之决断。

所以，善于运用损兑方法的人处理事物，就像在千仞大堤决口放水，或者像向万仞深谷里滚动圆石一样，势不可挡。而之所以能产生这样的效果，是形与势产生的必然结果如此呀！

【新解】

分析形势，能谋善断

本篇主要指出了领导者如何收集并分析情报，从而作出预测和判断。"兑"就是获取更多的信息；"损"就是能够排除不利因素而行之。当出现变兆时，要尊重客观，调整自己，即便是很微小的变化，也不可不细察。所以，鬼谷子说"损兑法灵蓍"，善断吉凶祸福。

鬼谷子是易学大师，"损""兑"这两个字分别是《易经》中的两个卦象：损卦、兑卦。加上本篇原本就是谈趋势预测的，所以，鬼谷子从《易经》中的两个典型卦象入手合情合理，由此顺便引出下面的蓍草的预测功能，可谓水到渠成。关于这两个字具体是什么含义，让我们拆分开来具体分析，如此方能把握其中的深意。

1. 损之道。《易经》曰："兑下艮上，损，有孚，元吉，无咎。"损卦在《易经》中属于第 41 卦，上卦为艮（山），下卦为兑（泽），人们称为山泽损。兑泽主江河湖海，大泽冲击山根，必定造成土石的损失。所以，"损"有损失、减损、损耗、损坏、损毁、贬损、伤害等含义。不过这种损减并不是什么坏事，而是损中有所增益，比如山根被损减，但是山也因此得到润泽，山边的植被也因此受到水的滋养而郁郁葱葱，所以，《易经》才说"元吉，无咎"。

2. 兑之道。兑卦是《易经》第 58 卦，从卦象上看，由上兑和下兑组成，属两兑相加。兑代表什么？泽，泽为水，即江河湖海。上泽下泽叠加意味着什么？意味着上下水源互通，这样水更多了。如果这里说的不是水，而是信息和思想，那么，随着人人的畅所欲言，就像河流的交会，大量的信息和思想汇合成一片大海，可见沟通和交流极其顺畅。由此可见，兑是增加、增益和开源之义。

孔子在《象辞》中解读说："丽泽，兑。君子以朋友讲习。"什么是丽泽？就是二泽附丽相连，交相浸润，互有增益。兑为泽，兑卦是两泽相重，互相附丽，相得益彰。君子应体此精神，与朋友讲习共勉，以进德修业。所以《论语》首篇，就以有朋远来，学而时习为悦乐。孔子认为，观此卦象，我们应该学习两泽相通的精神，广泛地拜师访友，讲习探索。拜师访友、广博见闻就像源头活水，人生因此而丰盈。南宋朱熹在《观书有感》诗中说："问渠那得清如许？为有源头活水来。"读书学习践行的就是"兑"道，增加知识，就像开通一条源头，活水源源不断。为学之道，要兑，要日有所益。人们常说"读万卷书，行万里路"，揭示了"兑卦"中所揭示的两种增益知识的途径：一是从书面知识和经验中获取，故称"读学"；二是从拜师访友、路途见闻以及实践体验中获取，故称"游学"。信息的汇聚、思想的交流及学问的切磋、朋友之间的畅谈，无不增益自己的知识和智慧，这是十分开心和喜悦的事，所以喜悦的"悦"是"兑"加上一个竖心旁，表示愉悦的心情。

3. 损兑互用之道。损为损减、损毁、损耗，兑为增益、兑换、交流，两者的意思正好相反。那么，鬼谷子在这里将"损兑"放在一起是什么意思？其实，鬼谷子在此揭示了人类智慧的深化、升华及预测决策能力的形成。

鬼谷子为什么要强调损兑呢？他认为损兑之道有助于预测未来趋势和正确决断。我们在预测未来趋势和决断时，第一要做的事情就是运用兑之道尽可能多地搜集信息、去粗存精，甚至召开会议，让每个人各抒己见，提出自己的观点和见解，通过集思广益的方法，我们可以获得各种各样的解决方案。然而到底哪一种看法和方案更符合未来的发展趋势呢？我们就需要运用损之道，反复比较得失、权衡利弊，抽丝剥茧，从复杂的现象中洞察本质，最终把握大道和规律，预测未来趋势的走向，是吉是凶，是胜是败，我们都可以做到有清醒的认知。在这种对趋势的把握之下，我们再作决策拍板，必然少犯错误、决胜未来。这就是鬼谷子倡导我们损兑的重要意义。

"世无常贵，事无常师"（《忤合》篇），世事不断变化，圣人不能一成不变，而应该"事之危也，圣人知之。独保其用，因化说事，通达计谋，以识细微"（《抵巇》篇）。意思是：事物出现危险征兆时，圣人便能先行察觉。其能独自保持清醒认识，发挥独特的作用，顺应变化之道来分析事物、陈说利害，因而能通达计谋，辨明事物的细微之处。如何去预知、应对事情的是非得失、成败利钝呢？鬼谷子建议学习灵蓍，知机权变。

蓍草又名长寿草，属于蒿类植物，味辛、苦，性平温。养生功效：益气，明目，能令人聪慧、头脑灵活，长期服用，让人身材轻健，延年益寿。

《鬼谷子》在本篇里把蓍草称作灵蓍，可见着重在"灵"字，也就是强调蓍草的气充、明目、聪慧和先知的特点。要求领导者效法灵蓍，把它的特点转化为自己的素养。常言道：疾风知劲草。蓍草虽然是草，却能不惧疾风暴雨和雪霜。它和所有别的草都不同，如《吕氏春秋》说：鱼鳖不食饵者不出其渊；树木胜霜雪者不听于天。蓍草就是那种不听于天的草。它的茎干又硬又直，能够存活百年、千年。

在古人眼中，龟甲和蓍草是两种最为客观有效的判断吉凶的工具。可以说，蓍草从一开始就与《易经》关系密切，是标配的占筮工具。鬼谷子的意思是，如果运用损兑之道判断趋势和决断方案能达到蓍草算命这般灵验，就成为知天命、懂运势的得道者，在现实中就是一个持经达变、审时度势、料事如神的智者。

鬼谷先生说："损兑者，几危之决也。"所谓损兑（即损益），是指在遇到危险征兆时，作决断的依据和关键。因为客观世界是复杂的、变化的，往往会出现没有预料到的偶然情况，而且任何事物都会有成和败、兴和衰的两种可能性，往往会有细微的危险因素潜藏着。纵横策士要情识远深，知机玄览，知于未兆，察于未形，就要通过对客观世界的观察分析，增加新知，淘汰旧知，按照客观事物的本质来修正自己的成见。这就是损兑。

所以，纵横策士的思维必须要：站在现在看未来，一切都在预料中；站在未来看现在，一切都在掌握中。在危机到来之前，要能预见这个危机，而避免危机的产生，这才是领导者的使命，领导者的使命在于四个字：救亡图存。所以居安必须思危，有思才能有备，有备才能无患。

鬼谷子认为，圣明的人，"无为待有德"，虚心受物，尊重客体，言说要符合客观事物，要根据客体的本来面目作出事实判断，不能因为自己的看法而不尊重别人的不同看法。这样才能"辞不烦，心不虚，志不乱，意不邪"。这是对主观随意性的否定，强调对客观事物的敏锐感受、尊重与速决。如果主观意志与心目所察觉到的事物不相符，则圣人不会随便发表意见，要求主观与物相应，这就是损之兑之。

要能够适应事物的难易程度，为其制定策略，同时顺应自然之道来实施。策略的增减变化，都要经过仔细的讨论来判断得失，要善于揣摩对方的心理状态，了解事物隐微的征兆，然后进行决断。

善于损兑者，其势能要做到像从千仞高山上把石头滚下来那样大，如千军万马，所向必通，无法阻遏。

第十三篇

《持枢》篇逻辑思路及经典谋略

天地万物皆内涵机理，依理循道，则事必成，功必就。知天道，方能断可否；了人道，才可决进退。因此要顺天应人、持经达变。修道就是尊道贵德，了解规律，把握趋势，并行不悖，坚守原则。天人合一是为真人。

【篇题解析】

持，手拿；枢，是门扉的转轴。引申为纲领或关键。持枢，就是把握关键，即能运转事物。陶弘景注："枢者，居中以运外，处近而制远，主于转动者也。故天之北辰，谓之天枢；门之运转者，谓之户枢。然则，持枢者，执运动之柄以制物者也。"

人要运筹帷幄，决胜千里，就必须要了解趋势、掌握规律、抓住事物的关键，这是《持枢》一文的主旨。鬼谷子认为，世间法则和自然法则一样，自有其客观性、严肃性、不可违抗性。

在自然界，春生夏长秋收冬藏，随时而化，这是天地自然运行法则。人们只能顺应自然规律行事，而不能违逆。否则，必然受到客观规律的惩罚，即使暂时成功，最终也要失败。

天道如此，君道也如此。"生养成藏"，是人君应守的纲纪，人们要效法天道，尊重客观规律，顺道而行，才能使生民安居乐业，经济发展，社会进步。《意林》引《鬼谷子》轶文曰："以德养民，犹草木之得时；以仁化仁，犹草木以雨润泽之。"如果违背了自然法则，必然遭受自然法则的惩罚；如果违背世间法则，衰败、混乱会随之而生。

同理，一切游说、运筹和用兵的策略技巧，只有符合客观规律，才能成就功业，否则，即使能得逞于一时，最后也必然归于失败。策略要服从战略，技巧要服从规律。

鬼谷子视此篇为游说成事的根本，《中经》篇提到"变要在'持枢'"。本篇与其余各篇不同的是，言简意赅，文字简练的不能再简练，确实太简单了，只提出了观点，没有具体阐述，以至于使人怀疑本篇只是残留下来的一个自然段。正如陶弘景所言："持枢之术，恨太简促，畅理不尽"，其实陶道长差矣。"道可道，非常道。""生、长、收、藏"乃天道至理，岂能具体阐述？

持枢

【原文】

持枢^①，谓春生、夏长、秋收、冬藏，天之正也^②。不可干而逆之^③。逆之者^④，虽成必败。

故人君亦有天枢，生、养、成、藏^⑤，亦复不可干而逆之，逆之者，虽盛必衰。此天道，人君之大纲也^⑥。

【注释】

① 持枢：抓住关键。持：本义是拿着、握住。引申为掌握、掌管。枢：本义是传统建筑木门的转轴或承轴的臼，门轴或承轴臼是便于门户开合的装置。引申为主制动的机关，后又引申指事物中心或重要的部分。

② 天之正也：天道运行的规则。正：准则、法则。陶弘景注："言春夏秋冬四时运行，不为而自然也，不为而自然，所以为正也。"

③ 干：本义是像有桠权的木棒，本义是一种抵御戈的武器。引申义为冒犯、干预。

④ 逆：向着相反的方向（与"顺"相对）。这里指违反。"逆"字由"屰"和"辶"构成；"辵"后写作"辶"，代表行动。"屰"字本来是一个人头顶着地、手脚朝天的"倒悬"形象。陶弘景注："言理所必有物之自然，静而顺之，则四时行焉，万物生焉。若乃干其时令，逆其气候，成者犹败，况未成者乎？"元亮曰："含气之类，顺之必悦，逆之必怒，况天为万物之尊而逆之乎？"

⑤生、养、成、藏：指生聚、养育、成熟、储备。陶弘景注："言人君法天以运动，故曰亦有天枢。然其生养成藏，天道之行也。人事之正，亦复不别耳。"

⑥亦不可干而逆之：也不可触犯和违背它。陶弘景注："言干天之行，逆人之正，所谓倒置之。故曰逆非衰而何。此持枢之术，恨太简促，畅理不尽，或简篇脱烂，本不能全故也。"

【译文】

所谓持枢，即抓住关键，就是说春天播种，夏天生长，秋季收获，冬天储藏，这是四时运行的自然法则。不可干预和违背这个自然规律。违背自然规律，事情即便偶尔成功了，终归也会失败。

所以，国君为政治国也有关键，就是顺应自然规律，生聚、养育、成熟、储备也是不可触犯和违背的，违背自然规律，即使一时强盛最终必然走向衰败。这就是天道，是作为国君的根本纲领。

【新解】

战术要服从于战略，战略要服从于规律

鬼谷子认为，一个人生于天地之间，必须洞察天道运行的规律。中国人对诸葛亮、刘伯温等智者总爱以"上知天文，下知地理"为赞语，其真正的意思是这些人掌握了天道。但除了掌握天道玄机之外，作为一个智者还需要"中知人事"。

鬼谷子论天道，天道即自然之道，是事物发展的内在的不可逆转的基本规律。人们经常说与天斗其乐无穷、与地斗其乐无穷、与人斗其乐无穷。与天斗、与地斗是在与规律斗。与规

律斗的结果必然会受到规律的惩罚。天道不可违，没有人可以伟大到违背规律行事。军争或邦交也是如此，战术要服从于战略，战略要服从于规律。

"持枢"。就是明道守一，把握关键。鬼谷子曰："春生、夏长、秋收、冬藏，不可干而逆之。"否则，虽成必败。而领导需要做的事情也要"持枢"。"故人君亦有天枢，生、养、成、藏，亦复不可干而逆之，逆之者，虽盛必衰。"相对应的分别为生聚、培育、成才、储备。

生聚，把那些有共同志向、共同目标的人凝聚在一起。培育，把人召集过来后，要培养他胜任岗位的能力。成才，人尽其才，把人才放在合适的岗位，使他发挥自己的能力。组织成员是组织最大的资产，领导者有义务去维护他、投资他、培育他，让他增值并作出更大贡献。储备，就是为组织的未来发展储备力量。在本篇，鬼谷子谈到了"藏"。从军事外交角度来说，这里的藏是"储藏"的意思。为了国家利益，我们一定要做好人才储备，以及处理好"接班人"问题。诸葛亮在人才储备方面的工作做得实在不够，导致蜀国人才状况从刘备时期的"五虎上将"到"蜀中无大将，廖化当先锋"的绝境。正因人才储藏工作没跟上，诸葛亮即使鞠躬尽瘁也无济于事，统一中原的理想最终凋零为满地残花，不禁让人唏嘘不已。所以，作为一个领导人，不仅自己冲锋在前、攻城略地，还要做好人才的储备和培养，让新老交替有序进行，免得出现人才青黄不接的断层现象。

鬼谷子虽然是站在统治阶级的立场上，为统治者着想、出主意，但客观上也促进休养生息，这对于推动社会的前进，是有进步意义的。

第十四篇

《中经》篇逻辑思路
及经典谋略

内心强大才能经略外物，手段高明才能驾驭别人。本篇是鬼谷子真传鉴人、识才和制人的秘诀。知人本性、因人说事，是为要诀。对待君子要有君子作风，文质彬彬，以收其心；对待小人要有手段，不图伤害他，但要震慑他，使之心存忌惮。或诱之以利，或胁之以害。坚守一个原则：道贵制人而不制于人。

【篇题解析】

《中经》的主旨是如何收服人心，使自己可以控制别人，掌握主动权。中者，心也；经者，法则也。"中经"可以说是纵横家的秘传心法。《中经》是与《本经》相对而言。《本经》是讲内在修炼，《中经》则主要是说外在处事御人的策略和技巧。陶弘景注："谓由中以经外，发于心本，以弥缝于物者也，故曰《中经》。"

制人而不被人所制，是《鬼谷子》立身处世的一个原则。如何揣摩人心，利用人性的弱点而控制对方，为我所用，即本篇中心议题。本篇共阐述了"见形为容、象体为貌""闻声和音""解仇斗郄""缀去""却语""摄心""守义"等七种为人处世的秘诀。

"见形为容、象体为貌"，实际上是一种观人知性术，即从对方的外貌和动作去探知其内心，而后推知他的心性品行。但是，此法只可用于对付浅薄而无城府的对象，不可用于对付道行高深、极有修行操守的人。后者往往颇具心机、精于权术，你去探测他，反而往往被他看破，反受其控制。对待这类人，应"隐匿塞郄"，隐藏真实意图，堵塞好己方的漏洞，离他而去。

闻声和音。实际就是一种美言结人术，即用高超的谈话技巧使对方信任自己，以寻找知音，因为声气同，才能让其觉得自己可交、可信、可亲。要注意自己的语言是否能够迎合对方，让其视为知己。《鬼谷子》用五音相配来作比喻说明混声和音的道理。因为合拍才能合心。

解仇斗郄。实际就是一种解斗择友、坐山观虎斗的驾驭术。面对弱者相争，我们要在合适时机去调停，进行收买、拉拢，使其成为我们的盟友；面对强者则不要劝解，反而扩大其蟻，而后坐山观虎斗，享受渔人之利，使双方均为我所用。

缀去。实际这是留人留心术。对要离开自己的人，应该好言相送，使之人走心在，而为我所用。

却语。就是打拉并用术。就是抓住对方的把柄，而后控制对方，使其乖乖地按照自己的意志去做事。

摄心。实际就是一种投其所好、收揽人心的方法，讲述对不同的人要采用不同的收买方法。下属之中，有好学问、好技术的，对其给出内行的评价，再为其远近扬名，使其发自内心地佩服你，拥护你。此外，对那些沉迷酒色之徒，我们用道术和高雅的音乐感化他，然后告诫其这样下去必然滑向死亡之渊，为其描绘锦绣人生，使其重新做人。如此其必然感激不已，成为我们的"死党"。

守义术。所谓"守义"之术，实际就是一种用仁义道德探知对方内心世界的方法，以此来判断对方是高尚的君子还是卑劣的小人，从而采取相对的游说术去控制对方。

知人、用人，在春秋战国时期，不同的思想派别有不同的主张。儒家主张以德感化，让臣民为君主自觉地尽心尽力；道家主张顺人之性；法家主张严刑峻法，让人畏惧害怕而不敢违背自己的意志。纵横家则统合各家思想，主张"无为以牧之"（语出《捭阖》篇），使用因人而异的权谋来达到自己的目的，显示出纵横门派的特点。

中经

【原文】

《中经》，谓振穷趋急，施之能言厚德之人①。救拘执，穷者不忘恩也②。能言者，俦善博惠③。施德者，依道④。而救拘执者，养使小人⑤。盖士，当世异时，或当因免阗坑⑥，或当伐害能言⑦，或当破德为雄⑧，或当抑拘成罪⑨，或当戚戚自善⑩，或当败败自立⑪。

【注释】

①振，救济。穷：穷困窘迫。急：危急，急难。振穷趋急：救助陷入困境或有急难的人。施：施行，给予。能言：善于辞令。谓振穷趋急，施之能言厚德之人：这是《中经》篇的总纲。陶弘景注："振，起也；趋，向也。物有穷急，当振趋而向护之，及其施之，必在能言之士、厚德之人。"

②拘执：被拘禁之人，这里泛指处于困境中的人。陶弘景注："若能救彼拘执，则穷者怀德，终不忘恩也。"

③能言者，善于辞令的人（如纵横策士）。俦善，以善良的人为伍。俦：同辈、同类。俦善博惠：跟品德善良的人结交，博施恩惠。陶弘景注："俦，类也。谓能言之士，解纷救难，不失善人之类，而能博行恩惠也。"

④依道：遵循道法。"施德者，依道"：施行恩德的人，均遵循大道而行事。陶弘景注："言施德之人，动能循理，所为不失道也。"

⑤小人：是指平民百姓，此处指地位低下者。《书·无逸》：

"生则逸，不知稼穑之艰难，不闻小人之劳，惟耽乐之从。"养使：牧养，役使。而救拘执者，养使小人：解救处于困境中的人，目的是牧养他们，使他们供自己使唤。陶弘景注："言小人在拘执而能救养之，则小人可得而使也。"

⑥阗坑：填塞沟壑。这里指兵荒马乱、横尸原野。阗：满，盛。陶弘景注："填坑，谓时有兵难，转死沟壑，士或有所因，而能免斯祸者。"

⑦伐害能言：谗害能言善辩之士。伐害：攻伐陷害。陶弘景注："伐害能言，谓小人之道，谗人罔极，故能言之士，多被残害。"

⑧破德为雄：毁坏文德而拥兵称雄。陶弘景注："破德为雄，谓毁文德，崇兵战。"

⑨抑拘成罪：遭到拘捕成为罪人。抑：压，压制。如抑强扶弱。《国语·楚语上》："抑齐人不盟，若之何。"陶弘景注："抑拘成罪，谓贤人不辜，横被缧绁。"

⑩戚戚自善：忧郁孤独而独善其身。戚戚：指忧惧、忧伤的样子。出自《诗·大雅·行苇》："戚戚兄弟，莫远具尔。"陶弘景注："戚戚自善，谓天下荡荡，无复纲纪，而贤者守死善道，真心不渝，所谓岁寒然后知松柏之后凋，风雨如晦，鸡鸣不已者也。"

⑪败败自立：在世倾时厄，势衰事败中，士能兀然自立于世，困不丧志，穷不变节。陶弘景注："败败自立，谓天未悔过，危败相仍，君子穷而必通，终能自立，若管仲者也。"

【译文】

所谓《中经》，就是指赈救穷困，济人危难，能施行之必然是那些能言善辩、德行深厚的人才。

救人于困境之中，那些被解救的人，就不会忘记你的恩德。能言善辩之士，广结善缘，博施恩惠。广施厚德的人，行事都依据于道。而解救处于困境中的人，必定能够牧养他们，并能使之听从自己的驱遣使唤。

大凡士人生逢乱世，时局危难之时，有的人仅能幸免不抛尸于沟壑；有的人能言善辩却遭人谗害；有的人放弃道德崇尚武力治世而拥兵自雄；有的人遭到拘捕成为阶下囚；有的人忧心戚戚，坚守善道；有的人在危败的情形中，自立自强。

【原文】

故道贵制人，不贵制于人也①。制人者握权，制于人者失命。是以见形为容、象体为貌，闻声知音，解仇斗郄，缀去，却语，摄心，守义②。《本经》纪事者，纪道数③，其变要④在《持枢》《中经》。

【注释】

①道：此指处世之道。故道贵制人，不贵制于人也：此言纵横策士立于世，当贵制人而不被他人所制。陶弘景注："贵有术而制人，不贵无术而为人所制者也。"

②郄，通"隙"，裂隙，这里指矛盾。陶弘景注："此总其目，下别序之。"

③道数：道之精理，气数，路数，法则。是指原理。指"盛神""养志""实意"等七种道术。

④变要：变化的要点。"《本经》纪事者，纪道术，其变要在《持枢》《中经》。"交待《本经》《持枢》《中经》三篇之间的

内在关系。陶弘景注："此总言《本经》《持枢》《中经》之义。言《本经》纪事，但纪道数而已。至于权变之要，乃在《持枢》《中经》也。"

【译文】

所以立身处世之道，贵在能够控制他人，而不是被他人所控制。能控制他人就掌握着主动权，被他人控制就失去把握自己的命运的权利。

因此有"见形为容、象体为貌""闻声和音""解仇斗郄""缀去""却语""摄心""守义"等方法。

《本经》记载的是如何做到这些方法的根本道理。其运用时具体的变通的要点，都在《持枢》和《中经》里。

【原文】

见形为容、象体为貌者，谓爻为之主也[①]。可以影响形容象貌而得之也[②]。有守之人，目不视非，耳不听邪，言必《诗》《书》，行不淫僻[③]，以道为形，以德为容，貌庄色温，不可象貌而得之。如是，隐情塞郄而去之[④]。

【注释】

①见：通"现"。表现于外形者为容，象征个体的外貌。容：仪容，人的外表，有修饰、打扮的含义。貌：状态，神态，面部神情。陶弘景注："见彼形，象彼体，即知其容貌者，谓用爻卦占卜而知之也。"陶注意思是我们仅由他的外在的言行，便可测知他的内心，就像由所现出来的卦象，就可了解卦爻的意义。

俞樾《读书余录》云："爻乃交之误。交读曰：狡。为，读曰：伪。并古通用字也。此言狡伪之主，其中无守，故可以象貌得之。若有守之人，不可象貌而得矣。陶注未达假借之旨，乃谓用卦爻占而知之，殊误。"所以，"爻为"，应该是"狡伪"。加上下一句话，"可以影响形容象貌而得之也"，意思是，形容象貌是可以"影响"而得，就是可以由修饰、化妆（易容）而伪装的。那些特别修饰面容和体貌的人，可能是虚伪狡诈之徒。

②影响：影子和回响。可以影响形容象貌而得之也：此言可以通过对一个人的外在言行形貌而推测出他的内心世界。陶弘景注："谓彼人之无守，故可以影响形容象貌，占而得之。"

③守：操守。非：错误的东西。邪：邪恶不正的东西。《诗》《书》：《诗经》《尚书》，儒家经典。淫僻：邪僻淫佚。

④塞郄：弥补缝隙，堵塞漏洞，比喻不留下漏洞。陶弘景注："有守之人，动皆正直，举无淫僻，浸昌浸盛，晖光日新，虽有辩士之舌，无从而发，故隐情、塞郄、闭藏而去之。"

【译文】

所谓"见形为容、象体为貌者"，就是说，表现外形的称为容，象征个体的称为貌。那些无修为的人，喜怒于色，言行完全表现于外，我们仅由他的外在的言行，便可测知他的内心，就像由所现出来的卦象，依据阴阳爻的位置和卦象之理就可以推断吉凶，可以从一个人的外在行动、声音、体态容貌等信息推测出他的内心世界。

有道德操守的人，非礼勿视，非礼勿听，说话必定引用《诗经》和《尚书》中的文句，行为方正不邪僻淫佚，以道德规范来约束自己的行为，相貌端庄、态度温和，遇到这种人，则不能通过外在相貌来测知他的内心，而要赶快隐藏自己的真情，弥补好语言和行为中的漏洞，离他而去。

【原文】

闻声和音者，谓声气不同①，恩爱不接②。故商、角不二合，徵、羽不相配③，能为四声主者，其唯宫乎④。故音不和则悲⑤，是以声散、伤、丑、害者，言必逆于耳也⑥。虽有美行盛誉，不可比目合翼相须也⑦。此乃气不合⑧，音不调者也。

【注释】

①闻声和音：听到对方的声音就可知道其情感意蕴，就应该用相同的声音去应和，寻求共同的语言。声气：声音和气息。声气不同：这里指双方意气不合。

②恩爱不接：彼此不恩爱友善，在感情上不能相互接纳融洽。

③故商、角不二合，徵、羽不相配：商、角、徵、羽，皆为五音之一。五音即宫、商、角、徵、羽。古代以五音配五行，商配金，角配木，徵配火，羽配水，宫配土。五行之中有相克关系，如金克木，所以商与角就不相配；又如水克火，所以徵和羽也不相配。

④能为四声主者，其唯宫乎：宫是五音之主。根据五音配五行原则，宫对应的是中土，宫音雄浑平和。五行又与五方相配，东方为木，南方为火，西方为金，北方为水，中央为土。由于土居中央，统领四方，反映在音中，宫声就居于主宰地位了。所以说，能为四声之主的只有宫。陶弘景注："商金、角

木、徵火、羽水，递相克食，性气不同，故不相配合也。宫则土也，土主四季。四者由之以生，故能为四声之主也。"

⑤悲：悲伤，难听。

⑥散、伤、丑、害，言语中的四种毛病。散，与人言谈时心意不专。伤，言辞伤人。丑，言辞不雅。害，言辞中暗藏祸机。是以声散、伤、丑、害者，言必逆于耳也：言谈话语中，如果有散、伤、丑、害的毛病，那么，说出的话必然是非常刺耳而无法让人接受的。陶弘景注："散、伤、丑、害，不和之音，音气不和，必与彼乖，故其言必逆于耳。"

⑦比目：比目鱼，传说只有一只眼睛，必须两条鱼亲密配合才能共同前进。合翼：即比翼鸟，一种常常并翅而飞的鸟。须：必需，必要。相须：互相需要，不可分。

⑧气不合，音不调：品性不合，音便不会协调。"虽有美行盛誉"四句：此言若声气不和，即便品行美好，声誉显赫，也不能相互协调呼应。陶弘景注："言若音气乖彼，虽行誉美盛，非彼所好，则不可如比目之鱼、合翼之鸟，两相须也。其有能令两相交应，不与同气者乎。"

【译文】

所谓"闻声和音"，就是听到对方的声音，便要用相同的声音去应和他。这是因为如果声音的品性不契同，感情上便不能相互接纳融洽。因为商主金，角主木，二音相克而不相合；徵主火，羽主水，二音相克也不相配，能作为四声之主的，只有主土的宫声了。所以音调不和谐，人听起来就会悲怆难受，因而言谈话语中如果有散、伤、丑、害的毛病，那么，说出的话就会逆耳而无法让人接受。

即使有美好的品行、盛大的声誉，也不能像比目鱼、比翼鸟那样和谐亲密，互相配合。这都是由于声气不合、言语不协调的缘故。

【原文】

解仇斗郄，谓解羸微之仇；斗郄者，斗强也[1]。强郄既斗，称胜者高其功，盛其势也[2]。弱者哀其负，伤其卑，污其名，耻其宗[3]。故胜者闻其功势，苟进而不知退；弱者闻哀其负，见其伤，则强大力倍，死而是也[4]。郄无极大，御无强大，则皆可胁而并[5]。

【注释】

①解仇：对于那些羸弱的敌人，我们可以解除对他们的仇恨，使他们免于恐惧。斗郄：使强者相斗以找到罅隙。陶弘景注："辩说之道，其犹张弓，高者抑之，下者举之。故羸微为仇，从而解之；强者为郄，从而斗之也。"

②强郄既斗，称胜者高其功，盛其势：有矛盾的双方一旦相斗，胜者，则抬高他的功业，称盛他的威势。陶弘景注："斗而胜者，从而高其功，盛其势也。"

③哀其负：为他的失败而悲哀。伤其卑：为他的卑小感到伤心。污其名：污辱他的名声。耻其宗：羞辱他的祖宗。陶弘景注："斗而弱者，从而哀其负劣，伤其卑小，污下其名，耻辱其宗也。"

④闻其功势：听到称道他的功业和威势。苟进而不知退：只知进攻而不知适可而退。陶弘景注："知进而不知退，必有亢龙之悔。弱者闻我哀伤，则勉强其力，倍意致死，为我

为是也。"

⑤ 郄无极大，御无强大：只要对方有嫌隙，即便不是太大，抗御能力也就不强大了。陶弘景注："言虽为郄，非能强大，其于扞御，亦非强大。如是者，则以兵威胁，令从己，而并其国也。"

【译文】

所谓解仇斗郄，就是团结弱者，使强者互相争斗；斗郄，就是使有罅隙矛盾的强者互相争斗。

强者相斗之后，对于获胜的一方，就赞扬他的功劳，称盛他的声势。对于弱者一方，就为他的失败表示悲哀，为他的卑小感到伤心，暗示他：他如果名声扫地，便会辱没了祖宗。通过这种方式来激励弱者。所以，胜者听到别人称道自己的功绩与威势，而一味地进攻而不知适可而退，弱者听到别人哀叹其失败，面对自己的损伤，反而会倍增力量，拼死而战。

所以，只要对方有嫌隙，即便不是太大，抗御能力也就不强大了。我们都可以用此法削弱他后，胁迫他并吞并他。

【原文】

缀去者，谓缀己之系言，使有余思也①。**故接贞信者，称其行，厉其志，言可为可复，会之期喜**②。**以他人之庶引验以结往，明款款而去之**③。

【注释】

① 缀、系：都是连接、联络的意思。系言：系留人心之言。缀己之系言：要运用关心的话接缀住他，使他离开后还想

念不止。陶弘景注："系，属也，谓己令去，而欲缀其所属之言，令后思而同也。"

②接贞信者：对待贞洁、诚信之人。称其行：赞誉他的行为。励其志：砥砺他的志向。陶弘景注："欲令去后有思，故接贞信之人，称其行之盛美，厉其志令不怠，谓此美行必可常为，必可报复，会通其人，必令至于喜悦也。"

③庶：相似、差不多。以他人之庶引验以结往。明款款而去之：使之明白，自己以前和他的交往，都是出于款款之情。陶弘景注："言既称行厉志，令其喜悦，然后以他人庶几于此行者，引之以为成，验以结己往之心，又明己款款至诚如是而去之，必思己而不忘也。"

【译文】

缀去之术，旨在用关心的言语连缀住将离我而去的人，使他离开后对自己依然想念不已。

所以，要结交贞洁、诚信的人，就要称赞他们的行为，砥砺他们的志向，告诉他可为的事业前景，欢迎他再回来，与他相约再会的日期。

引用他人相似的成功事例，来证明自己的说法，使之明白，将来仍能与自己保持密切交往，明确表示出依依不舍的样子。

【原文】

却语者，察伺短也①。故言多必有数短之处，识其短，验之②。动以忌讳，示以时禁③。其人恐畏，然后结信，以安其心，收语盖藏而却之④。无见己之所不能于多方之人⑤。

【注释】

①却：退，因畏惧或厌恶而后退，如"望而却步"。却语，使对方因畏惧而退却的言辞。察伺短：观察窥伺对方的短处。陶弘景注："言却语之道，必察伺彼短也。"

②识：辨明。验：检验，挑明。陶弘景注："言多不能无短，既察其短，必记识之，取验以明也。"

③动：以……动其心。动以忌讳。示以时禁：用犯忌讳的事来慑动他，用当时的禁忌来明示他。陶弘景注："既验其短，则以忌讳动之，时禁示之。"

④收语：收住话语，不再往下说。盖藏，遮盖掩藏。陶弘景注："其人既以怀惧，必有求服之情，然后结以诚信，以安其惧，以收其向语，盖藏而却之，则其人之恩感，固以深矣。"

⑤见：同"现"。方：方家，内行，深明此道的人。陶弘景注："既藏向语，又戒之曰：勿于多方人前，见其所不能也。"

【译文】

却语之术，就是我们要善于伺察别人言论的漏洞。所以，言多必失，要发觉并查明其中的短处或漏洞，并加以验证。既验明对方的短处，就可以指出他犯了忌讳，这样来惊动他，也可以明白指出他违反了当时的某个禁忌。那么，对方一定会惊恐畏惧，如此，就以诚信来结交他，让他安心，同时要收住话语不要再讲下去了，把对方的失言掩饰起来，而自己却把这些把柄藏在心里，以便以后以此去挟制他。

千万不要把自己不能做的，也就是己方的缺陷或短处，暴露在修为深厚的方家面前。

【原文】

摄心者，谓逢好学伎术者，则为之称远^①。方验之道，惊以奇怪，人系其心于己^②。效之于人，验去，乱其前^③，其归诚于己^④。遭淫酒色者，为之术；音乐动之，以为必死，生日少之忧^⑤。喜以自所不见之事，终可以观漫澜之命，使有后会^⑥。

【注释】

①摄心：摄取人心，收服人心。逢：遇到。伎术：技艺道术。称远：称赞其名，使之远播。陶弘景注："欲将摄取彼心，见其好学伎术，则为作声誉，令远近知之也。"

②方验之道：以己方以往的经验进行检验。惊以奇怪：故作惊讶，肯定对方。陶弘景注："既为作声誉，方且以道验其伎术，又以奇怪从而惊动之。如此，则彼人必系其心于己也。"

③效：效验。乱：会意字，最初见于西周金文，金文字形就是两只手梳理一堆乱丝，以便于纺织。故"乱"的本义是理丝。理丝的过程引申出"治理"的含义。这里是指治乱、治理、验证之义。《论语》："予有乱臣十人。"乱其前，意思是将他的学问或技艺——展现在众人面前。

④归诚于己：使他对你心悦诚服而归心于你。陶弘景注："人既系心于己，又效之于时人，验之于往贤，然后更理其目前所为，谓之曰：吾所以然者，归诚于彼人之己。如此，则贤人之心可得，而摄乱者，理也。"

⑤遭：遇上。淫酒色者：沉湎酒色而荒淫过度的人。陶弘景注："言将欲探愚人之心，见淫酒色者，为之术；音乐之可说，又以过于酒色，必之死地，生日减少，以此可忧之事，以感动之也。"

⑥喜：以……为喜。漫澜之命：生命美好无极。会：体会、领悟、醒悟。陶弘景注："又以音乐之事，彼所不见者，以喜悦之言，终以可观，何必淫于酒色。若能好此，则性命漫澜而无极，终会于永年。愚人非可以道胜说，故惟音乐可以探其心。"

【译文】

摄心即摄取人心，就是收服人心的方法。遇到爱好技艺或道术的人，称赞他们的技艺和道术，使他们的声名远播。再用我们自己的知识经验来验证他的所学，对他的奇特所长表示惊叹，他就会把他的心意系属于你。然后，把他的知识技术在人前实践，验证其所学，并将其过去获得成功的案例，整整齐齐地展现在众人之前，他必然会更加诚心地归属于自己。

遇到沉湎酒色不能自已的人，用摄心之术，即以音乐感化触动他，让他以为这样做，活着的日子就会不多了，使其因担忧而醒悟。再用对方平时看不见的事情来让他高兴，让他最终感受到生命无限美好，然后醒悟，对于未来充满无限的希望。

【原文】

守义者，谓守以人义，探其在内以合也①。探心，深得其主也，从外制内，事有系曲而随之②。故小人比人，则左道而用之，至能败家夺国③。非贤智，不能守家以义，不能守国以道④。圣人所贵道微妙者，诚以其可以转危为安，救亡使存也。

【注释】

①守义：坚守道义。人义：通仁义。探其在内：探讨他的

内心想法。陶弘景注："义，宜也。探其内心，随其人所宜，遂所欲以合之也。"

②探心：同上文探其内。深得其主：深入了解他的内心思想。从外制内：由外而内控制他。陶弘景注："既探知其心，所以得主深也。得心既深，故能从外制内。内由我制，则何事不行。故事有所属，莫不由曲而随己也。"

③比：结党营私。本义是夫妇并肩匹合。《说文》："比，密也。"引申为并列、亲近、挨近、相连接、勾结等义。左道：邪门旁道。陶弘景注："小人以探心之术来比于君子，必以左道用权。凡事非公正者，皆由小人反道乱常、害贤伐善，所用者左，所违者公，百度昏亡，万机旷紊，家败国夺，不亦宜乎！"

④道：最初意义是道路，后来引申为做事的途径、方法、规律、原理和原则等。这里是指正道、道义。陶弘景注："道，谓中经之道也。"贵：看重。

【译文】

所谓守义，就是坚守仁义，并探取对方的内心，以迎合他。探取对方的心，就要深入了解到他内心的真实意图，然后可以从外面控制他的内心，如果能控制其心，在遇到事情时，就因对方的心意被你所系牵，从而屈从于你。而小人也能以利结交一些人，不过他们都是用旁门左道来行事，以至于家败国亡。

不是贤能有智慧的人，便不能以义来守家，以道来治国。圣人之所以尊重道义的微妙，是因为道义确实可以使家国转危为安，可以救亡图存。

【新解】

领导驭人心法

中者，心也；经者，法则也。《中经》就是领导用人的心法！《鬼谷子》："《中经》，谓振穷趋急，施之能言，厚德之人。"鬼谷子开篇就谈到人才需要具备三个条件：第一是振穷趋急，即当某人或组织陷入困境时，其能使之振作解困，遇到危急之事时，其能救济急难。简言之，是急公好义的人。第二是能言，就是能言善道。第三厚德，厚德，是从《易经》坤卦里来的名词。"地势坤，君子以厚德载物。"坤德有三：要有容人的雅量，配合，成人之美。

那么，怎么用人呢？本篇共阐述了"见形为容，象体为貌""闻声和音""解仇斗郤""缀去""却语""摄心""守义"等七种为人处世的秘诀，这都是揣摩别人心理的笼络控制之术。

第一，"见形为容，象体为貌"。实际上这是一种观人术，通过一个人的外貌和动作去推测其内心世界，而后了解其心性和品格。

鬼谷子强调一个人的相貌和举止要正，"有守之人，目不视非，耳不听邪，言必《诗》《书》，行不淫僻"。有道德的人不看其不该看的，不听其不应该听的，不做其不应该做的，出口都是引自《诗经》《尚书》上的道理，行为没有邪僻、淫乱。他的外形是大道（清静朴素）的模样，他的内涵是谦虚接纳。他的相貌端庄，态度温和。鬼谷子说："不可象貌而得之"。这样的有操守之人不能专靠外面的形貌来识别。遇到这样的对手，就赶快隐藏自己的真情，弥补好言语和行为中的漏洞，离他而去。为什么要远离？跟这样的人合作是很危险的，你根本看不透他，还有可能被其掌控。

第二，"闻声和音"。所谓"闻声和音"，就是听到对方的声音，便要用相同的声音去应和他。因为如果声音的品性不契同，感情上便不能相互沟通，彼此接纳。

声与音要互相调和，用来比喻领导者和人才，要声气相同，恩爱相接，像比目鱼、合翼鸟一样相需相伴。否则，即使大家都有美行、盛誉，如果彼此气不合、音不调，说话就会不中听，是不能共事、成事的。"闻声和音"是一种高超的谈话技巧，使对方信任自己，以找到知音以同声同气，才能做到与之结交。领导者要用使命、责任和共同的价值观把人结合在一起，所以，领导者的能量就是靠布道与分享，用教化代替管理。

第三，"解仇斗郄"。即团结弱者，使强者互相争斗。斗郄，就是使有罅隙矛盾的强者互相争斗。这是一个团结内部、一致对外的大原则。当领导挑动大家一致对外的时候，斗争的结果必定是有的人胜利、有的人失败。领导者对那些胜利者，就要大赏其功，夸奖其声势，备极荣耀光彩。对那些失败者，要同其一起悲哀伤痛，对于其下污名声、上辱祖宗的作为表示同情，毁丧如同身受。因此，那些胜利者，受到鼓励，就更加勇猛上进，只知向前，不愿退后；那些失败者，知道领导对其维护有加，会感激图报，誓死奋斗。所谓"解仇斗郄"，实际就是一种驾驭术。帮扶弱者，吸收进己方阵营；面对强者相争，我们坐山观虎斗，享受渔人之利，而后再以合适的时机去调停，进行收买拉拢，使之成为自己的盟友。

第四，"缀去"。什么叫缀去呢？人才离任是所在国家或组织的重大损失，一定要想法把其留下来，要像用针线一样把其缀住。对于一个要离开你的人，不要心生仇恨，要好言相劝，或者诚心相送，没准日后其对我们有大用途。

第五，"却语"。即让对方望而畏惧而退却的语言，即找到其把柄或弱点进而控制他。但用此计的关键是，要让对方明白，你不会把这个事做得太绝了，以免其跟你拼个鱼死网破，"其人恐畏，然后结信，以安其心，收语盖藏而却之"。即对方一定会惊恐畏惧，对方既然已经惊恐畏惧，就以诚信来结交他，让他安心，同时要收住话头不要再讲下去了，把对方的失言掩饰起来，而自己却把这些把柄藏在心里，以便以后以此去挟制他。

这是鬼谷子驾驭小人之道：其一，抓住小人的把柄，要挟其为我做事；其二，让其安心以免"破罐子破摔"，不让其反咬一口。

明代心学鼻祖王阳明就是这样一个善用"却语"的高手。

一名宫中太监受皇上派遣来南方宣读圣旨，趁此机会，王阳明请他到一家酒楼一聚。太监走进酒楼，得知王阳明在楼上等候，于是爬梯上到二层。他刚上来，王阳明安排的人手就悄悄抽掉了楼梯。接下来，王阳明干了一件惊心动魄的事——他掏出几封密信给太监看。太监看得冷汗直冒。这是怎么回事呢？原来是这样的，当年宁王朱宸濠造反，王阳明平定内乱、力挽狂澜，发现宁王府有不少人写来的密信，其中有几封就是这个太监所写。如果被皇上知道，要杀头的。

这个太监吓得魂飞魄散，当场扑通跪倒在地，连声哀求王阳明饶命。王阳明指着楼梯方向说："你看，楼梯已经撤掉，现在除了我们两个，不会有任何人知道此事。"随后在太监亲眼目睹下，王阳明将信全部烧毁。从此，太监感恩戴德，为王阳明忠心服务。每次朝廷有什么动静，他都以最快的速度相告，王阳明因此常常逢凶化吉、化险为夷。

王阳明虽然是心学大师，其倡导以"诚"治天下，但在对付小人之时用起鬼谷子的"却语术"却也纯熟精到、毫不含糊，堪称教材范本。要想斗过奸人，你要比他更高明，否则就是腐儒了。这一招看似阴险老辣，其实揭示了道和术的关系。邪人用正招，正招也邪；正人用邪招，邪招也正。一个人只有正诡结合，方能立足于世、建功立德。

第六，"摄心"。下属之中，有好学问、好技术的，应该为他们远近扬名。其实，部下有名、有能，也是领导者的光彩和价值。领导者主动去发掘他们、表扬他们。他们就会更发奋进步，同时会衷心感激领导者的奖掖，自动归心，拥护领导者。

汉朝李广是一名神箭手，其家族世代学习射箭之道。李广曾在抗击匈奴入侵的战争中获得很大的功劳，被封为汉中郎。汉文帝很喜欢他，感叹道："李广真是个天才！如果生在高祖时代，凭你的能力必能封个万户侯！"就是说如果你生在汉高祖刘邦、张良、萧何、韩信那个时代，绝对比现在还要风光百倍。因为汉文帝的赞美和欣赏，李广的心完全被俘获，死心塌地效忠于他。等汉文帝的儿子汉景帝继位后，李广任陇西都尉，继续为汉室效忠。

第七，"守义"。什么是守义？实际上就是用一种仁义道德来探知对方内心世界的方法。我们先来看看"义"的字源。"义"繁体为"義"，上面是"羊"，下面为"我"，"我"的象形是"手"持"戈"。其有两种解释：第一种是以手持戈均分羊肉，公正、合宜；第二种是台上放着献祭的羊，下面站着持戈的武士。祭祀活动与敬神有关，这是神圣的信仰。字义是：为了公正、公平的信仰不惜以战斗来维护。纵观历史，凡创业兴邦都要树立正义的大旗以号令天下。比如，陈胜的"伐无道，诛暴秦"，刘备的"兴复汉室"，宋江的"替天行道"等等，无不是守义的体现。所以《中庸》说："义者，宜也。"明道德，知进退，每次都做到恰到好处，这才叫"义"。

鬼谷子曰："探心，深得其主也，从外制内，事有系曲而随之。"意思是，探取对方的心，就可得到其真实意图，然后从外面控制其内心，如果能控制其心，就可使其曲随于你。

在这里，鬼谷子把意思说得很明白了，纵然你有"替天行道"的正义大旗，也需要探察他人内心的想法、意图及性格特征，甚至使其潜意识都在你的掌控之中。守义让你一呼百应，探心让你掌控人心，守义为道，探心为术，道术一体，你才有资格当一名首领。

小人不守义，却擅长结党营私，并用旁门左道来行事。这样的人虽然对探心之法运用得炉火纯青，最终也难逃家败国亡。

所以，鬼谷子总结说："非贤智，不能守家以义，不能守国以道。圣人所贵道微妙者，诚以其可以转危为安，救亡使存也。"即不是贤能有智慧的人，便不能以"义"来守家，以"道"来治国。圣人之所以尊重"道"的微妙，是因为"道"确实可以使家国转危为安，可以救亡图存。

由此可见，道义是修身、齐家、治国、平天下的根基。

以上是领导者召集人才、团结人才、驾驭人才、维护人才的手段和技巧，都是从情、从理出发，以和谐为本，以恩德为用，让人感激怀德，并发自内心地钦佩服从，这是《中经》的重要精神。

第十五篇

《符言》篇逻辑思路及经典谋略

修炼长者风度，"安、徐、正、静"，合于中庸之德，性情柔和而刚，惠及子民；德行崇高而厚，苍穹高远，德照大地；心胸似大海辽阔，容纳百川。谋圆行方，详察民心，察纳雅言，因之循理，融他人之智，集众人之力。这样的人，佩天地之德，怀人和之功，是天下至善，是为圣人明君。

【篇题解析】

"符"，又称"符节"，是古代的重要凭信物。它用竹木或金属制作，上面书写文字，然后剖为两半，朝廷与接受命令的人员各自掌握一半；对证时，两半相合，称为"符验"。"符言"的含义是经过验证的完全符合规律的言语。《四库全书》本的题注云："符言者，揣摩之所归也，捭阖之所守也，千圣之所宗也。如符然，故曰符言。"

陶弘景注："发言必验，有若符契，故曰符言。"本篇实际上是一篇关于君主的职责素养的专论，主旨是要重视思维能力的修养。全篇由九个部分组成：

第一，处位诀。对身居人主之位的人，有一项基本的要求，即"安徐正静""虚心平意"。以静制动是良好的思维方法。这是说不仅要有从容文雅的仪表举止，还要有一虚二静的思维方法。虚，即虚心，没有私情私欲牵绕，不为成见所囿。虚心则能容物，谦逊可以和众。沉静是一种达人的风范。有沉静的雅量，才能荣辱不惊，默默进取；有沉静的襟怀，才能卓尔不群，自成一家。君主遇事要冷静，做到喜怒不形于色，《孙子》曰"将军之事静以幽"，静是带兵将领克敌制胜必备的心理品格。虚，静，都是说要形成良好的心境，凡事有主见，不因变而躁，不因扰而动，让臣下看不透君主内心的真实想法，高深莫测，不可捉摸。此为主位。

第二，明智诀。人君统御天下，必须胸怀全局，洞察真相。人君需要借助别人的力量，思维要明澈，就要以"天下"之目、耳、心去视、听、思，让各方面的信息汇集起来，像车轮的轴心和辐条一样，同时并进，才能保证明智，才能做到物无不见、音无不闻、事无不知，臣子也就不敢蒙蔽自己了。"天下"，一指公心，不为私情私利所囿，不先入为主，才能明察明断；二指要有高度思维，观察与思考，要能放开，扩大观察思考的范围，也能收拢、聚焦，辐辏并进，这样才能明无不见。此为主明。

第三，德术诀。心存四海，故能怀抱宇宙、驰骋天下。君主治理天下，自身有德，自能感化大众。广开言路，察纳雅言，才能有思维深度，其高无顶，其深无底，达到"神明"境界。此为主德。

第四，赏罚诀。人君以正治国，必赏罚严明。赏则言出必行；罚则严格执行。奖善罚恶，无私公正，奖赏必经考证而后行，才能取信于人，收到赏一劝百、罚一惩众的功效。如此才能让天下人心服口服，严肃社会风气，治理好国家。此为主赏。

第五，提问诀。人君要博学多才，不断提升自己的政治智慧。因而要善于学习，不耻下问。明天道，了地道，知人道。发现问题，寻根究底，深化认识。天下形势尽在掌握之中。此为主问。

第六，因顺诀。人君统御之道贵在因政循理。为善就奖赏；为非就处罚。都是自然而然。因顺着政治的需要而行，根据臣子的喜恶而行事，才能无为而治，固而久长。此为主因。

第七，周密诀。君主驾驭群臣贵在平衡各方利益，做到周密周全。思维要全面、周密，要遍知百物，通晓万事，避免思维紊乱、失偏。做不到周密，人心就会失衡，失衡就会生出矛盾，群臣就会生乱，彼此之间就不会同心同德，朝政内外沟通不畅，国家就会处于动荡之中。国君善于协调平衡各派利益，让群臣之间密切合作，国家就能得到很好的治理。此为主周。

第八，恭察诀。人君的思虑，是以耳目所得到的信息为导向。所谓长目、飞耳，就是把自己的耳目延伸到最广，最长的领域，延伸到人群最隐秘的中间。天下有什么不利的动静，奸邪的诈谋，都能了如指掌。让坏人无处藏身，官风整肃，民风淳朴，人民安居乐业。此为主恭。

第九，名实诀。君主驾驭臣子要循名责实。循名求实，因实定名，名实相生，互为表里，名实相当，这是讲概念的准确性与统一性，避免语言、思维、逻辑混乱。给予臣子一定的官职，就要按其职位来对其定期进行考察。对臣子的评价也应根据其职位名分来作出评判。循名责实的目的最终是要臣子尽守本责，完成使命，君主依此给予评价与奖赏。此为主名。

符言

【原文】

安徐正静，其被节无不肉^①。善与而不静，虚心平意，以待倾损^②。有主位^③。

【注释】

①安：安详。徐：从容。正：正直。静：沉静。其被节无不肉：据考证应该是"柔节先定"。节：节度。被节：统御，管理。"肉"：通"柔"，是宽柔、仁爱的意义。陶弘景注："被，及也。肉，肥也，谓饶裕也。言人若居位，能安、徐、正、静，则所及人节度无不饶裕也。"

②善与：喜欢参与，指爱干预。不静：浮躁，不能静下来。虚心：空心。平意：意志平平。待：等待。倾损：倾倒损毁。陶弘景注："言人君善与事结而不安静者，但虚心平意以待之，倾损之期必至矣。"唐兰先生认为，"静"字是"争"字之误。俞樾考证《管子·丸守》的"虚心平意以待须"说："须，本作倾，与上文静、定为韵。待训为备。"根据协韵，可推断"损"是衍文。那么，这一节文字应该是："安徐正静，其柔节先定。善与而不争，虚心平意以待倾。"

③有：通"右"，古代书籍皆从右向左直行书写，故"右"具有上文的意义。主位：保持君主地位。陶弘景注："主于位者，安、徐、正、静而已"。

【译文】

君主能够做到安详、从容、正直、沉静，他就具有怀柔的统御之道，而臣民无不受其恩泽；与之相反，如果君主喜欢干预、扰乱臣民的生活秩序，躁动不能沉静，胸无大志，意志平平，等待他的可能就是倾覆败亡。以上是讲君王如何安于君位的道理。

【原文】

目贵明①，耳贵聪②，心贵智③。以天下之目视者，则无不见；以天下之耳听者，则无不闻；以天下之心思虑者，则无不知④。辐凑并进，则明不可塞⑤。有主明⑥。

【注释】

① 明：明亮，看得真切。此处指见识和眼光。司马迁《史记·淮南衡山列传》："臣闻聪者听于无声，明者见于未形。"

② 聪：听得清。指善听。《说文解字》："聪，察也。"耳闻而心相通，明事察意。

③ 智：本义为口之所陈，心迹可识。指智慧敏锐。《释名》：智，知也。无所不知也。陶弘景注："目明则视而不见，耳聪则听无不闻，心智则思无不通。是三者无壅。则何措而非当也。"

④ 以天下目视：指用天下的人的眼睛去看。此三句意谓启发集体的力量。陶弘景注："昔在帝尧，聪明文思，光宅天下，盖用此道也。"

⑤ 辐：连接车轮与车轴的辐条。凑：通"辏"，有聚合的意义。辐凑：即"辐辏"，车轮上的辐条集中于毂上。陶弘景注："夫圣人不自用其聪明、思虑，而任之天下，故明者为之视，聪者为之听，智者为之谋，若云从龙，风从虎，霈然而莫

之御，辐凑并进，不亦宜乎！若日月之照临，其可塞哉？故曰明不可塞也。"

⑥明：明察。陶弘景注："主于明者，以天下之目视也。"

【译文】

眼睛贵在明亮，耳朵贵在灵敏，心灵贵在智慧敏锐。君主如果用天下人的眼睛来观察一切，就没有什么看不到的；如果用天下人的耳朵来听取一切，就没有什么听不到的；如果用天下人的心来感知一切，就没有什么不明白的。如果天下的人都能像车辐条集辏于车轴上一样，同心同德，齐心协力，发挥他们的聪明才智，君主的明察便谁也堵塞不了。以上是讲如何保持洞察之明。

【原文】

德之术，曰：勿坚而拒之①，许之则防守，拒之则闭塞②。高山仰之可极，深渊度之可测，神明之德术，正静其莫之极③。有主听④。

【注释】

①德：特指好的品行。德的古字形从彳（或从行）、从直，以示遵行正道之意。坚而拒之：坚决拒绝。陶弘景注："崇德之术，在于恢弘博纳。山不让尘，故能成其高；海不辞流，故能成其深；圣人不拒众，故能成其大。故曰勿坚而拒之也。"

②许：认可，答应。防守：防护，固守。陶弘景注："言许而容之，众必归而防守；拒而逆之，众必违而闭塞。归而防守，则危可安；违而闭塞，则通更壅。夫崇德者安可以不弘纳

哉。"《管子·九守》:"许之则防守"作"许之则失守",则"许"是"许诺"的意思。

③极:顶端。仰之可极:抬头仰望可看到山顶。度:度量。测:测量。神明:神,《周易·系辞上》:"阴阳不测之谓神。"明,明白透彻。神明的本义是指人修炼到了很高的程度,内外如一到了彻底的境界。《淮南子·兵略》云:"见人之所不见,谓之明;知人之所不知,谓之神。"陶弘景注:"高莫过于山,犹可极;深莫过于渊,犹可测。若乃神明之位,德术正静,迎之不见其前,随之不见其后,其可测量乎哉!"

④主德:陶弘景注:"主于德者,在于含弘而勿拒也。"

【译文】

君主的一项美德是:听到一件事情不要马上坚决地拒绝,也不要轻易许诺,许诺了就一定要做到遵守自己的诺言;坚决拒绝就会使自己闭塞,就听不到别人的建议了。

山峰虽高,扬起头可看到它的顶端:深渊虽深,经过测量也可以得到它的深度;神明君主处在最尊贵的位置,要做到中正而沉静,高深而莫测。以上讲如何善听。

【原文】

用赏贵信①。用刑贵正②。刑赏贵必,必验耳目之所见闻。其所不见闻者,莫不暗化矣③。诚畅于天下神明,而况奸者干君④!有主赏⑤。

【注释】

①信:说到做到。本义为言语真实,引申为诚实不欺。

② 正：公正，合乎法度和常情。

③ 暗化：潜移默化。陶弘景注："赏信，则立功之士致命捐生；刑正，则受戮之人没齿不怨也。"

④ 诚：诚实，真实。畅：顺利通畅，没有阻碍。干：求，求取。《庄子·徐无鬼》："其欲干酒肉之味邪。"陶弘景注："言每赏从信，则至诚畅于天下，神明保之如赤子，天禄不倾如泰山，又况不逞之徒欲奋其奸谋，干于君位者哉。此犹腐肉之齿，利剑锋接，必无事矣。"

⑤ 陶弘景注："主于赏者，贵于信也。"

【译文】

实行赏赐贵在践诺诚信，实行刑罚贵在公正无私。刑罚、赏赐贵在务必坚决执行，应通过民众平时所见所闻的事实来验证。这样对于那些没有亲眼看到和亲耳听到的人也能起到潜移默化的作用。

如果真正能做到这些，使君主的德行畅行于天下，达到神明境地，那些想以奸邪的手段求得赏识的人也会被感化。以上所说的是如何进行赏罚。

【原文】

一曰天之，二曰地之，三曰人之①。四方、上下，左右、前后。荧惑之处安在②？有主问③。

【注释】

① 此句指君主的知识范畴，包括上知天文、下知地理、中察人事。陶弘景注："天有逆顺之纪，地有孤虚之理，人有通塞

之分。有天下者，宜皆知之。"

②荧惑：荧惑星。古指火星。因隐现不定，令人迷惑，故名。此处是迷惑之义。《史记·张仪列传》："苏秦荧惑诸侯，以是为非，以非为是。"陶弘景注："夫四方、上下、左右、前后，有阴阳向背之宜。有国从事者，不可不知。又，荧惑，天之法星，所居灾眚吉凶尤著。故曰：虽有明天子，必察荧惑之所在。故亦须知也。"

③陶弘景注："主于问者，必辨三才之道。"

【译文】

君主询问的范围：一叫天文，二叫地理，三叫人事。四方、上下、左右、前后的情况都要问得明明白白，了解得清清楚楚，哪里还有被人迷惑的地方？以上是说要善问。

【原文】

心为九窍之治，君为五官之长①**。为善者，君与之赏；为非者，君与之罚**②**。君因其政之所以求，因与之，则不劳**③**。圣人用之，故能赏（掌）之。因之循理，故能久长**④**。有主因**⑤**。**

【注释】

①九窍：指双眼、双耳、双鼻孔、口、前阴、后阴。五官：我国古代对于官职的分类和称谓，周时分掌政事的五个高级官职。泛指百官。《礼记·曲礼下》："天子之五官，曰司徒、司马、司空、司士、司寇，典司五众。"其中司徒主要掌管土地户口，司马掌握军权，司空分管土木工程建设，司士掌管官爵俸禄，司寇掌管治安和维稳。陶弘景注："九窍运为，心之所

使；五官动作，君之所命。"

②陶弘景注："赏善罚非，为政之大经也。"

③因：顺应，根据。因其政之所以求：如果因顺着政治的需要而行。与：给予。陶弘景注："与者，应彼所求，求者，得应而悦。应求则取施不妄，得应则行之无怠。循性而动，何劳之有？"

④赏：经考证，"赏"应为"掌"。陶弘景注："因求而与，悦莫大焉；虽无玉帛，劝同赏矣。然因逆理，祸莫速焉。因之循理，固能长久也。"

⑤陶弘景注："主于因者，贵于循理。"

【译文】

心是各种器官运行的主宰，君主是各种官吏的首长。做善事的，君主赏赐他；为非作歹的，君主便惩罚他。

君主要因顺政治的需要，施行赏罚，就不会劳神费力。圣人用这种方法就能掌控政权。因顺形势需要而遵循道理，所以能够长治久安。以上是讲君主因势顺理统御臣民之道。

【原文】

人主不可不周；人主不周，则群臣生乱①。寂乎其无常也，内外不通，安知所开②？开闭不善，不见原也③。有主周④。

【注释】

①周：周密。陶弘景注："周，谓遍知物理。于理不周，故群臣乱也。"

②通：畅通。寂：没人声，安静。无常：不正常。陶弘景

注："家，犹业也。群臣既乱，则所业者无常。而内外闭塞，触途多碍，何如知所开乎。"

③不见原：不能洞悉事情的本原。陶弘景注："开闭，即捭阖也。既不用捭阖之理，故不见为善之源也。"

④陶弘景注："主于周者，在于遍知物理。"

【译文】

君主行事不可以不周密。如果君主对周围的一切了解得不周详，做事不周密，那么群臣便会作乱。

人们都不说话是不正常的，内外信息不畅通，君主怎么能够知道处理国事、协调君臣的出口在哪里呢？如果不善于掌握捭阖之术，就不能洞悉事物的本原。以上是讲君主做事要周密。

【原文】

一曰长目，一曰飞耳，三曰树明①。千里之外，隐微之中，是谓洞天下奸②，莫不暗变更。有主恭③。

【注释】

①此三句意为：延伸耳目，使心里明察。陶弘景注："用天下之目视，故曰长目；用天下之耳听，故曰飞耳；用天下之心虑，故曰树明者也。"

②洞：洞察。陶弘景注："言以天下之心虑，则无不知。故千里之外，隐微之中。莫不玄览。"奸：奸诈邪恶的人。《史记·商君列传》："不告奸者腰斩。"陶弘景注："既察隐微，故为奸之徒绝邪于心胸。故曰莫不暗变更也。

③变更：指弃恶从善，更改前非。陶弘景注："主于恭者，

在于聪明文思。"俞樾《读书余录》云："恭字之义，与上所言一曰长目，二曰飞耳，三曰树明全不相涉，恭乃参字之误。"《管子·九守》作"右主参"。参：参验，考察。

【译文】

一要使眼睛看得更远；二要使耳朵听得更远；三要树明，即要使心里洞察一切。如果能够了解千里之外的情况，能够了解隐秘微小的事情，这便叫作洞察。

如果君主能够洞察一切，那么，天下为非作歹的奸邪之人就都会悄悄地改变自己的恶劣行为。以上是讲如何参验洞察奸邪。

【原文】

循名而为，实安而完①。名实相生，反相为情②。故曰：名当则生于实，实生于理③。理生于名实之德④。德生于和，和生于当⑤。有主名⑥。

【注释】

①循：因顺，依照。名：名分。实：实际，事实。《资治通鉴》："今以实校之。"完：完好，完善。陶弘景注："实既副名，所以安全。"

②名实相生：名分和实际互相依托，相辅相成。反相为情：指名分产生于实际，实际又反过来证明名分。陶弘景注："循名而为实，因实而生名，名实不亏，则情在其中。"

③当："合宜"，即恰当、符合。陶弘景注："名当，自生于实；实立，自生于理。"

④理：事理，指事物的规律。名实之德：名实相符的道德。陶弘景注："又曰：无理不当，则名实之德自生也。"

⑤和：和谐，协调。陶弘景注："有德必和，能和自当。"或认为，"和"字是"知"（智）字之误。

⑥陶弘景注："主于名者，在于称实。"

【译文】

按照名分去做事，就会安全而完好。名分和实际相互助长，相辅相成。所以说：名分适当是从实践中产生的；而实践是从事理中产生的；事理是从名实相符的道德中产生的；道德是从和谐中产生的；和谐是从适当中产生的。以上是说名实相符的重要性。

【新解】

领导统御者必须具备的素养

《符言》篇提出了九个领导格言，也是管理的要领、要诀。这九点原理都是历史上千锤百炼的智慧成果，顺则昌，逆则亡，是极其严肃的道理和准则！

第一，处位诀。领导风范与内心修为。

鬼谷子曰："安徐正静，其被节无不肉。"如果一个人达到安、徐、正、静这四个境界，被他领导的人将无不受到其恩泽和好处。

"安"是指安详。安详是一种良好的性格特点，它与宽容结伴，与慈爱为伍。一个人能以安然的心境，从容地看云卷云舒、花开花落，看世间成败、悲欢离合，这便是一种安详的境界了。

安详显示的是一种成熟，是在历经风雨和坎坷之后，为人处事有了万事随缘的泰然，不再有少年人的张狂、青年人的浮躁，言谈博雅，处事通达，举止沉稳干练，能静下心来，客观地总结自己的成败得失。一切都在计划之中，一切都在掌控之中，如此才能从容不迫。有了安详的修养就会慈祥、和善、安稳、宽容、和颜悦色、言语合宜、举止自如，能做到心如止水，行其所行。这是心灵沉静，不为外物所扰的自由、自觉的境界。

"徐"，是从容、淡定、舒缓、平和、泰然、大度之综合。从古至今，对大多数人来说，"徐"是一种难得的境界与气度。一个人刻意不如潇洒，潇洒不如气度，气度不如自然，如此就达到"徐"的阶段，所以，从容之人为人处事，不急不缓、不骄不躁。对外界环境的各种变化，不愠不怒、不惊不惧、不狂不躁，虽历经挫折而不沮丧，虽屡获成功而不狂喜，不以物喜、不以己悲。从容反映出一个人的气度、修养、性格，是一种理性、一种坚韧、一种气度、一种风范，只有从容才能够临危不乱，只有从容才能做到举重若轻，只有从容才能做到宠辱不惊，只有从容才能做到风云在握。

"正"，养天地之正气，法古今之完人。做人要大气，内心藏正气，心里有底气，手里有武器，这样才能够无往而不利！做人一定要正直，大气凛然，顶天立地；做事要光明磊落，堂堂正正。正直者无私，正直者无虚，正直者无曲，正直者无畏。

"静"，沉静是一种极高的修养，有沉静修养的人甘于寂寞，不动声色沉着自信，默默进取、与人无争、宽容忍让。沉静是一种达人的风范，有沉静的雅量，才能做到宠辱不惊，笑看得失；有沉静胸怀的人才能够超凡脱俗，不拘一格。要想以后精彩绽放，必须要先耐得住寂寞；要想以后受到别人的尊敬，必须要先不断地付出；要想受到领导的重视，必须要先默默地做事。所以，沉静是一种人生的态度，沉静是"采菊东篱下"那种悠然，是一种道法自然的通达、随遇而安的豁达。

第二，明智诀。启发集体智慧。

鬼谷子曰："目贵明，耳贵聪，心贵智。以天下之目视者，则无不见；以天下之耳听者，则无不闻；以天下之心思虑者，则无不知。辐凑并进，则明不可塞。"就是说：对眼睛来说，最重要的就是看得真切；对耳朵来说，最重要的就是听得清楚；对心灵来说，最重要的就是智慧通达。如果一个人能用全天下的眼睛去看，就不会有什么看不见的；如果用全天下的耳朵去听，就不会有什么听不到的；如果用全天下的心去思考，就不会有什么想不到的。如果能将人才像车辐条集辏于毂上一样，齐心协力，就可明察一切，做事无可阻塞。一个人的精力总是有限的，我们不可仅靠自己的能力去解决问题、处理事情。用天下人的眼睛、耳朵和智慧，就是学会从各种渠道汇集信息，从各个角度去考察事物，在各个角落广布耳目，为自己提供决策的参考。

在高明的管理者那里，任何人都能派上用场，只要他的眼睛能看，耳朵能听，脑袋能思考。愚蠢的独裁者只相信自己，他们闭塞信息，专横决断，结果就是独夫、孤家寡人！唐太宗居帝王之尊，而能自觉抵制那些"巧言令色，以亲于上；先承意旨，以亲于君"的佞臣和拍马之徒，并能努力从每个臣子的口中得到事情的各个细节，通过不同的观点进行判断，最终查知真相，尤其他重用魏征这样的诤臣，哪怕经常"骂"得自己灰头土脸，也坚持听他反映情况，用他的耳朵、眼睛和智慧，对于管理者而言，这就是非常难能可贵的优秀品质。皇帝如果不会察人，就往往会被奸臣所误；孔明用错马谡，造成不可挽回的巨大损失。

第三，德术诀。广开言路，察纳雅言。

鬼谷子曰："勿坚而拒之，许之则防守，拒之则闭塞。高山仰之可极，深渊度之可测。神明之德术，正静其莫之极。"

就是说：对别人的请求，不要急于拒绝。领导者要面子，答应人家的时候，很豪爽痛快。后来却又无法办得到，就变成没有信用，不如先不忙答应，在认真考虑周全之后，可行的，就答应。不可行的就说清楚原由。轻诺会破坏自己守护的底线；坚拒会使自己闭塞，显得不通情理，同样会造成与人的隔阂，导致失败。事莫虚应，应则必办，不办便结怨；愿莫轻许，许愿必还，不还便成债。不论山有多高，水有多深，都还是可以测度的，唯有领导者必须做到神明正静，既不轻许，亦不坚拒。永远不要把自己放到被动之地。凡事做得合情、合理，既守护了自己，又不得罪别人。这才叫高明。

第四，赏罚诀。赏信罚必。

鬼谷子曰："用赏贵信。用刑贵正。刑赏贵必，必验耳目之所见闻。其所不见闻者，莫不暗化矣。"实行赏赐贵在践诺诚信，实行刑罚贵在公正无私。刑罚和赏赐一定要坚决执行，应通过民众平时所见所闻的事实来验证。这样对于那些没有亲眼看到和亲耳听到的人也能潜移默化。部下有功，该赏，却又舍不得给，这个害处极大。汉代黄石公《三略》中说："赏罚分明，如天如地，乃可御人。"

《史记·孙子吴起列传》中所记载的故事，看看孙武是如何把一批柔弱的宫女训练成披坚执锐的战士的。

孙子武者，齐人也。以兵法见于吴王阖闾。阖闾曰：

"子之十三篇，吾尽观之矣，可以小试勒兵乎？"对曰："可。"阖闾曰："可试以妇人乎？"曰："可。"于是许之，出宫中美女，得百八十人。孙子分为二队，以王之宠姬二人各为队长，皆令持戟。令之曰："汝知而心与左右手背乎？"妇人曰："知之。"孙子曰："前，则视心；左，视左手；右，视右手；后，即视背。"妇人曰："诺。"约束既布，乃设斧钺，即三令五申之。于是鼓之右，妇人大笑。孙子曰："约束不明，申令不熟，将之罪也。"复三令五申而鼓之左，妇人复大笑。孙子曰："约束不明，申令不熟，将之罪也；既已明而不如法者，吏士之罪也。"乃欲斩左右队长。

吴王从台上观，见且斩爱姬，大骇。趣使使下令曰："寡人已知将军能用兵矣。寡人非此二姬，食不甘味，愿勿斩也。"孙子曰："臣既已受命为将，将在军，君命有所不受。"遂斩队长二人以徇。用其次为队长，于是复鼓之。妇人左右前后跪起皆中规矩绳墨，无敢出声。于是孙子使使报王曰："兵既整齐，王可试下观之，唯王所欲用之，虽赴水火犹可也。"于是阖闾知孙子能用兵，卒以为将。西破强楚，入郢，北威齐晋，显名诸侯。

唐代诗人周昙为此写过一首诗——《孙武》："理国无难似理兵，兵家法令贵遵行。行刑不避君王宠，一笑随刀八阵成。"学会运用赏与罚，身为将领才算基本合格。不懂赏与罚，就会陷入混乱中。有时候，赏罚法则也往往被我们称为"恩威之法"。只有恩威并举，才能令行禁止。

第五，提问诀。善于提问采纳雅言。

鬼谷子曰："一曰天之，二曰地之，三曰人之。四方、上下，左右、前后。荧惑之处安在？有主问。"君主询问的范围：一叫天文，二叫地理，三叫人事。四方、上下、左右、前后的情况都要问得明明白白，了解得清清楚楚，哪里还有被人迷惑的地方？以上是说要善问。

采百花酿成蜜，汇百川成大海。不知道的地方一定要向别人去询问，"学问学问，边学边问"，让每个人身上的能耐、长处都集中在自己的身上，才会无敌于天下。金庸武侠小说《笑傲江湖》中，令狐冲为什么厉害？岳不群的君子剑，风清扬的独孤九剑，少林寺方丈的达摩老祖易筋经，任我行的吸星大法，令狐冲全学到了，成就了其天下无敌的本领。所以，向别人学习，自己才能够不断成长，因为学习才能精进，才能让自己拥有优势。

第六，因顺诀。遵循事理。

鬼谷子曰："心为九窍之治，君为五官之长。为善者，君与之赏；为非者，君与之罚。"心是君主之官，掌管九窍，五脏。正如领导管理群众一般。群众做得好，领导要奖赏他们；做错了就要受到处罚。这是自然而然的事。因顺着政治的需要而行，不去勉强行事。做事一定要遵循事理、按照规律行事，不要逆天行事。

第七，周密诀。考虑周全，计划严密。

鬼谷子曰："人主不可不周；人主不周，则群臣生乱。"这是说：做君主的，不可以不周密。君主如果对周围的人、事、物不周详，做事不周密，必定酿成动乱。

鬼谷子在《捭阖》篇中说："即欲捭之，贵周；即欲阖之，贵密。周密之贵微，而与道相追。"考虑要周全，安排要细密。考虑不周全会顾此失彼，安排不细密会捉襟见肘。在《谋》篇中说："非独忠信仁义也，中正而已矣。"行事要中正，不要厚此薄彼！在组织里一定要一碗水端平，做事要公平公正。在人事安排上，管理者需要体察人心，尽量照顾到每个人的情绪，考虑到每个人的需要，以及每个利益派别的需求，并遵循客观规律，再作出合理的用人安排。规律是什么？一是位置正确；二是报酬合理；三是形成最优团队模式，找到一个可以互相制约且内耗最小的搭配。

第八，恭察诀。要洞察真相掌握全局！

鬼谷子曰："一曰长目，二曰飞耳，三曰树明。千里之外，隐微之中，是谓洞天下奸，莫不暗变更。"就是说：一要使眼睛看得更远，二要使耳朵听得更远，三要树明，能洞察一切。如果能够了解千里之外的情况，能够了解隐秘微小的事情，这便叫作洞察。如果君主能够洞察一切，那么，天下为非作歹的奸邪之人就都会悄悄地改变自己的恶劣行为。以上是讲如何参验洞察奸邪。

鬼谷子认为，人主必须拥有自己的"千里眼""顺风耳"和"明察心"，这样才能确保自己即使远离江湖，但江湖的一切动态尽在掌握；即使身居帷幄之中，仍能决胜千里之外。在唐朝，有一个皇帝就拥有这三件武器。

关于唐宣宗李忱，《旧唐书》如此描述："貌似昏晦而内心明朗，非常严肃、沉默寡言。看事物时，眼光很怪异。小时候宫中以为他不聪明。"可见，这是一个大智若愚的人。一天，唐宣宗对宰相令狐绹说："朕想知道文武百官的姓名和档案。"从政人数这么多，如何记得过来？令狐绹头疼不已，坦言自己也认不全，只有五品以上的官员才是宰相提名的。随后，唐宣宗下令编撰《具员御览》，把文武百官的名字和基本档案编到五卷本中，自己随时翻看。

唐宣宗很喜欢微服出外打猎。有一次，他遇见一名砍柴人。他问砍柴人户籍在哪里，砍柴人告诉他是泾阳人。他问县官是谁，砍柴人回答："李行言。"又问："这人治理得怎么样？"砍柴人说："这人太固执，做事不够通融。听说他曾逮捕过几名强盗，但这些强盗跟禁军的官员有交情，禁军的官员就让他放人，但李行言不仅没听，反而把这个强盗杀了。你说这不是得罪人吗？"唐宣宗只听而并不发表意见，回到宫中就把李行言的名字钉在柱子上了。一个月后，李行言官升海州刺史。在入朝拜君时，唐宣宗赏赐金鱼袋和紫衣（在唐代，这代表着巨大的恩宠，类似于清朝的黄马褂），并问他："你知道为什么赏你吗？"李行言大惑不解，唐宣宗就让他看柱子上的名帖，诉说了其中的缘由。

还有一次，唐宣宗遇见一群老百姓在佛堂祝祷，原来他们在祝祷已经任命期满的醴泉县令李君奭能继续留任。唐宣宗就将这个名字牢牢记在心中。等到有一天，怀州刺史出现空缺，大家纷纷推举人才时，宣宗将"李君奭"三个字写给宰相。宰相一看惊诧不已，感叹皇帝居然认识这个无名小卒？

经历很多类似之事后，大家都明白了唐宣宗所谓的打猎是伪装的，其真实意图是洞察民情，了解官员的实际表现和作为。但是，一个人不可能跑遍全国这么广阔的地方，怎么办？他让人秘密把各州风土人情和民生利弊编撰成册，并命名为《处分语》，通过阅览书册可知当地官员政绩如何。如此洞察力，让官员无不慑服。

然而，即使这样，也有一些心怀侥幸者妄图偷奸耍滑。一次，主抓财政的某位官员在奏疏中将"渍污帛"（即被水浸湿污染的布帛）中的"渍"（繁体为"瀆"）错写成"清"，枢密承旨孙隐中看到后顺势加了两撇涂改，然后呈到宣宗面前。谁知目光如炬的皇帝一眼就看出擅改的那个字，擅改奏章可是胆大包天的行为，下令彻查此事，终于揪出孙隐中，并给予应有的惩罚。

唐宣宗正是凭着自己洞若观火的明察和睿智，把朝堂上下治理得井井有条，百官各安其职，人民安居乐业，他当皇帝这段时间，人称"小贞观"。

第九，名实诀。名副其实，名利兼顾。

鬼谷子曰："循名而为，实安而完。名实相生，反相为情。故曰：名当则生于实，实生于理。理生于名实之德。德生于和，和生于当。"名分适当是从实践中产生出来的；而实践是从事理中产生的。事理是从名实相符的道德中产生出来的。道德是从和谐中产生的；和谐是从适当中产生的。以上是说名实相符的重要性。对自己挣名保权保利，对属下给名给权给利。正正当当地用人行政，循名责实，不耍花样，不因私废公，人心自然和谐。大家按照规律，拿出真心来好好办事。功成名就，这样的管理就完善了。

鬼谷子认为，谋略与权术的最高境界，是奇正相合。而我们做人做事的最高境界，则是名实相符。给一个人的名的同时，必须要把权和利给他，名副其实才会发挥力量，有奇也得有正，有名还得符实，同时要把"责"说清楚，形成于文。名、分、权、利、责，五者一体，相生相克，相辅相成，缺一不可。

以正治国，以奇用兵，以无为安天下。我们理解鬼谷子的智慧如果到这一步，就算是真正入门了，阴谋在我们手中也能发挥正当的作用，不至于去害人、为祸社会，也不至理解偏差、陷入误区。这是鬼谷子先生告诉我们的，做一名合格的领导人必须要遵循的九大原则。